高职高专素质教育系列教材

大学生劳动教育与实践

李生萍　何忠雄　何雨珊　主　编
廖　璇　李　童　何龙娥　副主编

清华大学出版社
北　京

内 容 简 介

本书以核心素养为基石，紧紧围绕促进大学生全面发展这一核心，从马克思主义劳动观的视角出发，深入阐述了大学生劳动教育涉及的多个层面内容，旨在为大学生劳动教育提供全面且深刻的指导，助力大学生在劳动实践中提升素养、塑造品格，实现综合素质的全方位发展。本书在劳动教育理论层面上，全面剖析劳动相关概念、马克思主义劳动观、社会主义劳动教育观以及新时代大学生劳动育人观，深入探赜劳动精神、劳模精神和工匠精神的理论基础与重要意义，为劳动教育筑牢思想根基；在劳动教育实践层面上，详细阐述大学生弘扬劳动精神、劳模精神和工匠精神的时代要求，并根据不同的劳动实践类型和育人保障内容组织开展社会实践活动，确保劳动教育有效展开。本书紧密贴合高等教育改革发展实际，紧紧围绕高校劳动教育教学的课程特点和现实需求，集科学性、专业性、针对性、原创性于一体，由多位从事劳动教育研究和教学的一线专家精心策划、联袂打造，实用性较强。本书同步建设有在线开放课程，配套开发了微课视频、课件、在线测试等丰富的数字化教学资源，并精选其中典型性、实用性资源以二维码方式呈现，方便读者即扫即用。

本书可作为高校劳动教育通识课程的教材，也可作为高校学生工作者、高校思想政治教育研究人员的参考用书。

图书在版编目(CIP)数据

大学生劳动教育与实践/李生萍，何忠雄，何雨珊主编．
北京：清华大学出版社，2025. 5. --(高职高专素质教育系列教材).
ISBN 978-7-302-69074-0

Ⅰ. G40-015

中国国家版本馆 CIP 数据核字第 2025HN2338 号

责任编辑：左卫霞
封面设计：傅瑞学
责任校对：刘　静
责任印制：宋　林

出版发行：清华大学出版社
网　　址：https://www.tup.com.cn，https://www.wqxuetang.com
地　　址：北京清华大学学研大厦 A 座　　**邮　　编：**100084
社 总 机：010-83470000　　**邮　　购：**010-62786544
投稿与读者服务：010-62776969，c-service@tup.tsinghua.edu.cn
质量反馈：010-62772015，zhiliang@tup.tsinghua.edu.cn
课件下载：https://www.tup.com.cn，010-83470410
印 装 者：大厂回族自治县彩虹印刷有限公司
经　　销：全国新华书店
开　　本：185mm×260mm　　**印　　张：**12.75　　**字　　数：**309 千字
版　　次：2025 年 7 月第 1 版　　**印　　次：**2025 年 7 月第 1 次印刷
定　　价：49.00 元

产品编号：107903-01

FOREWORD
前言

党的二十大报告明确指出:“在全社会弘扬劳动精神、奋斗精神、奉献精神、创造精神、勤俭节约精神,培育时代新风新貌。”“发挥党和国家功勋荣誉表彰的精神引领、典型示范作用,推动全社会见贤思齐、崇尚英雄、争做先锋。”“劳动”自诞生以来便对人类发展起到不可忽视的作用。近年来,“劳动教育”一词热度再升。2020年3月,《中共中央 国务院关于全面加强新时代大中小学劳动教育的意见》(以下简称《意见》)印发,并对加强新时代劳动教育进行了系统设计和全面部署;同年7月,教育部印发《大中小学劳动教育指导纲要(试行)》(以下简称《指导纲要》),对各级各类学校开展劳动教育提出了具体要求。《意见》和《指导纲要》提出,普通高等学校要将劳动教育纳入专业人才培养方案,明确主要依托的课程,职业院校阶段以实习实训课为主要载体开展劳动教育,其中劳动精神、劳模精神、工匠精神专题教育不少于16学时。

本书承担理论模块的教学任务,主要根据新时代大学生劳动教育观、马克思主义劳动观教育,分绪论、劳动教育·育人铸魂、劳动教育·育人意蕴、劳动教育·育人实践、劳动教育·育人保障共五章内容展开。

本书根据《意见》和《指导纲要》文件要求,贯彻落实劳动教育新部署、新要求,遵循教育教学规律编写,符合学生的年龄特点和心理特质。全书融入大量案例,旨在帮助学生深刻理解相关概念;通过强化实践体验,让学生亲历劳动过程,从而全面提升育人实效性。从理论层面把准劳动教育价值取向,引导学生树立正确的劳动观,崇尚劳动、尊重劳动。同时使学生体会到劳动创造美好生活的喜悦,树立起劳动不分贵贱、热爱劳动、尊重普通劳动者的观念,培养勤俭、奋斗、创新、奉献的劳动精神。本书进一步丰富了大学生劳动教育的内容和实践形式,有助于引起学校、家庭、社会对大学生劳动教育的重视,对当代大学生树立正确的劳动价值观,弘扬我国优秀传统和民族精神,践行社会主义核心价值观具有重要作用。

本书特点如下。

(1) 本书深入贯彻党的二十大精神及习近平总书记关于教育的重要论述,全面贯彻党的教育方针,贯彻落实《意见》和《指导纲要》,加快构建培养德智体美劳全面发展人才的教育体系。以切实助益高校劳动教育育人实效提升为目标,以理论与实践相结合为特色,积极引导大学生在劳动教育中深刻领悟党的二十大精神内涵,培养其劳动价值观和良好劳动品质,让大学生成为有理想、敢担当、能吃苦、肯奋斗的新时代好青年,为全面建设社会主义现代化国家贡献青春力量。

(2) 本书通过教育教学和实践活动将思想政治教育相关内容融入劳动教育。在教育教学方面,一是深入挖掘思想政治教育元素。梳理劳动教育课程中的思想政治教育点,如劳动价值观，从马克思主义劳动观出发，讲解劳动创造人本身、劳动是价值的源泉等观点，让大学生树立正确的劳动观念。二是巧妙采用案例教学。本书设计了大量案例导入和案例分析，通过引入道德模范和英雄人物的故事，生动形象地展现劳动精神、劳模精神和工匠精神，营造崇尚英雄、捍卫英雄、学习英雄、关爱英雄的良好氛围。三是设置课堂讨论引导。抛出有关劳动与社会进步、个人价值实现的话题，在讨论过程中渗透思想政治理念。在实践活动方面，一是组织社会实践活动。通过开展暑期社会实践活动，让大学生走出象牙塔，走进广阔天地，激发爱国热情，牢记历史使命，体会先辈艰苦奋斗的精神。二是主题活动设计。通过"守护绿色家园，践行生态劳动"等主题活动，增强大学生的环保意识，培养其生态责任感和团结协作能力。三是开展劳动知识技能竞赛。举办知识技能竞赛，强调公平竞争、团队协作的重要性，这也是思想政治教育中道德品质培养的重要方面。

(3) 本书充分体现时代特征，积极主动适应科技革命和产业变革，既有全面的理论性，又有显著的实践性，针对劳动新形态，及时吸收和反映新兴技术支撑和社会服务的新变化。本书既能触发学生对劳动的理解和思考，帮助其改变劳动的习惯和方式，增长劳动的智慧和本领，学会感恩、协作，增强社会责任感；又能促进高校学生工作者育人水平的提高，为构筑"师生共成长"的协同发展模式提供理论选择和实践支撑。

(4) 全书案例丰富多样。本书涵盖各行各业的真实案例，涉及不同领域和多种问题类型，以满足劳动教育多样化的需求。同时，这些案例也成为课程思想政治内容的生动素材，帮助学生更好地理解党的教育理念在劳动实践中的体现。

(5) 全书编排逻辑清晰，体例新颖。本书从简单的知识点入手，逐渐深入复杂的概念和理论，契合学生的认知规律和学习需求。不同章节之间衔接自然，有助于学生在学习过程中构建良好的知识体系，更好地理解劳动教育与思想政治教育融合的内在逻辑。

本书的编写是多方协作的成果。主编李生萍、何忠雄和何雨珊基于马克思主义劳动观，撰写理论架构部分，阐述其核心内涵、发展历程及其与大学生劳动教育的紧密联系；从促进大学生全面发展角度出发，编写劳动教育在提升大学生品德修养、职业素养等方面作用的内容，展现劳动教育的价值意义；并对全书内容进行整合与润色，协调各部分逻辑关系，同时负责编写前言、绪论等部分，确保全书风格统一、逻辑连贯。副主编廖璇、李童和何龙娥负责资料收集与整理，对国内外大学生劳动教育相关的政策文件、学术研究资料进行广泛搜罗和系统梳理，为内容创作提供丰富素材；同时，专注于大学生劳动教育实践内容，包括校园劳动实践、社会实践等多种形式的设计与阐述，为实践活动提供具体指导。企业人员段红亮凭借其丰富的实践经验，为书中案例提供一手资料，并从实际应用角度对劳动教育内容提出建议。特邀审稿专家刘杰和刘小海负责对全书内容进行严格审核，确保学科知识的准确性和理论内容的科学性。

本书秉持劳动教育的基本理念，结合劳动教育理论与实践中的重点问题，具有明显的时代特征，既适合高校学生使用，又可供高校学生工作者、高校思想政治教育研究人员学习参考。

由于编者水平有限，书中难免存在不足之处，恳请广大读者批评指正。

大学生劳动教育与
实践在线开放课程

编　者
2025 年 1 月

CONTENTS

目录

绪 论

为适应新时代大学生劳动教育新要求，落实立德树人根本任务，本书以习近平新时代中国特色社会主义思想为指导，全面宣传党的二十大精神和党的教育方针，落实全国教育大会精神和《中共中央 国务院关于全面加强新时代大中小学劳动教育的意见》，创新新时代大学生劳动教育的教育教学理论，探索实践“一正四强铸魂六器”的劳动教育特色育人模式。

微课：本书介绍

一、新时代大学生劳动教育的基本概念

教育部印发的《大中小学劳动教育指导纲要（试行）》指出：“劳动是创造物质财富和精神财富的过程，是人类特有的基本社会实践活动。”劳动教育，是发挥劳动的育人功能，培养学生拥有正确的劳动观念、积极的劳动态度、奋进的劳动精神、良好的劳动习惯、优秀的劳动品质、全面的劳动素养，能自觉热爱劳动和劳动人民的教育活动。新时代大学生劳动教育，就是高等学校为适应国家战略发展人才培养需要，对新时代大学生开展的劳动教育活动。

二、新时代大学生劳动教育的育人目标

新时代大学生劳动教育主要面向在校大学生、高等学校教师和教学管理者，其育人目标是：通过劳动教育助力新时代大学生综合素养的培养，使其成长为德智体美劳全面发展的社会主义建设者和接班人。

本书的主旨如下：一是宣传好国家劳动教育文件精神。融入党的二十大精神、《中共中央 国务院关于全面加强新时代大中小学劳动教育的意见》和教育部印发的《大中小学劳动教育指导纲要（试行）》等文件精神，切实把劳动教育纳入新时代大学生人才培养的全过程，推进高等学校落实好立德树人这一根本任务。二是助力实现好大学生劳动教育育人目标。高等学校开展劳动教育，旨在培养大学生树立正确的劳动观念，使大学生具有必备的劳动能力，培育当代大学生积极的劳动精神和养成良好的劳动习惯与品质。三是创新总结好新时代大学生劳动教育特色育人模式。本书创新构建新时代大学生“一正四强铸魂六器”劳动教育特色育人模式，“一正”即劳动观念正；“四强”是劳动的责任使命感强、攻坚克难意志强、勇于创新能力强、担当奉献精神强；“铸魂六器”指在劳动过程中能践行六育，即“胸育情怀、骨育精神、血育文化、脑育素养、心育奋斗和体育实干”。四是指导示范好新时代大学生劳动教育理论与实践。

三、体系设计

《中共中央 国务院关于全面加强新时代大中小学劳动教育的意见》指出：“实施劳动教育重点是在系统的文化知识学习之外，有目的、有计划地组织学生参加日常生活劳动、生产

劳动和服务性劳动，让学生动手实践、出力流汗，接受锻炼、磨炼意志，培养学生正确劳动价值观和良好劳动品质。”

聚焦新时代大学生劳动教育，本书的主要课程体系由五部分组成：绪论，介绍了新时代大学生劳动教育的基本概念、育人目标、体系设计以及基本特点等内容。第一章劳动教育·育人铸魂，总结了劳动教育相关理论，如马克思主义劳动观、我国社会主义劳动教育观、新时代大学生劳动育人观等。第二章劳动教育·育人意蕴，通过深入学习有关劳动教育文件精神，深刻认识劳动精神、劳模精神、工匠精神，深刻理解劳动教育教学育人的重大意义，协同提升新时代大学生劳动教育思想认识和育人使命。第三章劳动教育·育人实践，重点结合大学生专业特色，聚焦大学生“铸魂六器”主题，结合教学实践，立足创新创业劳动实践、社会服务劳动实践、环境生态劳动实践及家庭劳动教育实践四个方面，树立和明确大学生自身劳动教育目标，以共性化或个性化相结合选择具有专业特色的劳动教育多元活动，助力高等学校劳动教育开设起来，劳动教育教学强起来，无论是高等学校教学管理者、教师还是学生，协同提高对劳动教育的重要认识和站位高度，切实组织起来，行动起来，实干起来，以此促进学生全面发展、树立正确的价值观、培养社会责任感和公民意识，以及提升就业竞争力，同时推动社会整体进步。第四章劳动教育·育人保障，结合大学生劳动实践方面可能出现的问题，聚焦大学生劳动安全卫生教育主题，强调劳动教育安全保障是实施劳动教育的基本要求。在实际开展劳动教育工作中，保障劳动者的生命安全和身心健康以及切身劳动权益，构建深层浸润的“全环境育人”工作格局。

四、基本特点

（1）理论创新性。本书创新形成了新时代大学生劳动教育的育人理论、育人使命、育人组织、育人意蕴、育人实践和育人铸魂的创新特色理论体系。

（2）育人特色性。本书强化立德树人，更突出强化特色育人，特别是创新形成了新时代大学生“一正四强铸魂六器”劳动教育特色育人模式，具有明显的育人特色。

（3）实践指导性。本书不仅强化劳动教育的知识理论，更强化劳动教育的组织实践方式，对拟开设劳动教育课程的高等学校具有较强的实践指导性。

通过对本书的学习，新时代大学生将领会劳动教育的理论内涵和实践魅力，培养新时代大学生更加热爱崇尚劳动、创新投入劳动、升华劳动精神、提升劳动素养、坚持劳动奉献等精神和品质。总之，本书将助力新时代大学生成长为德智体美劳全面发展的社会主义建设者和接班人。

课后思考

1. 新时代大学生劳动教育的育人目标是什么？
2. 针对新时代大学生劳动教育，本教材理论的重点编写内容是什么？
3. 本书创新的“一正四强铸魂六器”大学生劳动教育特色育人模式的内涵是什么？

第一章

劳动教育·育人铸魂

劳动是人类创造物质财富和精神财富的活动。加强劳动教育是继承和发展马克思主义理论、实现中华民族伟大复兴中国梦的关键，是高校落实立德树人根本任务，促进大学生成长成才的重要途径和手段。大学生通过学习马克思主义劳动观和中国特色社会主义劳动观，能够正确认识和理解劳动的价值与意义，树立正确的劳动观念，进而成长为德智体美劳全面发展的社会主义建设者和接班人。

知识能力目标

- 了解劳动的含义、特征和分类。
- 理解马克思主义劳动观的基本内涵和形成背景。
- 理解我国社会主义劳动教育观的基本内涵以及不同时期的劳动教育观。
- 理解新时代大学生劳动育人观的基本内容和创新变化。
- 能够身体力行参与劳动，正确认识和理解劳动的价值和意义。

职业素养目标

- 培养热爱劳动、崇尚劳动、尊重劳动、尊重劳动人民的良好品质。
- 养成良好的劳动习惯，培养创新精神和实践能力。
- 培养勤俭、奋斗、创新、奉献的劳动精神。
- 树立正确的劳动价值观。

第一节　劳动概述

微课：劳动的概念

一、劳动的概念

案例导入

正确认识劳动

小朱是某高校的一名大学生，在听到学校要开展一次农村集体劳动时，对自己的室友小王抱怨道："我是大学生，主要任务是学习科学文化知识，将来也会从事技术类、学术类工作，现在应该抓紧时间好好学习，没有必要把时间浪费在体力劳动上。"

小王劝他道："劳动是十分光荣的事情，参加这次劳动可以认识很多新同学，也能学到很多实用的劳动技能，对你以后的工作、生活会有很大的帮助。我们一起去吧！"

劳动，通常是指能够对外输出劳动量或劳动价值的人类运动，劳动是人维持自我生存和自我发展的唯一手段。按照传统的劳动分类理论，劳动可分为体力劳动和脑力劳动两大类。

劳动是人类运动的一种特殊形式。在商品生产体系中，劳动是劳动力的支出和使用。马克思给劳动下了这样的定义："劳动力的使用就是劳动本身。劳动力的买者消费劳动力，就是叫劳动力的卖者劳动。"

劳动是人类适应自然的活动和改造自然的独特方式。恩格斯认为，生产力是具有劳动能力的人，跟生产资料相结合而构成的改造自然的能力。古猿通过劳动转化为人，形成劳动生产力，是生产力形成的标志和劳动历史的开始。

恩格斯对生物进化、劳动进化的看法是建立在科学水平的基础上的。从完全的意义来看，所谓生产力，乃是人类征服自然、改造社会和塑造自我的能力，归根结底，是人类的本质力量在历史中全部展开。

恩格斯指出，"劳动是整个人类生活的第一个基本条件，而且达到这样的程度，以致我们在某种意义上不得不说：劳动创造了人本身"。恩格斯认为，手的使用和语言、思维的产生，都是在生产劳动过程中形成和发展的。正是由于劳动，人才得以从动物界中分化出来，所以说劳动创造了人本身。

人类在劳动过程中，在信息的形成和传播方面应注意以下几点：第一，通过行为方式的变换与思维方式的变换来形成信息，通过价值判断与价值评价来选择信息，并通过经验和能力等方式来储存和传播信息。第二，通过建立、发展和完善各种形式的扩展耗散结构（生活资料、生产资料、社会关系、自然环境和社会环境等）来形成信息，通过价值判断与价值评价来选择信息，并通过科学与技术等方式来储存和传播信息。第三，劳动促进了手与脚的分工，使人学会了制造和使用工具；劳动促进了语言的产生，加速了信息的生产和传播；劳动促进了大脑和机体的进化，加速了信息的积累与处理。

由于生物进化过程非常缓慢，它所产生的信息可以忽略不计，因此人类劳动可以看作是信息的唯一来源。于是，"信息是价值的唯一源泉"就基本上等价于"劳动是价值的唯一源泉"。总之，劳动之所以被确认为是价值的唯一源泉，并不是因为抽象意义上的定义，而是因为劳动在信息（包括人类机体的生物信息）的形成、传播、处理和运行过程中起着决定性作用，因此可以说劳动创造了所有价值，劳动创造了人类本身。

二、劳动的分类

微课：劳动的分类

按照不同的标准、从不同的角度，可以将劳动分成不同的种类。

1. 体力劳动、脑力劳动和生理力劳动

一般的人类劳动由体力劳动、脑力劳动与生理力劳动按照不同的比例关系组合而成。

体力劳动是指以人体肌肉与骨骼的劳动为主，以大脑和其他生理系统的劳动为辅的人类劳动。体力劳动强度分级是我国制定的劳动保护工作科学管理的一项基础标准，是确定体力劳动强度大小的根据。应用这一标准，可以明确工人体力劳动强度的重点工种或工序，以便有重点、有计划地减轻工人的体力劳动强度，提高劳动生产率。体力劳动强度按劳动强度指数大小分为Ⅰ级体力劳动（轻劳动）、Ⅱ级体力劳动（中等劳动）、Ⅲ级体力劳动（重劳动）、Ⅳ级体力劳动（极重劳动）四种。

脑力劳动是指以大脑神经系统的劳动为主，以其他生理系统的劳动为辅的人类劳动。脑力劳动是以脑力消耗为主的劳动，是质量较高的复杂劳动。其特征在于劳动者在生产中运用的是智力、科学文化知识和生产技能，故也称“智力劳动”。脑力劳动分为四种基本形态：创造知识的脑力劳动、传授知识的脑力劳动、管理知识的脑力劳动和实现知识的脑力劳动。

生理力劳动是指除体力劳动和脑力劳动以外的其他形式的人类劳动。生理力劳动分为恢复性生理力劳动、加强性生理力劳动、生育性生理力劳动三种。例如，人口的生产过程虽然以生理力劳动为主，但也伴随着一定的体力劳动和脑力劳动。

知识链接

脑力劳动四种形态

(1) 创造知识的脑力劳动。其职能是对自然科学和社会科学进行创造性的研究、探讨，劳动成果表现为精神产品，即应用自然科学、理论自然科学和理论社会科学。创造知识的脑力劳动是潜在的生产力，一般不直接形成价值，但科学技术日益变为直接生产力。

(2) 传授知识的脑力劳动。其职能是从事传授知识和技术的教育工作，劳动成果表现为知识转移，使更多的人掌握更多的文化、科学技术，一般也不直接创造价值，而是通过培养人，提高劳动者的质量，间接创造价值。

(3) 管理知识的脑力劳动。其职能是进行宏观经济和微观经济管理及其他管理、组织生产、调节生产关系与生产力之间的矛盾，调节生产力内部的矛盾，劳动成果表现为国家、社会部门、企业管理水平的提高。这种形态的脑力劳动通过组织管理，将潜在的生产力转化为现实的生产力。

(4) 实现知识的脑力劳动。其职能是将人类创造的和学习到的知识技术付诸实践，变为现实的生产力，劳动成果表现为物质产品或劳务的增加，非物质生产的发展。这种类型的脑力劳动，属于物质生产领域的部分，直接创造价值；属于非物质生产领域的部分，间接影响价值。

资料来源：顾明远．教育大辞典[M]. 上海：上海教育出版社，1986.

2. 具体劳动和抽象劳动

马克思在剖析商品的价值和使用价值的时候指出：生产商品的劳动有着两个方面，即生产使用价值的具体劳动和生产价值的抽象劳动。

具体劳动也称为有用劳动，是指在一定的具体形式下进行的劳动。具体劳动包括人们的劳动目的、劳动工具、劳动对象、操作方法和劳动结果五个要素。由于劳动的目的、使用的工具、加工的物质对象和采用的操作方法不同，便可生产出具有不同使用价值的物品。例如，木匠制造家具的具体劳动，是用斧子、锯、刨、凿等劳动工具对木材等劳动对象进行加工，结果生产出桌、椅、柜、床等产品；农民种地的具体劳动则是用拖拉机、收割机、犁、耙等劳动工具，进行翻地、播种、收割等活动，从而收获农产品。从中可以看到，由于生产的使用价值众多，因此，相应的具体劳动方式也很多。具体劳动体现着人和自然的关系。

抽象劳动是撇开劳动的具体形式的一般人类劳动。尽管生产商品的劳动的具体形式千差万别，但它们都是人类劳动力的耗费，这是无差别的。不论是种地，还是织布，都是人类劳动力的支出，即人的脑、肌肉、神经、手等的生产耗费。从这个意义上说，种地和织布的劳动，不过是耗费人类劳动力的两种不同的形式。这种抽去了具体形式的一般人类劳动，就是抽象劳动，它形成商品的价值。

以手机这个商品为例，具体劳动创造的是商品的使用价值，即人们使用手机进行自己所需的服务的价值；抽象劳动形成的是商品的价值实体，商品价值体现的是人类劳动本身，是一般人类劳动的耗费，即制造手机所耗费的劳动力、体力和脑力等。

3. 简单劳动和复杂劳动

简单劳动是指不必经过特别训练、每个正常的劳动者都能从事的劳动。复杂劳动是需要经过专门训练、具有一定技术专长的劳动者才能从事的劳动。它包含比较多的技巧和知识的运用，是倍加的简单劳动。马克思指出：比社会平均劳动较高级较复杂的劳动，是这样一种劳动力表现，这种劳动力比普通劳动力需要较高的教育费用，它的生产要花费较多的劳动时间，因此它具有较高的价值。

如何区分简单劳动和复杂劳动

20 世纪 80 年代中期，脑体倒挂普遍。那时社会上流行的是“造原子弹的不如卖茶叶蛋的”“拿手术刀的不如拿剃头刀的”等俗语。商品的价值是凝结在商品中的无差别的人类劳动，价值量的大小则由生产商品的社会必要劳动时间决定，生产商品所耗费的劳动量越大，商品价值量也越大。但是，在相同的时间内，复杂程度不同的劳动所创造的价值量是不同的，复杂劳动所创造的价值量等于自乘的或者说倍加的简单劳动所创造的价值量。所以，在相同的时间内，造原子弹的和拿手术刀的复杂劳动所创造的价值量远远大于卖茶叶蛋的和拿剃头刀的简单劳动所创造的价值量。

一切从事科学研究的复杂程度相当高的劳动的劳动者所创造的价值量，在相同时间内大于搬运、剃头等简单劳动所创造的价值量。

资料来源：根据南开大学政治经济学网课“科学家对社会的贡献”案例整理改写.

4. 必要劳动和剩余劳动

必要劳动是劳动者为生产维持劳动力再生产所必需的那部分社会产品而耗费的劳动。劳动者为维持本人及其家属的生活、再生产劳动力，需要一定量的社会产品，这部分产品称为必要产品。生产必要产品所耗费的劳动称为必要劳动，从事这种劳动的时间称为必要劳动时间。必要劳动时间的长短一方面取决于必要产品的数量和范围，另一方面取决于劳动生产率的高低。在必要产品的数量和范围既定的条件下，劳动生产率是决定必要劳动时间长短的主要因素。

剩余劳动是超过维持劳动力生产和再生产需要的劳动，在私有制社会中即为剥削者所占有的劳动。在社会主义社会中，剩余劳动仍将长期存在，但剩余劳动所创造的产品归社会支配，用以扩大再生产和提高劳动者的物质与文化生活水平。

例如，一位开挖掘机的工人，一天开挖掘机10小时，给公司创造500元的价值（平均每小时50元），老板给他发200元的工资，他一天杂七杂八开销100元（包括吃饭以外的其他开销）。那么他的必要劳动就是这100元，折合劳动时间就是2小时，也就是说，他今天只要干2小时就足够各方面的开销。至于多干的这8小时，就是剩余劳动。也正是因为他多干了8小时，给整个社会创造了财富，人类社会才得以物质资料极大丰富。

此外，依据其他的分类标准，还可以将劳动分为技术性劳动与非技术性劳动、生产性劳动和劳务性劳动、物质生产劳动和精神生产劳动、私人劳动和社会劳动等。

三、树立正确的劳动观

微课：树立正确的劳动观

（一）劳动价值观念

案例导入

劳动最有滋味

劳动是最有滋味的事。肯劳动，连过新年都更有滋味，更多乐趣。

记得当初我还是个孩子的时候，家里很穷，所以母亲在一入冬就必须积极劳动，给人家浆洗大堆大堆的衣服，或代人赶做新大衫等，以便挣到一些钱，作过年之用。

姐姐和我也不能闲着。她帮母亲洗、做；我在一旁打下手儿——递烙铁、添火、送热水与凉水等等。我还兼管喂狗、扫地，给灶王爷上香。我必须这么做，以便母亲和姐姐多赶出点活计来，增加收入，好在除夕和元旦吃得上饺子！

快到年底，活计都交出去了，我们就忙着筹备过年。我们的收入有限，当然不能过个肥年。可是，我们也有非办不可的事：灶王龛上总得贴上新对联，屋里总得大扫除一次，破桌子上已经不齐全的铜活总得擦亮，猪肉与白菜什么的也总得多少买一些。从大户人家来看，我们的这点筹办工作的确简单得可怜。我们自己却非常兴奋。

我们当然兴奋。首先是我们过年的那一点费用是用我们自己的劳动换来的，来得硬正。每逢我向母亲报告：当铺刘家宰了两口猪，或放债的孙家请来三堂供佛的、像小塔似的头号“蜜供”。母亲总会说，咱们的饺子里菜多肉少，可是最好吃！当时，我不大明白为什么菜多肉少的饺子最好吃。在今天想起来，才体会到母亲的话里确有很高的思想性。是呀，我们的饺子不是由开当铺或放高利贷得来的，怎么能不好吃呢？刘家和孙家的饺子想必是油多肉满，非常可口，但是我们的饺子会使我们的胃里和心里一齐舒服。

劳动使我们穷人骨头硬，有自信心。回忆起来，在那黑暗的岁月里，我们一家子怎么闯过一关又一关，终于挣扎过来，得到解放，实在不能不感谢共产党，也不能不提到母亲的热爱劳动。她不懂得革命，可是她使儿女们懂得：只有手脚不闲着，才不至于走到绝路。

我还体会到：劳动会使我们心思细腻。任何工作都不是马马虎虎就能做好的。马马虎虎，必须另做一回，倒不如一下手就仔仔细细，做得妥妥帖帖。劳动与取巧是接合不到一处的。要不，怎么劳动会改变一个人的气质呢？

资料来源：老舍.老舍儿童文学作品选[M].长沙：湖南文艺出版社，2013.

劳动价值观是马克思的基本观点。马克思认为：劳动不仅是谋生的手段，更是通向客观世界与主观世界的媒介，也是实现人性至美至善、彻底自由的必由之路。

(1) 尊重劳动。社会主义劳动价值观认为，劳动是人类赖以生存的基础，应该尊重劳动者，尊重他们的劳动成果和价值。

(2) 爱岗敬业。社会主义劳动价值观主张，每个劳动者应该以家国利益为己任，保持一种高度负责任、自我要求的态度，精益求精，为国家和社会作出贡献。

(3) 持之以恒。社会主义劳动价值观认为，只有坚持不懈地去努力、去奋斗，方能实现人生价值，才能不断取得成功。

(4) 勤俭节约。社会主义劳动价值观强调，劳动者应该勤俭节约，珍惜每一分每一秒，充分利用时间和资源，追求高效率、高质量的工作。

(5) 诚实守信。社会主义劳动价值观提倡，劳动者应该以诚实守信为基本准则，光明磊落做人、诚实守信做事，不做欺骗别人、欺骗自己的事。

(6) 团结协作。社会主义劳动价值观认为，只有团结协作，才能共同面对困难，为实现共同的目标努力拼搏。

(7) 弘扬创新。社会主义劳动价值观主张，劳动者应该不断追求进步和创新，积极探索新思路、新方法，为人类社会的发展作出应有的贡献。

(二) 劳动实践观念

案例导入

河南某高校打造劳动实践强兵

锻炼学生的劳动能力：通过组织学生参加世博会、昆交会、南博会等大型的安保活动，可以锻炼学生的劳动能力，提升学生融入和服务公安工作的业务能力。这种实践方式不仅让学生在实际操作中学习到劳动技能，还能培养学生的责任感和团队协作精神。

提升学生融入和服务公安工作的业务能力：通过优化人才培养方案，加大实践教学比例，确保公安专业实践教学比例均在40%以上。通过“三全”劳动育人方式，培育积极劳动精神，养成良好劳动习惯和劳动品质。这种教育模式有助于学生在实践中学习和掌握专业技能，同时培养学生的职业素养和综合能力。

增强学生的劳动观念：通过寒假劳动实践，如整理、洗衣、摘洗蔬菜、烹饪和洗碗等活动，让学生体会到劳动的不易和珍惜劳动成果，从而增强学生的劳动观念，养成勤俭节约、热爱劳动的好习惯。这种实践方式有助于学生理解劳动的价值和意义，提升个人综合素质。

劳动是创造物质财富和精神财富的过程，是人类特有的基本的社会实践活动。劳动教育是中国特色社会主义教育制度的重要内容，直接决定社会主义建设者和接班人的劳动精神面貌、劳动价值取向和劳动技能水平。全面加强大中小学劳动教育，要深刻把握思想性、时代性、实践性，崇尚劳动、尊重劳动，加深个人对劳动人民的感情，促进全面发展、健康成长。

深刻认识“劳动是一切幸福的源泉”，引导学生树立正确的劳动观。习近平总书记指出，

人类是劳动创造的，社会是劳动创造的，任何一份职业都很光荣。劳动是马克思主义理论体系的一个起始范畴和核心范畴。马克思和恩格斯以劳动为出发点和主线，发现了劳动在人和人类社会产生与发展中的重要作用，系统阐释了以劳动历史观、劳动幸福观、劳动解放思想为主要内容的马克思主义劳动观，揭示了其中蕴含的劳动教育思想深刻内涵。热爱劳动是中华民族的优秀文化基因，《孟子》中就有“后稷教民稼穑，树艺五谷；五谷熟而民人育”的记载。勤劳创业、耕读传家是中国教育的重要内容，“劳”与“学”在历史上从未分离过。著名教育家陶行知曾提出，儿童劳动教育应谋求手脑相长。

人世间的美好梦想，只有通过诚实劳动才能实现；发展中的各种难题，只有通过诚实劳动才能破解；生命中的一切辉煌，只有通过诚实劳动才能铸就。长期以来，劳动教育融入改造自然、创造历史、发展自我的过程之中，发挥了兴国利民的重要作用。新时代加强劳动教育的核心是培养正确的劳动价值观、良好的劳动习惯和品质。在劳动价值观层面，一个人只有拥有正确的劳动价值观，才能真正理解劳动的内涵、本质和意义。要充分认识“人民创造历史、劳动开创未来”的马克思主义科学意蕴，深刻领会“劳动是财富的源泉”，牢固树立劳动最光荣、劳动最崇高、劳动最伟大、劳动最美丽的理念，体会劳动创造美好生活、体会劳动不分贵贱。在劳动情感方面，要深刻理解劳动对个人、家庭、社会、国家和人类发展所具有的重大意义和价值，尊重一切劳动和劳动者，珍惜劳动成果。在劳动习惯和品质层面，要遵循劳动规律，动手实践、出力出汗，接受锻炼、磨炼意志，培养勤俭、奋斗、创新、奉献的劳动精神，具备满足生存发展需要的基本劳动能力，培育创造性劳动能力和诚实守信的合法劳动意识，实现树德、增智、强体、育美的全面协调发展。

深刻把握科技发展和产业变革，提高创造性劳动力。劳动能力是胜任劳动任务的综合能力，是劳动教育的重要内容。当前，新一轮科技革命和产业变革迅猛发展，以互联网、大数据、人工智能为代表的新一代信息技术加速应用，创新成为引领发展的第一动力。面对日新月异的科技进步，面对繁重复杂的发展任务，新时代劳动者不仅要爱劳动、会劳动，而且要懂技术、能创新。特别是大学生即将步入社会、开启职业生涯，要围绕创新创业，结合学科和专业开展实习实训、专业服务、社会实践、勤工助学等，加快构建知识、思维、能力“三位一体”的新时代大学生创造性劳动教育体系。

提高大学生创造性劳动能力，要加强国情世情教育，让学生充分理解创造性劳动对经济社会发展的引领作用，深刻领会创新及创新能力在当代经济社会发展和国际竞争中的极端重要性。要扎实推进创新创业教育，加强新工科、新农科、新医科、新文科建设，加强创新型实验建设，鼓励学生开展创新创业训练，强化敢闯会创能力培养。要注重新知识、新技术、新工艺、新方法在教育教学中的应用，鼓励学生创造性地解决实际问题，在高校科技成果转化、产学研合作中提升创新驱动发展能力。鼓励学生走出校门，走向企业、田野，在劳动历练中增长智慧才干，把汗水挥洒在全面建设社会主义现代化国家伟大事业中。高校要将创造性劳动教育要求写入人才培养方案，组建跨学科、跨专业的创造性劳动教育教师队伍，探索以培养提升创造性劳动能力为导向的实践教学环节或模式，以创新创业项目为载体创造更多创造性劳动实践机会，发挥好劳动教育独特的育人价值。

切实遵循劳动教育规律，分层分类深化劳动实践活动。习近平总书记指出，少年儿童从小就要树立劳动光荣的观念，自己的事自己做，他人的事帮着做，公益的事争着做，通过劳动播种希望、收获果实，也通过劳动磨炼意志、锻炼自己。劳动习惯的养成、劳动技能的培养，是一个持续积累的过程。在青少年各个阶段，劳动教育的内容、任务各有侧重。中共中央、国务院印发的《深化新时代教育评价改革总体方案》《中共中央 国务院关于全面加强新时代大中小学劳动教育的意见》，教育部印发的《大中小学劳动教育指导纲要（试行）》和《义务教育课程方案和课程标准（2022 年版）》，均把劳动从综合实践活动中独立出来，摆在更加突出的位置，要求建立劳动清单制度，明确不同教育阶段学生参加劳动的时长、内容和要求，将学生参与劳动教育课程学习和实践情况纳入学生综合素质档案，评价结果作为衡量学生全面发展情况的重要标准。

（三）劳动纪律观念

案例导入

勤快严实精细廉

陕西小保当矿业有限公司通过将“勤快严实精细廉”的作风融入日常工作中，实现了 2020 年生产煤炭 2150 万吨、2021 年产量突破 2800 万吨的成绩。这表明了公司对劳动纪律的高度重视和有效执行，通过这种纪律观念的强化，促进了生产效率的大幅提升。

河北柏乡国家粮食储备库通过实施“三不”原则（不抽烟、不喝酒、不赌博），以及对职工进行定期军训，培养了职工坚决果断、雷厉风行的工作作风。此外，通过有情管理，尊重、关心、教育、培养职工，以及组织政治学习和业务培训，营造了一种遵守纪律、尊重劳动的环境。

劳动模范沙夕兰，作为“最美职工”之一，展现了如何在事业和家庭之间找到平衡，通过脑力和体力劳动创造价值，体现了爱岗敬业、艰苦奋斗、勇于创新的精神。这些事迹展示了劳动模范们如何通过自己的努力和奉献，为社会作出贡献。

普通劳动者，如一对勤劳的农民父母和一位在工厂辛勤工作的工人，他们的日常劳动和对工作的认真负责态度，体现了劳动的基本精神和纪律观念。这些事例告诉人们，无论是在家庭还是在工作场所，劳动都是一种美德，是社会进步的基础。

劳动纪律是指人们在共同劳动过程中，为取得行动一致，保证生产（或工作）过程实现所必须遵守的行为准则，它是人们从事社会劳动的必要条件。不论在什么生产方式下，只要进行共同劳动，就必须有劳动纪律。否则，集体生产便无法进行。在不同的社会制度下，劳动纪律的社会性质是不相同的。奴隶制度和封建制度的劳动纪律是靠棍棒维持的；资本主义的劳动纪律是依靠饥饿威胁维持的；社会主义的劳动纪律是劳动者共同利益和意志的体现，主要靠广大劳动者的高度自觉性，辅以强制性加以维持。

1. 奴隶制度下的劳动纪律

在奴隶制度下，奴隶主不但占有生产资料，而且占有奴隶人身。奴隶没有任何自由，被认为是会说话的工具。奴隶主可以对奴隶任意买卖、打骂和处死。在这种条件下，奴隶主厌恶劳动，劳动时消极怠工，便是很自然的事。他们甚至还经常带着某种“真正的快感”破坏工具，以表示自己与工具的区别。奴隶主为了从奴隶身上榨取尽可能多的剩余生产物，便用各种极其残酷野蛮的手段驱使奴隶劳动。

2. 封建制度下的劳动纪律

在封建制度下，农奴的地位比起奴隶虽然有了某种改善，但他们对封建主来说仍处于奴隶的地位，并且被束缚在土地上。农奴在份地上给自己劳动，是有一定的积极性的，而对于在地主自营地上给地主干活，则丝毫不感兴趣。在这种情况下，封建主便采取鞭笞、关押以及其他各种酷刑来迫使农奴给他们劳动。因此，奴隶社会和封建社会的劳动组织，是靠棍棒的纪律来维持的。

3. 资本主义制度下的劳动纪律

与以前的剥削制度不同，资本主义是建立在剥削雇佣劳动的基础上的。工人在人身上是自由的，并不隶属于哪一个资本家。但是，由于他们被剥夺了生产资料，除自己的双手之外一无所有，因此为了生活，他们不得不把自己的劳动力作为商品出卖给资本家，并遭受资本家的驱使和残酷剥削。工人所得的工资是劳动力的价格，一般来说，它只够维持劳动力的再生产，即只够维持工人及其家属最低的生活水平，在很多情况下，远远不够维持生活。工人在资本主义制度下的这种经济地位，决定了他们必须不断地向资本家出卖劳动力，即使不出卖给资本家张三，也要出卖给资本家李四，一句话，即出卖给整个资产阶级。不然，自己和一家老小便要挨饿、受冻。工人的这种经济地位，也决定了他们干活时不得不遵守资本家的种种规定，不然便会立即受到资本家的处分，如扣工资、罚款、解雇等。正如马克思所指出的："在以前用鞭子驱策奴隶的地方，有监工人员的处罚簿作为代替。一切处罚，当然都还原为处罚金和扣工资的形式。"①因此，资本主义的社会劳动组织，是"靠饥饿纪律"来维持的。

可见，在私有制的阶级社会中，劳动纪律乃是剥削阶级强迫劳动者为其生产财富的一种手段。它和劳动者的利益是矛盾的，对劳动者来说，它是一种异己的力量。

4. 社会主义制度下的劳动纪律

在社会主义制度下，由于建立了生产资料的公有制，消灭了人剥削人的现象，因此从根本上改变了劳动者在生产过程中的地位。在这里，劳动者是生产过程的主人，他们不再为剥削者当牛做马，而是为自己、为自己的阶级、为自己的国家劳动。与此相适应，劳动纪律的性质也发生了根本的变化。社会主义的劳动纪律体现着工人和集体农民的共同利益，它再也不是来自外部的一种强制力量，而是劳动者为了把集体生产搞好而自觉建立的。正因为是劳动者自己建立，所以这种劳动纪律便自然地为劳动者所乐于遵守和认真执行。社会主义的劳动纪律是人类历史上最新型的劳动纪律。

这里必须强调一个问题，即不是人们一进入社会主义社会，一下子就有了坚定的社会主义立场和信念，具有了自发增强的社会主义觉悟。尤其是社会主义不是在全世界普遍取得胜利的情况下，一个国家社会主义制度的巩固，需要伴随实现全世界普遍建立社会主义制度，这样一个漫长的过程，要使从旧社会过来的人们的觉悟始终符合社会主义的要求，要使被打倒阶级的人们发自内心地拥护社会主义制度，要使每一个人都不受强大的国际资本主义意识形态的渗透与影响，需要不断强化对工人、农民的主人翁教育。

正由于此，社会主义的劳动纪律仍然带有一定的强制性，对于违反劳动纪律的行为，必须进行教育，直至给予相应处罚，如果允许劳动者不遵守，任意违反，就等于没有任何纪律，结果就必然会从根本上损害劳动者的利益。为了社会主义革命和社会主义建设事业的顺利发展，必须不断地巩固和加强社会主义的劳动纪律。

---

① 马克思．资本论(第1卷)[M].北京:人民出版社,1963:455.

（四）劳动团队观念

案例导入

团结就是战斗力：中国女排展现团队作风

2023年7月17日上午，在美国阿灵顿的大学公园中心体育馆，虽然中国女排的姑娘们未能如愿站上2023年世界女排联赛冠军领奖台，但收获亚军的她们仍旧肩并肩、手拉手，昂首向前。作为本届世界女排联赛四强中最不被看好的一支球队，中国女排取得了亚军的佳绩，收获了一年一个新台阶的大幅度进步，更令人欣慰的是，让质疑她们的人看到，这是一支团结如铁的集体……

时间回到2023年2月初的浙江温岭。刚刚集结的新一届中国女排，把启航地放在了这里，而作为当年冬训工作的第一项重要内容，在温岭进行的为期近十天的军训，是中国女排为了更好地完成2023年各项大赛任务进一步打造队伍凝聚力、战斗力所迈出的重要一步。

军训给中国女排带来了什么？答案或许就在5月31日的日本名古屋。这是中国女排在2023年世界女排联赛分站赛的首场比赛，她们与之前交锋中胜少负多的巴西女排狭路相逢。虽然缺少了加比等老将，但几乎全主力出战的巴西女排仍然实力不俗。比赛伊始，中国女排就以25∶23两分险胜，开了个好头。随后的三局一波三折，双方都采取了拼发球冲击对手一传的策略，使得这场比赛的氛围自始至终紧张激烈。在这种情况下，比拼的就已经不仅是战术，而是看谁的意志品质更加坚定、看哪支队伍更加团结。最终中国女排以3∶2战胜巴西队。

日本女排是中国女排在名古屋站迎战的另一个劲敌，更是宿敌。面对主场作战的日本女排，在全场日本球迷制造的震耳欲聋呐喊助威声中，中国女排姑娘们团结一心，勇敢地直面挑战。中国女排首局获胜后，不甘主场失利的日本女排同样展现出顽强的斗志，在第二局甚至一度取得6分的领先。在逆风局势下，中国女排队员们凭借比对手更顽强也比对手更团结的意志品质突出重围。

在巴黎奥运会周期，“00后”李盈莹成为这支同样年轻的中国女排的主力主攻。而这个赛季，也是她第二次以主力身份参加的世界女排联赛。作为主攻位置上的绝对主力，李盈莹不但要完成好为球队摧城拔寨、关键球时一锤定音的本职工作，更要和队友们协作，承担起一传防守环节的重任。面对这样的重担和压力，李盈莹毫无怨言，紧急时刻挺身而出。无论胜利还是失败，李盈莹都从中收获并快速成长，因为她懂得，排球是集体项目，打的就是一个相互配合、互相弥补，“这就是我们排球项目的魅力”。在这届世界女排联赛中，李盈莹是中国女排当之无愧的头号得分手，23岁的她，扣球命中率已经达到世界一流主攻的标准，同时她在一传、发球等环节也都有出色的全面发挥。李盈莹在用她的每一滴汗水和每一份努力，来回报这支给予她信任也给予她荣誉的集体。

所谓团队观念，简单来说就是大局意识、协作精神和服务精神的集中体现。团队精神的基础是尊重个人的兴趣和成就，核心是协同合作，最高境界是全体成员的向心力、凝聚力，反映的是个体利益和整体利益的统一，并进而保证组织的高效率运转。团队精神的形成并不要求团队成员牺牲自我，相反，挥洒个性、表现特长保证了成员共同完成任务目标，而明确的

协作意愿和协作方式则产生了真正的内心动力。团队精神是组织文化的一部分，良好的管理可以通过合适的组织形态将每个人安排至合适的岗位，充分发挥集体的潜能。

劳动教育是学生全面发展的重要组成部分，它旨在培养学生的实践能力、团队合作意识以及责任感。团队合作意识是劳动教育中不可或缺的一环，通过团队合作，学生能够更好地理解人与人之间的互动关系，并在实践中培养合作意识。以下将从不同方面探讨如何通过劳动教育来培养团队合作意识。

1. 培养合作意识的方法

（1）设立团队任务。在劳动教育中，可以将学生分成小组，给予每个小组一个任务，要求他们在一定时间内通过合作完成。例如，在学校的环境整治活动中，将学生划分为不同的小组，每个小组负责一定区域的整治任务。通过合作完成任务，学生能够意识到团队合作的重要性，同时培养团队合作意识。

（2）制定合作规则。为了保证团队合作的顺利进行，可以制定一系列的合作规则。例如，明确每个成员的角色分工，规定每个成员的工作时间和工作方式等。通过规定明确的合作规则，能够有效地促进团队合作，并使每个成员都能在团队中发挥自己的作用。

（3）激发团队凝聚力。团队的凝聚力是团队合作的重要保障。为了提高团队的凝聚力，可以组织一些团队建设活动，如集体游戏、团队拓展训练等。这些活动能够增进成员之间的了解，提高彼此间的信任和配合能力，进而增强团队合作意识。

2. 培养合作意识的好处

（1）提高工作效率。在团队合作中，每个成员都有各自的责任和任务，通过协同工作，能够有效地提高工作效率。团队成员之间可以互相交流、协助，并通过相互合作共同解决问题，从而更快地完成任务。

（2）培养沟通能力。团队合作需要成员之间的积极沟通和相互理解，通过团队合作，能够提高自己的沟通能力，学会与他人进行有效的交流和协调，并从中体会到团队协作的重要性。

（3）培养合作精神。团队合作意识的培养有助于培养合作精神。在团队合作中，会理解到只有相互合作、互相支持，才能最终实现目标，从而培养出团结、互助、友爱、和谐的合作精神。

总结起来，劳动教育是培养实践能力和团队合作意识的重要环节。通过设立团队任务、制定合作规则以及激发团队凝聚力，可以有效培养团队合作意识。团队合作意识的培养不仅能提高学习效率和沟通能力，还能培养合作精神。因此，在劳动教育中注重培养团队合作意识，对综合素质提升具有重要意义。

（五）劳动奉献观念

案例导入

袁隆平——国民的“粮仓”

袁隆平，男，汉族，江西省九江市德安县人，1930 年 9 月 7 日出生于北京。他用毕生的精力都在解决人类一直未能解决的大问题——吃饭问题。他用智慧改造了大地，用心血造福了人类，他的名字、事业、精神光耀寰宇。他是中国杂交水稻育种专家，中国研究与发展杂交水稻的开创者，被誉为“世界杂交水稻之父”。

袁隆平是杂交水稻研究领域的开创者和带头人。从1946年开始，他几十年如一日，全心致力于杂交水稻技术的研究，成功研发出“三系法”杂交水稻。1987年，国家“863”计划将两系法杂交水稻研究立为专题，袁隆平组成了两系法杂交水稻研究协作组开展协作攻关，历经9年的艰苦攻关，1995年两系法杂交水稻取得了成功，比同熟期的三系法杂交水稻增产5%～10%，且米质较好。两系法杂交水稻为中国独创，它的成功是作物育种上的重大突破，体现了以袁隆平为首的中国杂交水稻科技工作者的聪明智慧。随后，他又率领团队创建了超级杂交水稻技术体系，使水稻产量平均亩产提高到900kg。他多次赴印度、越南等国家传授杂交水稻技术，以帮助克服粮食短缺和饥饿问题。

袁隆平从事杂交水稻研究已经半个世纪了，他不畏艰难，甘于奉献，呕心沥血，潜心追求，使中国杂交水稻研究始终居世界领先水平，为中国粮食安全、农业科学发展和世界粮食供给作出了杰出贡献。他被授予全国劳动模范、全国道德模范，荣获国家最高科学技术奖和联合国教科文组织科学奖，2018年获得国家“改革先锋”荣誉称号。

袁隆平深入田间地头，埋头苦干，呕心沥血，不断对杂交水稻技术进行改良创新。在这背后，我们应思考：是什么力量支持袁隆平几十年如一日，矢志不渝？袁隆平改良杂交水稻技术，不断提高水稻单产和总产，如何看待他给人类社会带来的价值和贡献？

1. 树立正确的职业观

劳动是社会对个体最基本的要求，既是个人的生存手段，也是个人对社会和国家应尽的义务。新时代大学生树立劳动最光荣、劳动最崇高、劳动最伟大、劳动最美丽的思想观念，有利于形成以辛勤劳动为荣、以好逸恶劳为耻的荣辱观。

培养大学生以客观公正、平等尊重的态度对待一切劳动，并尊重每一位普通劳动者，可以使大学生树立正确的价值观念，克服不劳而获和投机心理，让诚实劳动的观念深深扎根于他们的内心。培育新时代大学生的劳动精神，有助于当代大学生树立正确的事业观，使他们真正认识到劳动是财富的源泉，也是幸福的源泉。

让大学生真正认识到人世间的美好理想，只有通过诚实劳动才能实现；社会发展中的各种难题，只有通过创造性劳动才能破解；生命里的一切辉煌，只有通过辛勤劳动才能铸就。新时代的大学生要将日常生活与理想追求紧密结合。

大学生应在劳动创造中实现远大理想和个人目标，自觉把人生追求融入国家富强、民族复兴的伟业之中，实现个人与集体、国家的融合发展，真正树立依靠辛勤劳动、诚实劳动、创造性劳动获取财富、实现人生价值的正确思想观念，从而为走出校园后的人生之路奠定良好的基础。

2. 树立正确的劳动观

劳动既是勤劳诚实的奉献，也是凝聚真善美的力量。要引导新时代大学生确立劳动最美丽的思想观念，使他们真正感受到劳动本身所激发出的人性光辉、品德光辉和精神光辉，体验到劳动者在劳动中所展现的精益求精、专注执着、无私奉献、创新创造的宝贵精神。体验到高标准、高品质的追求和敬业之美、创造之美的价值升华。通过弘扬劳动精神，要号召大学生向劳动模范看齐，感受他们身上表现出的爱岗敬业、争创一流，艰苦奋斗、勇于创新，以及淡泊名利、甘于奉献的时代精神力量，从而激励自己投身于新时代中国特色社会主义伟大事业中，奉献无悔青春。

3. 树立正确的价值观

中华民族是勤于劳动、善于创造的民族。正是因为劳动创造，我们拥有了历史的辉煌；也正是因为劳动创造，我们拥有了今天的成就。尊重劳动，坚持爱岗敬业的工作态度和职业操守，是践行社会主义核心价值观的要求和具体体现。

培育新时代大学生的劳动精神，能够使大学生真正理解人民创造历史、劳动开创未来，相信劳动是推动人类社会进步的根本力量；真正认识到正是因为中国人民的劳动创造，我们才拥有今天的幸福生活。通过弘扬劳动精神，大学生要扎扎实实干事、踏踏实实做人，培养积极主动的岗位意识、职业意识、进取精神和创新精神。

无论处于什么岗位，他们都能在本职工作中充分发挥积极性、主动性和创造性，通过自己的劳动收获满足感、幸福感、尊严感，在创造物质财富的同时，提升自我的精神境界。只有这样，大学生才能于实处用力，从知行合一上下功夫，把社会主义核心价值观内化为精神追求，外化为自觉行动。

因此，新时代大学生要把艰苦环境作为磨炼自己的机遇，把小事当作大事干，从做好小事、管好小节起步，学会劳动、学会勤俭，学会感恩、学会助人，学会自省、学会自律，把社会主义核心价值观落实到自己的劳动过程中。

第二节　马克思主义劳动观

微课：马克思主义劳动观

劳动是人类特有的社会实践活动，不同时期对劳动都有不同的认识，马克思不仅从哲学的角度对劳动进行研究，而且从人的存在方式、人的本质、人的生命活动中发现了劳动的本质，形成了马克思主义劳动观。在对劳动本质认识的基础上，为了改变资本主义生产关系下工人劳动异化的悲惨命运，马克思提出了将生产劳动与教育相结合的马克思劳动教育思想。

一、劳动及劳动认识

劳动是人类特有的社会实践活动，也是人类通过有目的的活动改造自然、改造人自身的过程。“劳动”有广义和狭义之分。广义的劳动，即人类认识世界、改造世界的实践活动的统称；狭义的劳动即“体力”劳动。可见，劳动是自然和社会发展的基础，是一种人类创造物质财富和精神财富的特殊实践活动。

古希腊时期，西方思想家认为劳动是低贱的。例如，亚里士多德提出，劳动是人类所有活动中最低贱的，是奴隶阶层特有的职能，专为贵族阶层的物质生活需要服务。

中世纪以后，马丁·路德提出“天职观”，把劳动与上帝联系在一起，将劳动视作是上帝的旨意，是每个人都应该积极履行的神圣“天职”。劳动的神化激发人们的劳动热情，产生了巨大的社会效应。

近代以来，劳动被认为不是卑贱的行为，而是创造财富的重要手段，或是人的本质的确证。随着资本主义制度的确立，劳动在生产生活中发挥着越来越重要的作用，思想家们对劳动的态度发生了根本性的转变。例如，以亚当·斯密为代表的古典政治经济学家们表示，劳动是财富的源泉，是衡量一切商品价值的尺度。黑格尔更是前所未有地将劳动概念上升到了哲学层面，认为劳动是人的本质，是人的抽象的精神活动。亚当·斯密和黑格尔等关于劳动的论述，丰富和发展了劳动的概念和内涵，使劳动获得了足够的重视，具有重要的进步意义。但是，他们并没有触碰到劳动的本质，对劳动的理解仍然是片面的。

二、马克思主义劳动观的内涵

1. 马克思主义劳动观要义概述

马克思认为，劳动是人的本质，是“自由的生命表现”。马克思不仅从哲学层面高度凝练和概括劳动概念，而且从人的存在方式、人的本质、人的生命活动来理解和把握劳动的本质，形成了马克思主义劳动观，实现了人类对劳动认知的历史性变革。

2. 马克思主义劳动观的基本观点

马克思主义劳动观的基本观点包括以下三个方面。

(1) 人是劳动的产物。恩格斯指出，劳动创造了人本身；不仅如此，劳动创造了人类生存所必需的全部物质条件和精神条件。马克思说：“任何一个民族，如果停止劳动，不用说一年，就是几个星期，也要灭亡。”劳动是人的生命存在和全部社会活动的前提，作为生命存在的人要解决吃、穿、住的生活问题，必须从事生产劳动，通过劳动改造自然，从大自然中获取生活资料。

(2) 劳动是人类全部社会关系形成和发展的基础。人们在劳动过程中，一方面同自然界发生关系，另一方面在人们之间又结成了生产关系。

(3) 劳动是促使社会历史发展的根本推动力量。社会发展的最终决定力量不是精神、意志等，而是人的劳动实践。

学习和掌握马克思主义劳动观及其内涵，是我国社会主义劳动教育观和新时代大学生劳动育人观形成的基础。

三、马克思劳动教育思想

1. 马克思劳动教育思想的形成背景

马克思劳动教育思想源起于马克思对劳动本质的正确理解，是马克思主义理论的重要内容。但是在资本主义机器大工业条件下，劳动发生了异化，异化劳动导致工人遭受肉体的折磨和精神的摧残。为了追逐更多的剩余价值，资本家不断降低工人的工资，甚至大量雇佣女工和童工。他们在恶劣的劳动条件下过度劳动，不仅丧失了对自己生活领域内全部生产的支配权，而且失去了受教育的机会和权利。针对无产阶级及其子女难以获得教育的现实困境，马克思、恩格斯在《共产党宣言》中提出：“对所有儿童实行公共的和免费的教育。取消现在这种形式的儿童的工厂劳动。把教育同物质生产结合起来。”除此之外，他们还发现，资产阶级上层的儿童存在只接受理论教育而不从事生产劳动的情形，他们针对这种状况给予了严厉的批判，指出资产阶级所倡导的教育是虚假的理性教育和宗派教育，它就像“空中楼阁”，严重脱离劳动实践，会导致民众成为思想迂腐、政治麻木的人，成为片面发展的人。

2. 马克思劳动教育思想的基本内涵

马克思指出：“生产劳动和教育的早期结合是改造现代社会的最强有力的手段之一。”因为生产劳动是解放人的手段，它给每一个人提供全面发展的机会。因此，将生产劳动同教育相结合，把技术、知识运用于物质生产，不仅能够提高生产力水平，达到改造社会的效果，还能够造就全面发展的人。

马克思关于劳动教育的主要思想就是“教育与劳动的双向结合”。一方面，劳动应该与教育相结合。劳动创造了人本身，以现代科学技术为基础的生产劳动需要通过教育来为人的全面发展提供条件。另一方面，教育应该与劳动相结合。教育是促进人全面发展的重要途径，与生产劳动相脱节的教育必将导致人的片面发展。在教育与物质生产相结合的基础上，马克思提出了综合技术教育的思想，主张开设专门的技术类、职业技能类院校。综合技术教育使“教育与生产劳动相结合”，成为劳动教育的典型形式。

最终，马克思、恩格斯在吸收卢梭、莫尔等思想家关于劳动教育思想的基础上，提出了科学的劳动观，以劳动的观点分析人类历史的发展规律，研究一定生产方式下人的劳动形态，形成了丰富的劳动教育理论。马克思劳动教育思想对实现人的全面发展具有重要的指导意义。

第三节　我国社会主义劳动教育观

微课：社会主义劳动教育观

社会主义实行生产资料公有制，劳动没有贵贱尊卑之别，劳动者地位得到提升。我国作为社会主义国家历来重视劳动教育，根据不同时期社会的政治、经济、文化和教育发展状况，产生了不同的劳动教育认识，制定了与之相适应的教育方针。

一、社会主义劳动观的基本内涵

劳动观是人们在劳动过程中形成的对劳动的态度、方法和观点等。社会主义劳动观认为，劳动是社会存在和发展的先决条件，劳动是社会发展的动力，一切物质财富和精神财富都是由劳动创造的。在社会主义社会，无产阶级占主导地位，劳动人民是国家的主人。劳动光荣成为每个社会成员的共识，无产阶级的劳动观成为社会主义国家的主流劳动观，劳动只有分工不同，没有高低贵贱之分。

二、我国社会主义建设不同时期的劳动教育观

（一）新民主主义社会向社会主义社会过渡时期

“爱劳动”被列为国民五项公德之一。1949 年 9 月，中国人民政治协商会议第一届全体会议通过的《中国人民政治协商会议共同纲领》明确规定：“提倡爱祖国、爱人民、爱劳动、爱科学、爱护公共财物为中华人民共和国全体国民的公德。”1950 年 5 月，时任教育部副部长钱俊瑞发表《当前教育建设的方针》一文，提出教育要“为工农服务，为生产建设服务，这就是当前实行新民主主义教育的中心方针”，鼓舞民众从事劳动创造的热情和积极性，表扬和普及劳动事业中的发明和创造，组织一切原来不从事劳动生产的人们参加生产劳动并在劳动中改造自己。

实施教育与生产劳动相结合成为贯彻落实全面发展的教育方针的重要组成部分。1955 年 5 月，中华人民共和国国务院召开的全国文化教育工作会议指出，提高中小学教育的质量必须贯彻全面发展的方针，注意学生的智育、德育、体育、美育，同时有步骤地实施基本生产

技术教育。1955年9月2日，教育部颁布《小学教学计划》，并提出实施基本生产技术教育(综合技术教育)和加强劳动教育。1958年3月，教育部在《关于1958—1959学年度中学教学计划的通知》中规定，初高中各年级增设生产劳动课，每周2小时；学生参加体力劳动的时间每学年为14～28天。随着这个教学计划的贯彻执行，各地中小学校都把生产劳动列为正式课程，劳动技术教育在我国基础教育的历史上确立了正式的课程地位。

（二）社会主义建设探索时期

社会主义的教育方针中第一次出现“劳动者”。毛泽东根据世情、国情和教育本身发展的变化，提出了第一个社会主义性质的教育方针。1957年2月，毛泽东在《关于正确处理人民内部矛盾的问题》中提出：“我们的教育方针，应该使受教育者在德育、智育、体育几方面都得到发展，成为有社会主义觉悟的有文化的劳动者。”明确了“德育、智育、体育几方面都得到发展”的素质内涵。这里的“劳动者”既包括体力劳动者，又包括脑力劳动者，尤其是指既有社会主义觉悟又有文化的新型劳动者。

党中央在这个时期非常重视劳动教育。1957年2月，毛泽东在《关于正确处理人民内部矛盾的问题》一文中提出：“要使全体青年们懂得，我们的国家现在还是一个很穷的国家，并且不可能在短时间内根本改变这种状态，全靠青年和全体人民在几十年时间内，团结奋斗，用自己的双手创造出一个富强的国家。”“社会主义制度的建立给我们开辟了一条到达理想境界的道路，而理想境界的实现还要靠我们的辛勤劳动。”当时“劳动教育”不仅频繁出现在各部门的报告、通知等文件中，而且针对中小学教育的不同阶段的具体情况颁布了差异化的劳动教育方案。

（三）20世纪改革开放时期

1. 始终重视“教育与生产劳动相结合”

党的十一届三中全会以后，党中央对教育方针进行了多次调整，但重视人的全面发展、重视劳动教育的思想没有变，劳动教育始终是教育方针政策的重要内容之一。这个时期的教育方针强调“两个必须”“三个面向”和“四有”。“两个必须”是指教育必须为社会主义建设服务，社会主义建设必须依靠教育。“三个面向”是指1983年10月邓小平为北京景山学校的题词：“教育要面向现代化、面向世界、面向未来。”“四有”是指有理想、有道德、有文化、有纪律。

2. 将“教育与生产劳动相结合”规范化

1993年2月，中共中央、国务院印发的《中国教育改革和发展纲要》明确提出：“教育必须为社会主义现代化建设服务，必须与生产劳动相结合，培养德、智、体全面发展的建设者和接班人。”该纲要从多方面进行了明确：一是提出教育必须为谁服务、与谁结合、培养什么人才。二是拓宽人才规定的范围，由“建设者”拓展为“建设者和接班人”，更加符合这一时期社会对人才的需求。三是更加突出劳动教育在新时期的重要性。

3. 将“教育与生产劳动相结合”法制化

1995年颁布的《中华人民共和国教育法》规定：“教育必须为社会主义现代化建设服务，必须与生产劳动相结合，培养德、智、体等方面全面发展的社会主义事业的建设者和接班人。”该教育法是中国教育史上第一次将教育方针立法化，也是第一次将“教育与生产劳动相结合”法制化。

4. 实施素质教育

1999 年 6 月颁布的《中共中央 国务院关于深化教育改革全面推进素质教育的决定》提出："实施素质教育，就是全面贯彻党的教育方针，以提高国民素质为根本宗旨，以培养学生的创新精神和实践能力为重点，造就'有理想、有道德、有文化、有纪律'的德智体美等全面发展的社会主义事业建设者和接班人。"这时的教育方针虽然没有明确把"劳动教育"列入其中，但是"劳动教育"是蕴含在"等"里作为全面发展人的理论和一项素质，为后来我国实施全面素质教育，把德智体美劳有机统一于教育活动奠定了理论基础。

（四）进入 21 世纪新时期

1. 将"教育与生产劳动和社会实践相结合"法制化

党的十六大报告把"教育与生产劳动相结合"发展为"教育与生产劳动和社会实践相结合"。2015 年修正的《中华人民共和国教育法》进一步明确："教育必须为社会主义现代化建设服务、为人民服务，必须与生产劳动和社会实践相结合，培养德、智、体、美等方面全面发展的社会主义建设者和接班人。"这是以法律形式规定了"建设者和接班人"的人才素质结构，也是以国家意志形式将"劳动教育"蕴含在社会主义教育中。

2. 将"教育与人才强国相结合"国家战略化

2018 年 9 月，习近平总书记在全国教育大会上发表重要讲话，强调"培养德智体美劳全面发展的社会主义建设者和接班人"，将劳育明确列入德智体美劳全面发展培养人的综合素质中，强化了大学生劳动教育的重要意义。党的二十大报告指出："坚持党管人才原则，坚持尊重劳动、尊重知识、尊重人才、尊重创造，实施更加积极、更加开放、更加有效的人才政策，引导广大人才爱党报国、敬业奉献、服务人民。""统筹推动文明培育、文明实践、文明创建，推进城乡精神文明建设融合发展，在全社会弘扬劳动精神、奋斗精神、奉献精神、创造精神、勤俭节约精神，培育时代新风新貌。"其中坚持尊重劳动，在全社会弘扬劳动精神等内涵都是强化劳动教育、实施人才强国的国家战略举措。

总之，社会主义劳动教育在我国不同时期虽表述有所不同，但社会主义劳动教育观的核心内容"尊重劳动，弘扬劳动精神，热爱劳动和劳动人民"始终在不断丰富和发展，并为人们所坚持。在我国，无论处于何种发展时期，劳动教育都贯彻始终。新时代高等教育要服务国家建设和战略发展，新时代的大学生要在学习和工作中体认劳动光荣，做到热爱劳动和劳动人民，努力成长为德智体美劳全面发展的社会主义建设者和接班人。

第四节　新时代大学生劳动育人观

随着时代的发展和社会的进步，劳动环境、劳动形式和劳动需求等发生了根本变化，呈现出复杂多元化、信息智能化等特点。社会发展对教育提出了更高的要求，也对劳动者的能力素质尤其是创新能力提出了新的更高的要求。劳动教育是人才培养的重要组成内容。进入新时代，以习近平同志为核心的党中央十分重视劳动教育的育人功能。习近平总书记针对当前社会发展的新问题，坚持新时代立德树人的重要使命，多次发表劳动、

微课：新时代大学生劳动育人观

劳动教育等相关内容讲话，丰富和发展了马克思主义劳动观，赋予了劳动教育新的教育意义和时代内涵，形成了新时代劳动教育观，创新探索了新时代大学生劳动育人观。

一、新时代我国劳动教育观

1. 劳动教育概述

劳动教育与德育、智育、体育、美育并列，是全面培养的教育体系的重要组成部分。劳动教育通过各种形式的劳动促进人的发展，其目标侧重强调劳动教育活动的内容和方法，其实施主体是教育者，如学校、教师、家庭等。

2. 新时代我国劳动教育观的内涵

2020 年 7 月 7 日，教育部印发的《大中小学劳动教育指导纲要(试行)》，从国家战略层面高度肯定劳动教育的时代价值，明确提出："劳动教育是新时代党对教育的新要求，是中国特色社会主义教育制度的重要内容，是全面发展教育体系的重要组成部分，是大中小学必须开展的教育活动。"通过劳动教育，学生能够理解和形成马克思主义劳动观，"领会'幸福是奋斗出来的'内涵与意义，继承中华民族勤俭节约、敬业奉献的优良传统，弘扬开拓创新、砥砺奋进的时代精神。""能够自觉自愿、认真负责、安全规范、坚持不懈地参与劳动，形成诚实守信、吃苦耐劳的品质。珍惜劳动成果，养成良好的消费习惯，杜绝浪费。"新时代劳动教育观以育人为导向，"培养什么人、怎样培养人、为谁培养人"是教育的根本问题，也是指导新时代劳动教育育人的核心问题。

党的十九大以来，习近平总书记多次发表有关劳动教育的重要论述，为劳动教育把脉开方，要求将劳动教育纳入党的教育方针。2018 年 9 月 10 日，习近平总书记在全国教育大会上发表重要讲话，指出："要努力构建德智体美劳全面培养的教育体系，形成更高水平的人才培养体系。"强调："培养德智体美劳全面发展的社会主义建设者和接班人，加快推进教育现代化、建设教育强国、办好人民满意的教育。"党的二十大报告再次强调："办好人民满意的教育。""全面贯彻党的教育方针，落实立德树人根本任务，培养德智体美劳全面发展的社会主义建设者和接班人。""坚持以人民为中心发展教育，加快建设高质量教育体系，发展素质教育，促进教育公平。"

2020 年 3 月，《中共中央 国务院关于全面加强新时代大中小学劳动教育的意见》把育人导向作为劳动教育的首要原则，强调劳动教育是国民教育体系不可缺少的重要内容，是学生成长的必要途径。该意见要求"把劳动教育纳入人才培养全过程，贯通大中小学各学段，贯穿家庭、学校、社会各方面，与德育、智育、体育、美育相融合""实施劳动教育重点是在系统的文化知识学习之外，有目的、有计划地组织学生参加日常生活劳动、生产劳动和服务性劳动，让学生动手实践、出力流汗，接受锻炼、磨炼意志，培养学生正确劳动价值观和良好劳动品质"，使学生具备满足生存发展需要的基本劳动能力，形成良好的劳动习惯。

3. 新时代我国劳动教育育人价值观

(1) 劳以树德。人的品德需要通过实践磨炼，劳动能够促使劳动者在人与自然、人与人的社会生活和社会交往之中，学会尊重他人和他人的劳动，正确处理好个人与他人、个人与集体、个人与社会之间的关系，把自己培养成适应社会实践和社会发展需要的有德之人。

(2) 劳以增智。劳动是智慧之源。毛泽东指出："人的正确思想，只能从社会实践中来，只能从社会的生产斗争、阶级斗争和科学实验这三项实践中来。”只有将获得的知识与生产劳动相结合，才能将知识转化成能力，提高创造力。

(3) 劳以强体。人作为劳动主体参与劳动时，不仅可以达到强身健体的效果，而且还能够锻炼意志。艰苦的环境可以磨炼坚强的意志品质，坚强的意志品质也离不开强健的体魄来支撑，劳动必须将脑力劳动和体力劳动高度结合、均衡发展。

(4) 劳以育美。人在劳动过程中不断改变自己的精神世界，塑造自我形成和展示出来的劳动美。人们在劳动过程中不仅可以创造美，而且还能够体验和理解劳动的美，从而真正做到尊重劳动、尊重劳动人民、尊重劳动成果，真正懂得劳动美和劳动中映射出来的人的美和人的尊严。

二、新时代劳动育人观的创新变化

1. 劳动育人概述

劳动育人通过各种形式的劳动促进人的发展，是指通过积极策划、引导、组织、激励人们参与不同形式的劳动，包括日常生活劳动、生产劳动和服务性劳动等，使人们树立正确的劳动价值观和劳动精神，培育积极的劳动情感和态度，养成良好的劳动品德以及劳动品质，提升劳动技能和创新能力，形成持久的劳动习惯和实践过程。劳动育人侧重强调劳动的育人价值。实施主体不仅包括他人施加的教育，还包括自我教育、自我提高。所属范畴是人才培养体系的重要组成部分。

2. 新时代大学生劳动育人模式

以新时代教育精神为指导，落实立德树人根本任务，坚持马克思主义劳动观，丰富社会主义劳动观，落实新时代劳动教育观，培养大学生更敢于劳动，更热爱劳动，更能坚持创新劳动，更能组织团队劳动，更能承担劳动中的大事、解决劳动中的难事，创新发展新时代大学生“一正四强铸魂六器”劳动教育特色育人模式。以新时代特色劳动育人模式实现大学生劳动育人目标，培养大学生树立正确的劳动观念、具有必备的劳动能力、培育积极的劳动精神、养成良好的劳动习惯和品质，将新时代大学生培养成德智体美劳全面发展的社会主义建设者和接班人。

三、创新我国新时代大学生劳动育人的重点内容

新时代大学生劳动育人观，聚焦新时代大学生劳动育人理论创新和实践创新，重点和系统总结了育人理论、育人使命、育人组织、育人意蕴、育人实践和育人铸魂六个方面，为新时代大学生劳动教育的创新开展提供了理论思考和实践指导。大学生应该深刻体会到，新时代社会发展对劳动者的能力素质尤其是创新能力提出了新的更高要求。新时代高等教育要服务国家建设和战略发展，新时代的大学生要在学习和工作中，创新和践行新时代大学生劳动育人观，这对助力其成长为德智体美劳全面发展的社会主义建设者和接班人，具有十分重要的指导意义。

课后思考

1. 马克思主义劳动观的内涵是什么？
2. 马克思劳动教育思想的内涵是什么？
3. 我国社会主义劳动观的核心内容是什么？
4. 我国新时代大学生秉承的劳动育人观有哪些？

第二章

劳动教育·育人意蕴

马克思把劳动比喻为整个社会都在围绕旋转的"太阳",将劳动视作创造价值的唯一源泉。凭借一双勤劳的手,人类的祖先打磨几块冷石,生起一团热火,告别茹毛饮血,迈向新的生活。凭借一双勤劳的手,中华民族的先民们"烁金以为刃,凝土以为器,作车以行陆,作舟以行水",用汗水与智慧开启了灿烂的中华文明。凭借一双勤劳的手,中国人民在中国共产党的领导下,自力更生、发奋图强、解放思想、锐意进取,取得了社会主义革命、建设、改革的伟大成就,全面建成了小康社会,共同创造着幸福生活。

知识能力目标

- 理解劳动精神的生成基础和基本内涵,把握培育弘扬劳动精神的基本路径。
- 理解劳模精神的时代特色和当代价值,把握培育弘扬劳模精神的基本路径。
- 理解工匠精神的基本内涵和时代价值,把握培育弘扬工匠精神的基本路径。
- 能以实际行动弘扬劳模精神,主动培育工匠精神,积极做新时代劳动精神的践行者。

职业素养目标

- 立足岗位,在实际工作中做到爱岗敬业,深刻感悟劳动精神。
- 以马克思主义劳动观为理论基础,深入研究并阐释劳模精神生成逻辑。
- 坚定理想信念,树立崇高目标,传承工匠精神。
- 加强职业道德培养,积极参加社会实践活动,弘扬劳模精神和工匠精神。

第一节 劳动精神是幸福的源泉

2018 年 9 月 10 日,习近平总书记在全国教育大会上强调:"要在学生中弘扬劳动精神,教育引导学生崇尚劳动、尊重劳动,懂得劳动最光荣、劳动最崇高、劳动最伟大、劳动最美丽的道理,长大后能够辛勤劳动、诚实劳动、创造性劳动。"实现中华民族伟大复兴的中国梦,必须弘扬劳动精神。当代大学生担当着民族复兴的时代使命,要努力做劳动精神的培育者和弘扬者,用实际行动展现出新时代的青春风貌。如今,踏上新征程的我们,仍然需要大力弘扬劳动精神,继续奋斗、勇往直前,为实现第二个百年奋斗目标而不懈努力。

一、劳动精神的生成

微课：劳动精神的生成

案例导入

全社会弘扬新时代劳动精神

2020年11月24日，习近平总书记在全国劳动模范和先进工作者表彰大会上指出："在长期实践中，我们培育形成了爱岗敬业、争创一流、艰苦奋斗、勇于创新、淡泊名利、甘于奉献的劳模精神，崇尚劳动、热爱劳动、辛勤劳动、诚实劳动的劳动精神，执着专注、精益求精、一丝不苟、追求卓越的工匠精神。"

劳动是人类的本质活动，是指有劳动能力和劳动经验的人在生产过程中有目的地支出劳动力的活动，是人类创造物质财富或者精神财富的活动；是能够对外输出劳动量或劳动价值的人类活动，是人类征服客观自然世界的直接的、唯一的手段，也是人类生存和发展的最基本条件；是发生在人与自然界之间的活动，其实质是通过人的有意识的、有一定目的的自身活动来调整和控制自然界，使之发生物质变换，即改变自然物的形态或性质，为人类的生活和需要服务。

劳动在现实生活中表现为各种不同的形式，如体力劳动和脑力劳动、简单劳动和复杂劳动等。不同的劳动形式在社会发展的不同阶段具有不同的地位和作用，其中创造性劳动的价值更高。但无论何种形式的劳动，都具有一定的价值，都是财富的初始源泉和人类历史发展不可缺少的推动力量。在放手让一切生产要素的活力竞相迸发的同时，更要鼓励劳动，造就劳动光荣的观念，培养劳动神圣的信念。因为劳动是第一生产要素，是社会运行的基础条件，是人全面发展的根本尺度。

劳动精神作为一种精神力量，既蕴含文化基因的传统性，又体现与时俱进的时代性，还体现广大劳动者的劳动实践性，是历史与现实、理论与实践的统一。

1. 价值导向：社会主义核心价值观

案例导入

罗阳：航空报国，用生命诠释奉献精神

罗阳曾任歼15舰载机工程总指挥，沈阳飞机工业有限公司董事长、总经理、党委副书记。2012年11月25日，在顺利完成中国首艘航母"辽宁舰"舰载机起降训练后，他因劳累过度而突发急性心肌梗死，于当日12时48分牺牲在工作岗位上，年仅51岁。

为了航母舰载机起降成功的那一刻，罗阳倾注了全部心血。他长年超负荷工作，带领工程技术人员完成了多个重点型号研制，直至生命的最后一息，将航空报国的志向写在蓝天碧海之间。正是因为有像罗阳这样一代又一代的科技工作者，我们才创造了两弹一星、神九飞天、蛟龙探海、舰载机腾飞的辉煌成就。罗阳深刻诠释了什么是"忠于事业，甘于奉献"。

反观当今社会，具有奉献精神的人愈发减少，很多人说："付出可以，但是必须有回报。回报少了，回报晚了都不行，吃亏的事情可不干。"

资料来源：https://www.12371.cn/2013/01/01/ARTI1357006282701257.shtml.

社会主义核心价值观是当代中国精神的集中体现，凝结着全体人民共同的价值追求。劳动精神是社会主义核心价值观的应有之义，既包含对劳动价值的评价，也包含对劳动的态度，还包含劳动的内容。劳动精神与劳模精神、工匠精神相互包容、相互依存。劳模精神是劳动精神在新时代的生动再现，工匠精神是劳动精神在新时代的进一步升华。弘扬劳动精神对于发挥劳动者先进性、彰显劳动者伟大品格、推动劳动者成长进步、塑造“尊重劳动、热爱劳动、崇尚劳动”的社会文明风气具有重要的理论价值和实践意义。要激发劳动者的劳动热情，鼓励劳动者积极投身中国特色社会主义建设的伟大事业，使劳动精神成为实现中华民族伟大复兴中国梦的精神保障。

2. 文化基础：中华优秀传统文化

案例导入

曾国藩治家之道中的劳动精神

曾国藩治家有道、教育有方，离不开他亲自制定的“治家八字诀”，分别是指早、扫、考、宝、书、蔬、鱼、猪。因此，曾家虽十分富贵，但仍保留农家本色，借以整饬家风，告诫子孙不要忘本。故子弟勤奋好学，家风严谨、和善而又朴实。曾国藩的持家治学思想在某种程度上影响了湖湘文化中“吃苦霸蛮、重视耕读”的文化基因。

早，就是起早，或者喝早茶。一年之计在于春，一日之计在于晨。扫，要干净，要整洁。流水不腐，户枢不蠹，即要经常打扫卫生，贵在持之以恒。养成良好的习惯不是一朝一夕的事情。考，就是“孝”，指祭祀祖先，敬奉考妣，不忘先辈教诲。尊老爱幼，孝敬父母，关爱他人，这是对传统文化和传统礼仪的继承和发扬。宝，指“亲族邻里，时时周旋，贺喜吊丧，问疾济急”，所谓“人待人，无价之宝也”。以邻为宝，和亲睦邻，建立和睦相处的邻里关系，多沟通、多交流，不仅能够互相帮助，更能开阔眼界、舒展胸怀。书，就是读书治学。“三人行，必有我师焉”，养成读书的好习惯，建立良好的学风，知书达理，修身养性。蔬，代表着农耕。鱼，代表着“渔”。猪，代表着“畜牧养殖”，意思是保持农耕的生活方式，养成健康的饮食习惯，五谷杂粮不偏食。同时告诉我们技不压身，农田耕作、捕鱼狩猎、种植养殖等技术都要掌握，没有职业的高低之分，只有分工的不同。这也表明了人人都要自力更生、艰苦奋斗，不要坐享其成。

“八字诀”中饱含重视劳动精神的内容，也正是曾国藩对家庭的严格要求和教育，才使整个家族繁荣兴旺、连绵不衰。曾国藩作为晚清四大名臣之首，作为中国儒家核心思想的典范在精神与文化层面影响着他的家族，也给世人以无限的启示。

资料来源：梅寒．曾国藩传[M]. 南京：江苏凤凰文化出版社，2018.

劳动精神的形成和发展离不开中华优秀传统文化的深厚滋养。首先，勤劳是中华民族的传统美德。翻开我国古代文学作品，历代文人墨客写下了许多关于古人辛勤劳动的文字。早在春秋时期，便有“民生在勤，勤则不匮”的箴言；东晋陶渊明曾发出“人生归有道，衣食固其端，孰是都不营，而以求自安”的诘问；民间亦有“富贵本无根，尽从勤里得”的谚语。这些诗歌和谚语突显了劳动在人的生存和发展中的重要性，表达了尊重劳动、崇尚劳动的文化传统。其次，“以天下苍生为使命”是中国传统劳动思想的价值追求。在中国神话故事中，女娲耗费心血炼石补天，大禹治水三过家门而不入，后羿射日救民于炙烤之中，神农尝百草以身试毒等，无不彰显着无私奉献、舍己为人的精神品格，成为中国传统劳动思想的精神标识。

最后，讴歌劳动人民是中国传统劳动思想的重要内容。“民惟邦本，本固邦宁”突显的是劳动人民在强基固本中的重要性；“天之生民，非为君也。天之立君，以为民也”体现出以人为本的思想。这些中华优秀传统文化中所蕴含的劳动内涵都为劳动精神所继承和发扬。

3. 实践基础：广大劳动者的劳动实践

中国邮政“马班邮路”忠诚信使

被誉为中国邮政“马班邮路”忠诚信使的王顺友同志，坚守“马班邮路”32 年。32 年来，他在雪域高原跋涉了 26 万公里，相当于绕地球赤道 6 圈。他每年投递报纸 8000 多份、杂志 700 多份、函件 1500 多份、包裹 600 多件。他靠着一个人、一匹马从未延误过一个班期、丢失过一份邮件报刊，投递准确率达到 100%，即便被马踢伤了，他也咬着牙坚持把邮件送到乡亲们手中。王顺友用实际行动诠释了劳动精神的内涵，他的工作并不复杂，但也烦琐，并面临泥石流、江上溜索突然断裂等诸多危险，然而他却用认真负责的敬业精神、专业精神和奉献精神做到了零失误和准时达。

资料来源：https://www.sohu.com/a/280344049_714630.

土地革命时期，党在革命根据地开展打土豪、分田地的革命斗争，极大地激发了农民的耕作热情，解除了制约生产力发展的桎梏。抗日战争时期，党领导抗日根据地人民掀起热火朝天的大生产运动，为化解根据地供需矛盾、赢得抗日战争的胜利奠定了坚实的物质基础，同时也孕育了自力更生、艰苦奋斗的拼搏精神，成为劳动精神的重要组成部分。解放战争时期，党在解放区实行土地改革，“耕者有其田”、按人口平均分配土地等政策的实施，使农民翻身获得解放，极大地提高了广大农民的生产积极性和革命热情，在劳动人民中树立了“劳动光荣、劳动致富”的劳动观念。中华人民共和国成立后，在党的领导下，工人阶级和广大农民以高度的主人翁责任感和当家作主的地位，在自己的岗位上勤勤恳恳、艰苦创业，以“老黄牛”精神丰富着劳动精神的内涵。改革开放以来，知识分子“成为工人阶级的一部分”，这极大地激励了知识分子和脑力劳动者全身心地投入社会主义现代化建设。随着科学技术对生产力推动作用的日益突显，历届党和国家领导人都将发展科学技术摆在重要位置，激励着成千上万的知识分子以锐意进取、敢于创新的精神勇攀科学技术高峰，献身国家科技事业的发展。“尊重劳动、尊重知识、尊重人才、尊重创造”成为改革开放以来的时代强音。中国特色社会主义进入新时代，党和人民群众同心同德、同向同行，打赢了脱贫攻坚战、实现了全面建成小康社会，为开启全面建设社会主义现代化国家新征程奠定了坚实基础，谱写了“劳动最光荣、劳动最崇高、劳动最伟大、劳动最美丽”的时代新篇章。

二、劳动精神的内涵

案例导入

微课：劳动精神的内涵

全国五一劳动奖状和奖章

全国五一劳动奖状和全国五一劳动奖章是中华全国总工会授予在中国特色社会主义建设中作出突出贡献的劳动者和企事业单位、机关团体的荣誉，是中国工人阶级的最高奖项之一。2021 年的五一表彰适逢“十三五”收官、“十四五”开局，为了更好彰显荣誉，进一步体现全国五一劳动奖和全国工人先锋号的荣誉和奖励层级，2021 年奖章奖牌经过了重新设计并首次使用。

全国五一劳动奖状是中华全国总工会设立的授予先进集体的荣誉，授予在中国境内依法注册或登记的非跨地区的企业、事业、机关、社会组织及其他组织，以及驻外机构。除召开全国劳模表彰大会的年份外，全国五一劳动奖状每年评选颁发一次。对在国际国内有重大影响的事件中、国家经济建设和国防建设中、抢险救灾等危急情况下，以及在中华全国总工会书记处批准的全国示范性劳动竞赛中作出突出贡献的先进集体，可授予全国五一劳动奖状。

全国五一劳动奖章是中华全国总工会为奖励在社会主义各项建设事业中作出突出贡献的职工而颁发的荣誉奖章。

对先进集体和个人进行表彰和宣传，有利于在全社会大力弘扬劳模精神、劳动精神，引导广大人民群众树立辛勤劳动、诚实劳动、创造性劳动的理念，让劳动光荣、创造伟大成为铿锵的时代强音，让劳动最光荣、劳动最崇高、劳动最伟大、劳动最美丽蔚然成风。

资料来源：https://www.sohu.com/a/310111244_120041979.

“人世间的一切幸福都需要靠辛勤的劳动来创造。”劳动是一切财富的源泉，劳动赋予了人精神特质和价值文化。说到底，劳动精神既是劳动本身，又是对劳动的超越，是劳动和劳动认知的总和，凝结了人类发展和社会进步的重要力量。

劳模精神、劳动精神、工匠精神是以爱国主义为核心的民族精神和以改革创新为核心的时代精神的生动体现，是鼓舞全党全国各族人民风雨无阻、勇敢前进的强大精神动力。在长期实践中，我们培育形成了“崇尚劳动、热爱劳动、辛勤劳动、诚实劳动”的新时代劳动精神。新时代劳动精神展现着新时代砥砺奋进的新风貌，是促进人的全面发展、夺取新时代中国特色社会主义伟大胜利、实现中华民族伟大复兴的中国梦的重要力量源泉。青年学生是民族的希望和祖国的未来，要努力弘扬劳动精神，将劳动精神转化为青春行动，为国家富强、民族振兴、人民幸福贡献自己的智慧和力量。

1. 崇尚劳动

案例导入

大学生的劳动教育课堂

来自大学生的自评：“在大学里劳动教育课堂上，距离下课还有一分钟的时间，同学们已经开始骚动起来，很多人都在收拾东西准备离开，我也是。但老师的一番话让我很羞愧。老师说：“今天我们刚学习了劳动素养和情怀，可大家收拾东西的动作比下课铃还快。课堂是共同的劳动场景，你们的专注是对知识的尊重，也是对教学劳动的回应。就像食堂师傅凌晨备餐、保洁阿姨清扫校园，每一份劳动都值得被认真对待。多留一分钟整理笔记，既是对本堂课的收尾，也是把‘尊重劳动’真正放进心里。”是的，我们刚刚学习了劳动素养、劳动情怀，而现在，我们却如此不尊重课堂、不尊重老师的劳动成果。这不仅会使老师寒心，对我们本身的学习来说也没好处。我们应该尊重劳动成果，不仅是老师的，还有食堂工作人员的、学校清洁员工的，等等。”

崇尚劳动是社会主义核心价值观的重要体现和应有之义。崇尚劳动就是要牢固树立劳动最光荣、劳动最崇高、劳动最伟大、劳动最美丽的观念。崇尚劳动就是崇尚劳动之美、认可劳动者的价值与地位。只有全社会都崇尚劳动，才能释放劳动的价值与魅力，提升对劳动者的认同，为实现中国梦汇聚最磅礴的力量。

习近平总书记强调，我们所处的时代是催人奋进的伟大时代，我们从事的事业是前无古人的伟大事业。全面建成小康社会，进而建成富强民主文明和谐美丽的社会主义现代化国家，根本上靠劳动、靠劳动者创造。一个时代无论处在何种历史方位，一个国家、一个社会无论内外条件如何变化，都应该将崇尚劳动作为永恒的主题，都必须始终关注劳动者在推动国家发展、社会进步和家庭幸福中的主力军作用。反过来，如果不鼓励人民群众特别是青年学子从基础做起、从基层做起，而是任由他们一味追求身份与工作的“光鲜亮丽”，忽略成果背后的辛劳与汗水，中华民族伟大复兴的中国梦就难以实现。倡导崇尚劳动，因为劳动是一切成功的必经之路。当前中国正处于“两个一百年”奋斗目标的历史交汇期，正朝着建设社会主义现代化强国的目标迈进，在根本上需要依托劳动、依托劳动者。把崇尚劳动作为全社会弘扬劳动精神的重要一环，既是对劳动者社会地位的伦理表达，也是对劳动独特作用的权威认定。

2. 热爱劳动

案例导入

农村小伙成就发明家的创新之路

“85 后”胡振球 10 年间从一个没技术的农民工，成为首批“上海工匠”并被评为全国劳动模范，靠的就是踏踏实实干活、认认真真学习。他下班后就到单位职工书屋进行学习，经常看书到深夜，一遍又一遍地重复看和记录。短短几个月，从钣金工、钳工车工到打磨工，胡振球便掌握了车间几乎所有工种的操作技巧。随后，又经过系统学习新知识，通过反复研磨和实践，首创了“卸料抑尘装置技术”。胡振球用实际行动证明了扎实的理论知识是创新的前提，勤奋学习和创新实践不仅提高了他的劳动技能，也在无形中逐步提升了他精益求精的科学素养和专业素养。

资料来源：https://finance.sina.com.cn/roll/2016-07-23/doc-ifxuhukz0889187.shtml.

热爱劳动是劳动者对劳动的积极心理态度，是创造众多社会奇迹的劳动者所共有的品质。2013 年 4 月 28 日，习近平总书记在同全国劳动模范代表座谈时强调：“全社会都要热爱劳动，以辛勤劳动为荣，以好逸恶劳为耻。”只有基于对劳动的热爱，劳动者才能最大限度发挥聪明才干，提高劳动效率，进而体会到自我价值实现的满足与喜悦。如果对劳动不能形成由内而外的热爱，劳动就会异化为外在的束缚和枷锁，那么人在劳动中必然不会感到幸福，而是感到不幸。人民群众只有坚守热爱劳动的价值观念，继承和发扬热爱劳动的优良美德，才会心甘情愿接受劳动，实现由“要我劳动”到“我要劳动”的转变；才会心悦诚服地认同劳动，在工作岗位上埋头苦干；才会心无旁骛埋头劳动，全面提升自身的劳动素养。热爱劳动一直都是中华民族的传统美德和优秀文化基因。

3. 辛勤劳动

案例导入

甘于做一颗永不生锈的“螺丝钉”

乡村教师张桂梅、火箭“心脏”焊接人高凤林、“蛟龙”号上的“两丝”钳工顾秋亮，他们都是奋战在一线的最普通的劳动人民，也是伟大教育事业和航天航海事业中的一颗普通“螺丝钉”。他们不仅拥有崇尚劳动、热爱劳动的劳动价值观，也有艰苦奋斗的劳动精神。他们的无私奉献和兢兢业业的敬业精神诠释了新时代劳动人民最鲜明的特色，是值得青年学生学习的劳动榜样。

辛勤劳动强调的是劳动者勤劳而肯吃苦的劳动状态，是中华民族代代相传的优秀品质。习近平总书记多次强调辛勤劳动、艰苦实干的重要性。“任何一名劳动者，要想在百舸争流、千帆竞发的洪流中勇立潮头，在不进则退、不强则弱的竞争中赢得优势，在报效祖国、服务人民的人生中有所作为，就要孜孜不倦学习、勤勉奋发干事。”“在田间地头，就要精心耕作，努力赢得丰收。在商场店铺，就要笑迎天下客，童叟无欺，提供优质的服务。只要踏实劳动、勤勉劳动，在平凡岗位上也能干出不平凡的业绩。”无论人民群众从事劳动的外在环境如何变化，辛勤劳动都是个人追求美好生活、实现人生价值的内在要求和可靠抓手。身处舞台更大、机遇更多、科技更强的新时代，广大劳动者只要勤于奋斗、乐于奉献，撸起袖子加油干，就能开创出人生的精彩事业。

辛勤劳动就是要使劳动成为生命的价值实现，成为生存的基本手段，成为生活的必要内容，长年累月、持之以恒，不放弃、不懈怠，方能一分耕耘一分收获。中国特色社会主义进入新时代，我国的社会主要矛盾已经转化为人民日益增长的美好生活需要和不平衡不充分的发展之间的矛盾。满足人民美好生活需要，实现中国梦，创造更加幸福美好的生活，任重而道远，需要每一个人持续付出辛勤劳动和艰苦努力。

勤劳创业、耕读传家是中国传统教育的重要内容，“劳”与“学”在历史上从未分离过。五千多年的灿烂文明、辉煌历史，是由世世代代中华儿女的艰苦劳动积累起来的，是劳动的产物和结晶。纵观历史，中国人民的劳动精神与中华民族的文明成果密切相关。辛勤劳动是造就中华民族辉煌历史的根本力量，同样也是创造中华民族光明未来的根本途径。

4. 诚实劳动

案例导入

攻坚克难精神不够

有大学生反思：“大多数事情，只愿意干简单的，不愿意深入了解，遇到稍微困难的事情就想找人帮忙解决，在发现特别困难以后可能直接放弃。”初高中时，这一问题多体现在学习上，遇见不擅长的科目就不学，致使偏科严重；碰到难题就不做或跳过导致成绩平平。上大学后，这一问题影响了更多方面。例如，在做科研时，碰到读不懂的文献就略过；在写小组作业时，只选择自己会做或熟悉的内容；在做学生社团工作时，将自己不会的工作分给他人或

糊弄了事。在新时代的美好生活里，生活在父辈的榕荫下，青年学生已经将艰苦奋斗、吃苦耐劳的精神束之高阁，没有面对困难、解决困难的信心和勇气。当代青年要勇于承担攻坚克难的责任，在实践中不断提升战胜挑战的能力，通过“打铁”将自己变成“铁打的人”。正如习近平总书记在党的十九大报告中对青年的殷殷嘱托：“广大青年要坚定理想信念，志存高远，脚踏实地，勇做时代的弄潮儿，在实现中国梦的生动实践中放飞青春梦想，在为人民利益的不懈奋斗中书写人生华章！”

诚实劳动作为劳动者在生产生活中的一种工作要求，体现为遵从工作标准、遵循职业要求、遵守法律法规等，是维护社会公平正义、彰显劳动本义、闪烁人性光辉的精神品质。“人世间的美好梦想，只有通过诚实劳动才能实现；发展中的各种难题，只有通过诚实劳动才能破解；生命里的一切辉煌，只有通过诚实劳动才能铸就。”劳动者唯有诚实守信、脚踏实地、勤恳劳动，才能收获安于内心的劳动成果。我们要传承好中华优秀传统文化中“诚实”这一优秀基因和宝贵品质，让诚实劳动成为全民追求的价值风尚。无论是扎根平凡岗位的一线劳动者，还是身处高精尖技术岗位或管理岗位的高素质技术技能人才，无论投身哪个行业从事什么职业，都应该以诚实劳动为基本准则。对于广大劳动者而言，要牢牢守住诚信做人的底线，践行“诚信”价值观，把诚信作为安身立命之本，始终以诚为先、以诚为重、以诚为美，让诚实劳动成为价值自觉、道德品行和行动操守。要厚植诚实劳动的土壤，净化诚实劳动的环境，在全社会形成诚实劳动的良好风尚。

诚实劳动是辛勤劳动的具体表现。人们崇尚劳动、尊重劳动，更要正确地付出劳动、从事劳动。诚实劳动就是要保持高度的敬业精神，践行各自的职业操守，竭尽其力、竭尽所能，认真地参与每一个劳动过程，负责地完成每一件劳动产品。诚实守信，自古就是中国人“修身、齐家、治国、平天下”的根本。在劳动中，诚实也是最基本的劳动态度和职业素养。“空谈误国，实干兴邦。”实干，就是要脚踏实地地劳动。新时代大学生要有吃苦耐劳的品质和脚踏实地的实干精神。

三、劳动精神的弘扬路径

微课：劳动精神的弘扬路径

知识链接

全面把握劳模精神、劳动精神、工匠精神的关系

劳模精神、劳动精神、工匠精神一直以来受到社会各界的广泛关注。我们应该以习近平总书记关于劳模精神、劳动精神、工匠精神的系列重要讲话作为重要遵循，以党和国家的重要政策文件精神为指导，深刻领会科学内涵及其相互关系，通过大力弘扬劳模精神、劳动精神、工匠精神，建设知识型、技能型、创新型劳动者大军，从而推动实现中华民族伟大复兴的中国梦和建设社会主义现代化强国的新时代目标。

从主体上看，劳模精神的主体是劳模群体，劳动精神的主体是所有劳动者，而劳模群体是广大劳动者群体中的佼佼者和杰出代表，也是广大劳动者学习的榜样和楷模。劳模的本意也就是劳动者的模范。劳模群体是劳动者群体中的一部分。从这个意义上讲，劳模精神也是劳动精神的一部分。劳动精神是做一名合格的劳动者应该有的精神，劳模精神则是成为劳模必须有的精神。做劳动者不合格，做劳模更不可能。没有劳动精神，也很难有劳模精神。所以,劳动精神应该成为所有劳动者都必须拥有的精神。劳模精神也是所有劳动者都应该学习的精神。两者也是方向和基础的关系,劳模精神是方向,劳动精神是基础。

劳模精神是所有劳动者都应该学习的精神,是影响和引领每一位劳动者从平凡走向不平凡的外力。劳模精神从外部影响每一位劳动者学先进、做先进。工匠精神则是每一位劳动者都应该具有的精神,是激发和激励每一位劳动者不断自我挑战和自我超越的内力。工匠精神从内部唤醒每一位劳动者不断成为最好的自觉。劳模精神是超越别人的精神,他们超越了很多劳动者脱颖而出。工匠精神是超越自己的精神,世上最大的对手不是别人,而是自己。工匠精神是让劳动者成为自己的"劳模",劳模精神是让劳动者成为别人的"模范"。工匠精神点亮了自己的生命,劳模精神则照亮了别人的生命。

劳动精神是所有劳动者的共性,每一位劳动者都应该有劳动精神。工匠精神则揭示了不甘于平庸的劳动者的个性,是成就优秀劳动者的必要条件。个性不仅是产品和企业的核心竞争力,也是劳动者的核心竞争力。这里所说的劳动者的个性主要是指劳动者在自我超越过程中彰显出的个人优势及其精神状态,也就是工匠精神。换句话讲,没有工匠精神的劳动者很难有出色的成就和骄人的业绩。精益求精、追求极致是践行工匠精神的核心,也是成就杰出劳动者的根源。当然,如果工匠精神成就的劳动者不仅大大超越了过去的自己,也大大超越了别人,在企业、行业、全国乃至全世界都能成为最优秀的劳动者。那么,他就会成为别人学习的榜样和楷模,最终就会成为劳模,劳模精神也随之产生。

按照马克思主义的基本观点,劳动创造了人本身。劳动精神是成为人的精神,工匠精神是成为更加优秀的人的精神,劳模精神则是成为影响别人的人的精神。成为人、成为更加优秀的人、成为影响别人的人,这是一种逐步递进的关系。党和国家现在大力呼吁弘扬劳模精神、劳动精神、工匠精神,目的就在于让每一个人都热爱劳动,成为自食其力的劳动者,更要成为优秀的劳动者,甚至成为广大劳动者群体中的佼佼者和大家学习的榜样。

资料来源:https://www.workercn.cn/c/2021-09-22/6913597.shtml.

今天,我们比历史上任何时期都更接近且更有信心和能力实现中华民族伟大复兴的目标。要实现中华民族伟大复兴,绝不是轻轻松松、敲锣打鼓就能实现的,全党必须准备付出更为艰巨、更为艰苦的努力,需要全体中华儿女众志成城、万众一心,把一切力量都凝聚起来,把一切积极因素都调动起来,尤其是将广大劳动群众的劳动热情调动起来,这就需要在全社会大力弘扬劳动精神。具体而言,将劳动教育放在首位,加强劳动教育的积极引导,开展培育劳动精神的实践,营造良好的劳动环境是弘扬劳动精神的重要路径。个人、学校、社会、国家四个链条形成合力,才能让劳动精神融入广大群众的头脑,贯彻到社会实践中,为实现中华民族伟大复兴不断奋斗。

(一)加强劳动教育引导

教育决定着人类的今天,也决定着人类的未来。人类社会需要通过教育不断培养社会需要的人才,需要通过教育来传授已知、更新旧知、开掘新知、探索未知,从而使人们能够更好地认识世界和改造世界、更好地创造人类的美好未来。为了有效推动劳动教育,我们应清醒地看到当前劳动教育存在的问题及原因,以家庭教育、学校教育和自我教育为抓手,用春风化雨、引导示范等多种方式引导广大劳动者和青年学生掌握正确的劳动认知、科学的劳动方法、高尚的劳动精神等,使其在今后的劳动实践中更好地发挥自身价值、实现社会价值。

1. 发挥家庭的劳动教育作用

习近平总书记在2018年全国教育大会上指出，“家庭是人生的第一所学校”。家庭教育发于童蒙、启于稚幼，对孩子的成长具有潜移默化和深入骨髓的终身影响，是人生的第一课。家庭的劳动教育对孩子的全面发展也是至关重要的。一个家族能否源远流长、薪火相传的关键因素在于其家族成员能否长期遵循优良的家训、家规、家教来立言立行立身，能否形成独具特色且具有正向感化功能的家风。家风既是一个家庭的精神内核，也是一个社会的价值缩影。每一个家庭的家风都不一样。观念不一样，劳动风气就更不甚相同了。古人云：积善之家，必有余庆；积不善之家，必有余殃。因此，在劳动教育方面，尤其是要强化优良家风的育人作用，抵制不良家风的负面影响。坚持“以‘孝’传家，谨记‘尊老爱幼’，用劳动撑起家庭的重担，对父母、对祖国、对生活报以满满的感恩之心。以‘读’传家，重视文化，热爱学习。以‘勤’传家，懂得劳动才是生活的本色，一切不劳而获、厌弃劳动者的错误想法都应被扼杀在萌芽状态，要爱岗敬业、自强不息。以‘俭’传家，鄙夷错误劳动观念，懂得珍惜劳动成果，杜绝奢靡浪费。以‘和’传家，坚信家和万事兴，懂得处理各种人际关系，能处理好各类工作关系”。

2. 发挥学校的劳动教育作用

劳动精神的培养是实现人的全面发展的基础，是学生自我发展、自我完善的重要途径。学校必须转变传统教学方法，从办学理念、办学体系到学科设立、专业开设、课程设置等方面来满足学生全面发展和经济社会发展的要求，突出劳动精神培养在整个学校教育中的重要地位，深入挖掘课程中的劳动精神元素，既要加强对马克思主义劳动价值观的解读，更要结合时代特征增加对创新劳动的介绍，并结合中西对比，借鉴国外劳动教育的精髓，对课程进行具体化、趣味化和生活化设计，不断引导学生树立对劳动意义和劳动价值的正确认识，培养学生热爱劳动、尊重劳动、努力向劳动人民学习的思想观念，坚持吃苦耐劳、脚踏实地、辛勤劳动的传统美德，从而提升学生对劳动情感的认同度、劳动意志的内化度、劳动行为的一贯性。

3. 发挥自我的劳动教育作用

“知人者智，自知者明。”人之所以成为万物之灵，关键在于懂得对自身进行探索，进而合理表达自身思想、挖掘自身价值。回顾历史不难发现，凡是建立功勋、取得成就的人，无不具有高度发展的自我认识能力。认识自我是一个复杂的过程，需要借助外界反馈的“镜子”，以便更好地发现自己、观察自己、了解自己，进而战胜自我、完善自我。每个人只有正确认识自我，才能为自主学习、自我实践打下基础，因此，认清自我是自我教育的首要任务。每个人理应认识自身的特点，只有对自己的性格好坏、品质优劣、体力强弱、情感浓淡有比较客观且清醒的认识，才能选择适合自己的劳动种类，在劳动中尽可能扬长避短、发挥优势。

要加强对劳动模范的感人事迹和优秀品质的学习。劳动模范是各个领域所遴选出的优秀劳动者代表，他们身上承载着“劳模精神”“敬业精神”“工匠精神”等优秀品质，也折射出从平凡走向不平凡的必备特质和必经路径，既为广大劳动者提供了学习榜样和参照方向，也为广大劳动者在对比差距中找到前行的动力。除了向荧幕上的明星劳模学习，也要善于向身边的劳动榜样学习。他们既可以是父母，也可以是手足；既可以是老师，也可以是同窗；既可以是领导，也可以是同事。要善于寻觅和总结榜样的闪光点，从他们身上挖掘可以学习的品质和有益经验。

树立劳动模范的榜样作用不仅是经济政治建设的需要，更是社会发展的需要，劳模身上所承载的精神和气质，有利于树立鲜明的旗帜方向，引导健康的社会心态，凝聚力量。中国向来重视劳模的选树与表彰。几十年过去了，他们的事迹依然拥有催人奋进的力量。中华人民共和国成立初期，选树的劳模大多是以时传祥、王进喜为代表的体力劳动者；改革开放初期，选树的劳模多是以陈景润、蒋筑英、罗健夫为代表的专业技术人员、"知识型工人"；21世纪以来，知识型、创新型、科技型人才越来越多，在劳模评选中的比例也在增大，为不同行业的劳动者树立了光辉榜样。

（二）开展劳动精神实践

实践是检验真理的唯一标准，也是培养学生知行合一的重要方法。加强学生的劳动实践锻炼，强化劳动精神认同，是促进劳动精神弘扬和发展的重要目标。只有投身劳动实践中，才能真正体会劳动的乐趣，产生情感共鸣，进而才能自觉接受劳动检验，创造劳动价值。进入大学，大学生正处于思考和规划自己的人生道路之际，更应该加强劳动精神的实践养成。

1. 强化劳动精神实践的顶层设计

高校应注重顶层设计，适当提高劳动教学比重，延长劳动教学课时，增加劳动实践学分，突出劳动精神在整个价值观培育体系中的基础性地位。例如，高校可将劳动精神教育与创新创业就业、传统手工制作等深度融合，提高学生在思维方法与实践操作方面的劳动能力。

2. 建设劳动精神实践的教育基地

劳动精神是中华民族优秀传统文化的重要组成部分，对于培养学生的综合素质和社会责任感具有重要意义。建设劳动精神实践的教育基地，打造场域资源共建共享模式，是新时代教育改革的重要举措，也是一项长期而艰巨的任务。通过实践活动，将劳动精神融入教育教学全过程，让学生了解劳动的意义和价值，掌握基本的劳动技能，提高动手能力和创新能力，培养学生的艰苦奋斗、勤俭节约、敬业奉献等品质，让劳动精神在学生心中生根发芽。

3. 组织劳动精神实践的社会活动

就教育主体而言，高校教师要定期组织学生深入田间地头、农家炕头、车间厂矿等校外场域开展调查研究、公益劳动和勤工俭学等活动，特别是高度重视每年暑期大学生"三下乡"社会实践活动的劳动教育意义，勉励大学生在广阔天地中滋养热爱劳动的情感、诚实劳动的作风、创造性劳动的品质。高校应尽可能多地提供勤工助学岗位，帮助大学生在勤工俭学过程中感受劳动之美，从而形成崇尚劳动、尊重劳动、吃苦耐劳的劳动精神。

（三）营造健康劳动环境

让劳动造福社会，让劳动者实现梦想，需要全社会营造良好的劳动环境，创造良好的社会氛围，充分发挥环境潜移默化、陶冶熏陶的正向功能，帮助人们获取劳动知识、提升劳动能力和积累劳动经验，形成正确的劳动意识和劳动习惯。具体而言，国家、社会、学校和个人都要积极营造和谐的社会环境、纯净的网络环境和优雅文明的校园文化环境。全社会要积极倡导劳动精神，不断探索宣传劳动精神的新模式，营造弘扬劳动精神的时代风尚。

1. 营造劳动至上的社会环境

《荀子·劝学》有云："蓬生麻中，不扶而直；白沙在涅，与之俱黑。"连"蓬"和"沙"这类无意识的物质都容易受外在环境的影响，更何况是有主观能动性的人。人的本质属性决定了没有谁是一座孤岛，任何人都不能脱离社会而得以自全，任何劳动者和准劳动者都不例外。

尤其是心智尚未成熟的青年学生，他们的劳动观念和劳动行为不可避免地受到多种社会环境的影响。通过遴选劳动模范以树立榜样，举办活动聚焦主题，加强宣传力度，让他们在无形中接受浸染，形成科学的劳动追求。

营造劳动至上的社会环境，需要借助重要的节日契机举办相关的活动，升华主题，加大宣传力度。可采取灵活多样、分期有序、富有特色的宣传方式，统筹线上线下宣传，将理论研究和文艺作品相结合，形成全方位、多层次、立体化的宣传格局。通过电视、网络等途径共同发力，深度聚焦，确保覆盖各个流程、各个环节，通过活动的影响力营造出浓厚的劳动文化氛围。蕴藏于劳动者身上的劳动精神、劳模精神、工匠精神是民族精神和时代精神的应有之义，是中华民族生生不息的精神动力。通过全方位的宣传，弘扬正面案例，尽早扼杀错误的劳动观，让大学生明确意识到自身的职责，让人们从我国优良的传统和氛围中感受劳动的魅力。

2. 打造风清气正的网络环境

随着互联网"触角"的不断延伸，不少网民在各种匿名贴吧、社交软件中博取关注、放飞自我，在体验网络便捷的同时，一定程度上忽视了网络环境的复杂性，为了规避不良网络环境对网民劳动意识、劳动观念的侵蚀，当务之急就是打造风清气正的网络环境。

2016 年 4 月 19 日，习近平总书记在网络安全和信息化工作座谈会上指出："网络空间是亿万民众共同的精神家园。网络空间天朗气清、生态良好，符合人民利益。网络空间乌烟瘴气、生态恶化，不符合人民利益。"随着网络信息更新加快，一些不良网站或个人为了博取关注、赢得流量，在发布内容时，不核实、不把关，有的甚至对信息"添油加醋"，这些网络现象所衍生的问题不容小觑。年轻人作为特殊群体受众，由于社会阅历浅、知识储备少、辨别力较差，更容易被误导。因此政府、社会和个人都要当好网络安全的"保卫军"。对一些鄙夷劳动和劳动者的言行要勇于"亮剑"，及时纠偏止损，惩戒出言不逊、心怀叵测之人，加强监督和整治力度，坚持广大群众尤其劳模始终是推动我国社会发展的重要力量，是维护社会安定的根本保障。

3. 创造优雅文明的校园环境

校园是青年学生生活和学习的主要场所，校园氛围的好坏对青年学生劳动意识和劳动能力的培养将产生直接的影响。高校要开展多样化的劳动实践活动，要为大学生劳动教育提供硬件设施的支持，营造积极向上的劳动氛围。高校应该从大一新生入学就开始组织自我服务劳动教育。所谓自我服务劳动教育，就是指培养自理并保持周围环境整洁能力的劳动教育。这需要在校园的日常运行中进行渗透，全面营造校园劳动的良好氛围。

一方面，让全体学生参与校园日常清洁的劳动。因为学校是大家的，每个人都有义务去爱惜它、美化它。另一方面，根据学生不同的兴趣需求，尽可能设立丰富的校内工作岗位，如食堂助厨、宿舍楼助管、图书管理员、助理班主任等，让学生充分参与校园日常运行，教育学生正确看待劳动，培养他们艰苦奋斗的作风。劳动教育活动形式多样化，学生在参与的过程中自然会收获很多，但在开展活动的过程中需要教育者的正确引导，真正发挥劳动教育的教化作用。

第二节　劳模精神是永恒的财富

2020 年 11 月 24 日，习近平总书记在全国劳动模范和先进工作者表彰大会上指出："劳动模范是民族的精英、人民的楷模，是共和国的功臣。"劳模精神是时代的产物，不同时代有着不同的内容。在中国革命、建设和改革的伟大进程中，劳动模范始终是一面旗帜、一根标杆、一个楷模，将自己的劳动岗位作为实现人生价值的平台，用自己的精神力量去带动周围的人，体现了劳动者的崇高境界。各行各业、各个方面都需要树立旗帜，使得广大人民群众学有方向、赶有目标。时代需要劳动模范，社会需要弘扬劳模精神，让劳模精神薪火相传。

中华人民共和国成立70多年来，在劳模精神的引领和鼓舞下，我国工人阶级和广大劳动者在社会主义革命、建设、改革的伟大事业中用勤劳和汗水、智慧和创造力，营造了劳动光荣、知识崇高、人才宝贵、创造伟大的社会风尚，谱写了气壮山河的壮丽篇章。全面建设社会主义现代化国家、实现中华民族伟大复兴，要尊敬劳动模范，弘扬劳模精神，以辛勤劳动和不懈奋斗，在新征程中融入大我、成就自我、实现价值，在平凡的岗位上创造不平凡的业绩。

一、劳模精神的本质特征

案例导入

高铁铺路人

哐当——哐当——

曾经，火车车轮与铁轨之间这一富有节奏的撞击声承载了无数中国人的记忆；如今，高铁不仅可以让人们千里京沪一日还，更成为一张闪亮的“中国名片”。其背后起关键支撑作用的技术变革就是无缝钢轨。

“与传统铁轨专门保留缝隙以应对热胀冷缩不同，高铁铺设的是无缝轨道。”北京交通大学土木建筑工程学院教授、长江学者高亮介绍，这是因为车轮运行时会对钢轨产生冲击，在高速行驶情况下，若遇轨缝，会有脱轨危险。“哪怕是几毫米的缝隙，对高铁来说都是非常可怕的。”

中国高铁建设过程并不是一帆风顺的。“中国高铁建设面临的是世界级难题。”高亮说，“从最冷到最热，从岩石、沙漠到冻土，从隧道到桥梁……如何保证几百甚至几千千米无缝线路的强度、稳定性、平顺性，是中国高铁要独自面对的挑战。”

实际上，对高亮来说，挑战早在20世纪90年代就开始了。

1990年，正在攻读铁道工程方向硕士研究生的高亮跟随导师开展无缝线路研究。1999年，从北方交通大学（北京交通大学前身）博士后流动站出站后，他在该校土木建筑工程学院轨道结构室留任，继续从事相关研究，并组建了自己的团队。2003年，他的团队从秦沈客运专线开始从事高铁轨道结构相关的研究工作。

“别人以为大学教授是坐在实验室计算机前、站在三尺讲台上，其实，我们的研究不仅需要想象、演算，还需要大量的现场实验。”高亮说。

无法计量的是，高亮团队到底有多少人、多少次在零时后出现在北京地铁站台，知道的人都称他们为“京城地铁‘守夜人’”；无法计量的还有，高亮团队用脚步丈量过多少里程的祖国大地，他们甘愿当“高铁铺路人”。

高亮带领团队荣获了2017年度国家科技进步奖一等奖，同时还培养了一大批轨道交通专业人才，他们成了各自单位的主力军。学生们印象最深的就是高老师身上的两种精神：一种是脚踏实地，来不得半点疏忽的精神；另一种是知难而上，有勇气去挑大梁的精神。

如今，高亮又投入一项新的研究——有砟道床劣化问题。

“道床劣化是引起轨道不平顺的关键因素，会显著降低列车运行安全性与平稳性，增加养护维修工作量，影响有砟轨道的正常运营。”高亮要做的，就是如何在明确散体道床劣化机理的基础上，对散体道床开展更为科学的设计、运营及养护维修工作，从而在保障列车安全、平稳运行的前提下，延长道床使用寿命，“这是我国有砟轨道技术进一步发展亟待解决的问题”。

“我们是搞工程的，就应该不断去创新。”高亮说，“要秉持劳模精神，就像人生走过的每步都要算数一样，一段段钢轨焊接而成的无缝线路必须毫厘不差。只有这样，才能保证中国高铁无缝前行。”

资料来源：靳晓燕，袁芳．秉持工匠精神的“高铁铺路人”[N].光明日报，2019-12-11(4).

劳模精神是劳动群体先进性的集中体现和高度浓缩，是植根于中国大地、反映中国劳动者意愿、适应中国和时代发展要求的精神品格。劳模精神是引领中华民族时代发展的、先进的、科学的、文明的思想道德和价值取向。劳模精神是一种人文精神，代表的是一个时代的价值观、道德观，展示的是中华民族顽强拼搏、自强不息的崇高品格，体现的是中华民族与时俱进、开拓创新的精神风貌。

党的十八大以来，习近平总书记多次就劳模精神发表重要讲话，系统阐明新时代劳模精神的历史源流、嬗变轨迹和生成逻辑，构建了新时代劳模精神的理论基石、历史逻辑、时代内蕴和实践价值，继承并丰富了马克思主义的劳动观，深化并发展了劳模精神的中国属性、科学内涵、时代品格、实践价值和弘扬路径，为弘扬新时代劳模精神提供了有利思想武器，具有重要的理论价值和实践意义。

（一）劳模

案例导入

“两弹”元勋邓稼先

邓稼先是我国核武器理论研究工作的奠基者。为了发展国防科研事业，他甘当无名英雄，默默无闻地奋斗了几十年，将个人事业与民族兴亡紧密相连，他就是被誉为“两弹”元勋的邓稼先。

邓稼先是中国核武器研制工作的开拓者和奠基者，为中国核武器、原子武器的研发作出了重要贡献，他先后研制出中国第一颗原子弹和中国第一颗氢弹。谈起邓稼先的一生，邓稼先夫人许鹿希回忆：“那是1958年的8月，那天晚上他回来得比较晚，他说他要调动工作了，我问他调哪儿去，他说不能说；做什么工作，他说也不能说；你给我一个信箱地址我们通信，他说可能也不太行。”

从这天起，邓稼先的身影从众多好友的视野里隐去，邓稼先的名字从所有学术刊物上消失了。结婚五年的一对夫妇开始了他们聚少离多的人生。

邓稼先担任了中国原子弹研制工作的理论设计负责人，当时的科研条件和生活条件都极其艰苦。邓稼先选定中子物理、流体力学和高温高压下的物理性质三方面作为主攻方向，这是他对我国原子弹研究的最大贡献。

经过几年的艰苦科研，邓稼先的科研团队终于取得了突破性成功。1964年10月16日，中国第一颗原子弹试验成功。1967年6月17日，中国第一颗氢弹在罗布泊上空爆响。从爆炸第一颗原子弹到爆炸第一颗氢弹，美国用了7年，法国用了8年，苏联用了4年，中国仅用了两年零八个月。

1964—1986年，邓稼先带领他的科研团队一共进行了32次核试验。邓稼先的名字消失了28年后，1986年6月24日，随着一篇题为"'两弹'元勋邓稼先"的通讯稿的发布，邓稼先的名字重回人们的视野。

1996年7月29日晚，中国在成功地进行了最后一次地下核试验之后，向全世界宣告：中国将暂停核试验。这天正是邓稼先逝世10周年纪念日。和平是对这位"两弹"元勋最好的纪念。

资料来源：http://www.yixiu.gov.cn/public/2000009331/2021422801.html.

劳模是劳动模范的简称。"劳"表示劳动，这是劳模的基本前提。"模"体现了一种"示范"和"楷模"的价值导向，一种可近、可亲、可信、可学的榜样作用。"劳模"意味着"先进符号"，是人民授予生产建设中先进人物的一种崇高称号，以表彰劳动中有显著成绩或重大贡献可以作为榜样的人。

劳模是在社会主义建设事业中成绩卓著的劳动者，经职工民主评选、有关部门审核和政府审批后被授予的荣誉称号。劳动模范分为全国劳动模范与省、部委级劳动模范，有些市、县和大企业也开展劳动模范评选。1940年，边区政府会同中央机关及边区党委联合召开生产总结、颁奖大会，奖励了各机关学校在生产运动中涌现出的劳动模范，可以作为首次对劳模表彰奖励的标志。中华人民共和国成立后，继续沿用这种方式来调动群众的生产热情，因此劳模表彰活动继续开展并形成了一套评选、表彰机制。到2025年为止，我国共进行了17次全国劳模表彰活动，有36134人次荣获"全国劳动模范"或"全国先进工作者"称号。

1945年1月10日，毛泽东在陕甘宁边区劳动英雄和模范工作者大会上提出，劳动英雄模范有三种作用，即带头作用、骨干作用和桥梁作用。1950年9月25日，毛泽东代表中共中央在全国战斗英雄代表会议和全国工农兵劳动模范代表会议上，高度评价全国战斗英雄和工农兵劳动模范"是全中华民族的模范人物，是推动各方面人民事业胜利前进的骨干，是人民政府的可靠支柱和人民政府联系广大群众的桥梁"。

1978年10月11日，邓小平在中国工会第九次全国代表大会上充分肯定劳动模范和革命骨干"至今还是我们学习的榜样和团结的核心"，提出"任何人对四个现代化贡献得越多，国家和社会给他的荣誉和奖励就越多，这是理所当然的"。

2000年4月29日，江泽民在全国劳动模范和先进工作者表彰大会上指出："全国劳动模范和先进工作者是亿万劳动群众的杰出代表。他们对祖国和人民无限忠诚，爱岗敬业，勇于创新，无私奉献，严于律己，弘扬正气，在平凡的岗位上做出了不平凡的业绩，是建设社会主义物质文明和精神文明的先锋。"

2010年4月27日，胡锦涛在全国劳动模范和先进工作者表彰大会上指出："我们一定要在全社会大力弘扬劳模精神，用劳模的先进事迹感召人民群众，用劳模的优秀品质引领社会风尚，充分发挥劳模的骨干和带头作用，在全社会进一步形成崇尚劳模、学习劳模、争当劳模、关爱劳模的良好氛围。"

2016年4月26日，习近平在知识分子、劳动模范、青年代表座谈会上指出："劳动模范身上体现的'爱岗敬业、争创一流，艰苦奋斗、勇于创新，淡泊名利、甘于奉献'的劳模精神，是伟大时代精神的生动体现。我们要在全社会大力宣传劳动模范的先进事迹，号召全社会向他们学习、向他们致敬。要为劳动模范更好施展才华、展现精神品格提供全方位支持，使他们的劳动技能、创新方法、管理经验能广泛传播，充分发挥示范带动作用。劳动模范要珍惜

荣誉、谦虚谨慎、再接再厉，不断在新的起点上为党和人民创造更大业绩。”

劳模是劳动群众的杰出代表，是最美的劳动者，是民族的精英、国家的栋梁、社会的中坚、人民的楷模，是党和国家的宝贵财富，是永远的时代领跑者。劳模身上都有一个共同点，那就是他们都是体现时代精神的平凡人，相信并为“美好的未来”而奋斗，他们让民族精神有所依托，让民族历史有了厚重感；他们以自己的聪明才智和无私奉献的优秀品质、时代精神激励着人们不断拼搏奋进，在日积月累的平凡生活中向人们昭示着伟大之处。

（二）劳模精神

微课：劳模精神的本质特征

案例导入

全国劳动模范张秉贵

全国劳动模范张秉贵从1955年11月到百货大楼站柜台，30多年的时间里接待顾客近400万人次，没有跟顾客红过一次脸、拌过一次嘴，没有怠慢过任何一个人；他在平凡的岗位上练就了令人称奇的“一抓准”“一口清”技艺和“一团火”的服务精神，是中华人民共和国商业战线上的一面旗帜；他将售货当作事业，将售货化为艺术，他的“一团火”精神光耀神州，深刻诠释了劳模精神的内涵。

当前，有些人对劳动模范的印象还停留在“出大力、流大汗”，认为在信息时代、智能革命的背景下不需要劳模精神。

请结合所学知识，谈一谈你的看法。

1. 劳模精神是工人阶级先进性的集中体现

在中国革命、建设、改革的各个历史时期，我国的工人阶级都具有走在时代前列、勇挑重担的光荣传统，我国的工人运动都同党的中心任务紧密联系在一起。劳动模范作为工人阶级的优秀代表，是时代的引领者，在工作与生活中发挥了先锋和排头兵作用，他们以辛勤劳动、诚实劳动和创造性劳动持续推动着社会进步、国家发展与民族复兴。劳模精神作为劳动模范的思想内核、行动指南和精神灯塔，成为推动时代前进的强大精神动力，充分体现了工人阶级先进性的主体地位，彰显了工人阶级的伟大品格，推动了工人阶级的成长进步。

2. 劳模精神是劳动者主人翁意识的集中突显

主人翁意识是劳模精神的内在本质，是正确认识和理解劳模精神的关键词。正是因为有自觉的、强烈的主人翁意识，劳模才以车间为家、以厂为家、以企为家、以国为家，才具有积极主动的岗位意识、职业意识、进取精神和创新精神。

3. 劳模精神是社会主义核心价值观的生动诠释

劳模精神的重要元素和构成因子，如岗位意识、职业精神、进取精神、拼搏精神、创新精神、家国情怀和奉献精神等，是对社会主义核心价值观的生动诠释和现实呈现。同时，劳模精神也是引领时代新风的精神高地，生动体现了时代精神的精神实质、主要特征和重要内容。

4. 劳模精神是培育时代新人的重要内容

劳模精神作为社会主义核心价值观的生动体现，更便于人们理解、接受和模仿，对培育时代新人起到重要推动作用，能够激发广大劳动者干事创业的积极性、主动性和创造性。劳模精神继承并发展了中华民族传统优秀的劳动观念，树立并彰显了一种辛勤劳动、诚实劳动、创造性劳动的新理念，营造并弘扬了一种劳动光荣、技能宝贵、创造伟大的时代风尚，生成并传播了一种劳动者至上、劳动者平等、劳动者可敬、劳动最光荣、劳动最崇高、劳动最伟大、劳动最美丽的劳动观。

5. 劳模精神是文化自信的重要支撑

劳模精神是中国特色社会主义文化的重要组成部分，始终贯穿于建设中国特色社会主义文化的全过程。劳模精神植根于中华民族劳动过程，特别是中国特色社会主义伟大实践中，充分继承并发展了中华优秀传统文化和社会主义先进文化。弘扬和践行劳模精神，有助于坚定文化自信、推动社会主义文化繁荣兴盛，有助于牢牢把握意识形态工作领导权，有助于培育和践行社会主义核心价值观，有助于加强思想道德建设，有助于促进中国特色社会主义文化繁荣发展。

6. 劳模精神是实现中华民族伟大复兴中国梦的重要力量

劳模精神是实现中华民族伟大复兴中国梦的宝贵精神财富和强大精神力量。实现中华民族伟大复兴中国梦，实现从制造大国向制造强国的华丽转身，建设知识型、技能型、创新型劳动者大军，要大力弘扬和践行劳模精神。

二、劳模精神的时代特色

微课：劳模精神的时代特色

案例导入

用生命制造大火箭

崔蕴，1961 年出生，1982 年参加工作，航天科技集团一院 211 厂总装事业部总体装配工、特级技师。30 多年来，他一直从事长征系列运载火箭和部分重点型号产品的装配工作，先后 4 次荣立个人三等功，1995 年被一院授予型号研制一等奖，1997 年被评为院十佳优秀工人，2013 年被评为一院首席技能专家，还曾荣获“一院技术能手”“航天技术能手”“全国技术能手”等荣誉称号。2014 年，以他名字命名成立了国家级技能大师工作室。

1980 年，崔蕴考取了当时的 211 厂技校。实习结束后，表现出色的他顺利进入火箭总装车间装配二组工作。当他第一次走进总装车间，看到魂牵梦萦的火箭时，巨大的喜悦充满了内心。崔蕴每次完成自己的工作后都要到其他的组去看同事工作，遇到不明白的总要问个明白。因为这个习惯，崔蕴没少被车间领导叫去谈话。可一见了火箭，他又把什么都忘了。

就这样，崔蕴很快成长起来，技能操作水平迅速提升，年仅 42 岁就成长为一名特级技师。他对火箭的感情也从最初的单纯喜爱向着更浓厚的热爱升华。

1990 年 7 月 13 日，我国首枚“长二捆”火箭准备在西昌发射。就在千钧一发之际，火箭 4 个助推器的氧化剂输送管路上的密封圈忽然出现泄漏，需要紧急排除故障。此时，火箭助推器里已经充满了四氧化二氮，这种燃料会烧伤皮肤，吸入肺里会破坏肺泡，使人窒息而亡。29 岁的崔蕴是当时抢险队员里最年轻的一名员工，他和另一名同事是第一梯队的成员，他们戴上滤毒罐，简单地在身上洒了些防护用的碱水，就冲了上去。

很快，熟悉火箭结构的崔蕴找到了“惹祸”的密封圈，按照既定方案，用扳手拧紧传感器本体，想压紧密封圈。没想到，密封圈竟然已经被腐蚀透了，稍微一拧，里面的四氧化二氮竟像水柱一样喷出来。刹那间，液态的四氧化二氮气化为橘红色的烟雾，舱内的有毒气体浓度急剧上升，瞬间达到了滤毒罐可过滤浓度的100倍，死亡的魔爪迅速扼住了他们的生命通道。

为了多解决些问题，崔蕴一边强忍着痛苦，一边坚持在舱内操作，与死神赛跑。时间一分一分过去……忽然，崔蕴感到眼前一黑，他还想在晕倒前抓紧做点什么，可终究因体力不支而晕倒。

崔蕴被连夜送进医院抢救。此时，他肺部75%的面积已经被四氧化二氮侵蚀，只剩下一小部分肺在艰难地工作，生命危在旦夕。医生一边紧张地把解毒药注入崔蕴的身体，一边感叹："再晚1小时就肯定没命了！"他吸入的有毒气体太多，医书上记载的解毒药正常剂量对他根本无济于事。医生不得不冒险加大用药，最后竟一直加到正常人能承受极限值的10倍，才把他从死亡的边缘拉回来。

既然选择了远方，便只顾风雨兼程。与死神的交锋，与病魔的斗争，改变不了他一生的梦想。崔蕴用执着守护心中的信仰，用生命热爱祖国的航天事业。

资料来源：http://news.cctv.com/special/zgmsjz/201607/143/index.shtml.

一个时代有一个时代的劳动模范，每个时代的劳动模范都以自己的模范行为激励着一代又一代劳动者为祖国的繁荣富强而拼搏。劳模精神作为时代精神，在不同的时代有不同的内涵和特色，但劳模精神的主旋律始终不变。

（一）革命战争年代劳模精神的时代特色

案例导入

英雄的革命精神

张思德，全心全意为人民服务，1933年参加红军，1935年参加红四方面军长征，1944年牺牲时年仅29岁。

董存瑞，舍身为国，1948年5月25日牺牲，年仅18岁，为解放隆化城英勇炸毁敌人的碉堡。

黄继光，奋不顾身，1952年牺牲，为抗美援朝战争中的英雄。

赵占魁，抗日战争时期陕甘宁边区农具厂化铁工人，以勤劳和自我牺牲精神著称。

吴运铎，全国抗战爆发后奔向皖南云岭，为兵工事业无私奉献，被誉为"中国的保尔"。

邓稼先，杰出的科学家，为中国核武器的研制作出了卓越贡献，被誉为"两弹"元勋。

中国劳模群体的出现不是偶然的，它是在中国共产党建立了红色革命政权以后，在中华苏维埃共和国临时中央政府诞生于瑞金后，在边区财政经济困难的情况下，在毛泽东同志的领导下，为了团结群众、发动群众，中央苏区经济建设需要的历史产物。

革命战争年代的劳模群体呈现出"为革命生产劳动、为革命拼命献身、为革命苦干巧干"的"革命型"特征，劳模精神开始萌芽。革命战争年代的劳模精神为解放区劳动人民提供了强大的精神动力，极大地推动了根据地的物质生产，加快了党领导下的新民主主义革命胜利和中华人民共和国建立的进程。

关于这一时期的劳模精神内涵，从1944年延安劳模表彰大会会场两侧横悬的标语中可见一斑——“劳动英雄们：劳动好、学习好、又能公私兼顾、不自高、不夸大、永不脱离群众；模范工作者们：忠于革命、精于业务、勤于学习、善于创造、团结干部、联系群众”。可以从以下四个方面阐释革命战争年代劳模精神的时代特色。

1. 爱党拥军和革命英雄主义是革命战争年代劳模精神的鲜明底色

在革命战争年代，劳模作为中共政策的拥护者，积极响应号召。无论是苏区的劳模还是边区的劳模，都是党和国家的英雄，是拥护党的领导和革命政权的先锋。工人特等劳动英雄刘清荣表达了对共产党八路军的感激之情，劳动英雄温象栓通过送锦旗表达对党和人民领袖的爱戴，劳动英雄吴满有说：“枪声一响，我全家所有的粮食，所有的人，都可以献给公家，即使战争需要我投身到火线上去，我也一定不会迟疑的。”工人劳模赵占魁常说：“我们不但要完成更要突破生产计划，打仗和做工都是为了革命。”陕甘宁边区号召：“劳动英雄和每个职工不仅要在技术上、生产上学习赵占魁，而且要在政治上、思想上学习赵占魁同志革命的品质。否则就不算一个好的劳动英雄。”

2. 热爱劳动和主人翁责任感是革命战争时期劳模精神的崭新面貌

劳动英雄用劳动创造了财富，创造了新生活。“向劳动英雄看齐”“争当劳动英雄”“劳动光荣”成为当时边区最响亮的口号，“靠劳动致富”“创造新的世界”等新的价值观念在边区人们心中生根发芽，“劳动英雄”成了人们新的追求。人们的劳动态度也从厌恶和耻辱转变为可爱与光荣，陕甘宁边区劳模杨朝臣觉得拾粪也是“一种光荣的劳作”。同时，由于劳动光荣新思想的树立和劳动态度的转变，劳模在新政权的领导下能够以主人翁的心态积极参加生产，成为新社会的状元，并且受到人民群众的尊敬和爱戴，在工业战线和妇女解放战线体现得更为突出。

3. 艰苦奋斗、自力更生、埋头苦干是革命战争时期劳模精神的优良作风

革命战争年代的苏区和边区生产技术水平非常落后，物质条件极为匮乏，在这样的客观条件下，经济建设依然取得了很大成绩，靠的是人们艰辛的劳动和极高的热情。劳模在艰苦的条件下自力更生、艰苦奋斗、埋头苦干，充分发挥主体精神，积极投身于根据地建设。延安县柳林区二乡的吴满有分得土地后，早起晚睡，努力生产，“地种得多，荒开得多，粮打得多，缴公粮踊跃争先，数量既多，质量又好”，成为边区第一个农民劳动英雄。革命战争年代的劳模发扬艰苦奋斗、自力更生、埋头苦干的精神，促进了苏区及边区的经济发展，改善了根据地的落后面貌。革命战争年代的劳模精神为党领导的革命胜利起到了添薪加柴的重要作用，为中国共产党在国家经济、政治、文化建设等方面留下了极为宝贵的精神财富。

4. 争创一流、无私奉献、团结群众是革命战争时期劳模精神的品格特色

早在土地革命时期，中国共产党就开展了革命竞赛和劳动竞赛，嘉奖了一大批创先争优、为党和革命作出积极贡献的劳模。抗日战争时期又涌现出许多极具代表性的、勇当先锋、具有奉献精神的劳模。吴满有、杨朝臣、郝树才等劳模体现出的奋勇争先精神是革命战争年代劳模群体的整体形象。同时，爱护群众、联系群众、不脱离群众成了当时劳模的必备品质，毛泽东还为劳模马文瑞题词“密切联系群众”。

（二）中华人民共和国建设时期劳模精神的时代特色

案例导入

劳模精神永传承

时传祥（1915—1975），山东省齐河县人，中共党员，北京市原崇文区清洁队掏粪工人，环卫战线上的一面旗帜。1959 年，时传祥被评为全国劳动模范。1964 年 12 月，时传祥又当选为全国第三届人大代表，在人民大会堂聆听了周恩来总理所做的政府工作报告。1966 年国庆观礼时，时传祥作为北京观礼团的副团长登上天安门城楼，受到毛泽东主席的亲切接见。

饱受旧社会之苦的时传祥在中华人民共和国成立后，沐浴在新社会的阳光下，劳动人民翻身得解放给了他做人的尊严，他深深地感受到劳动的无比光荣和幸福。他热爱环卫工作，以主人翁的姿态在平凡的岗位上实践着他“为人民服务全心全意、完全彻底”的入党誓言。

不管是严寒酷暑还是刮风下雨，他总在平凡的岗位上忘我劳动、无私奉献。20 世纪 50 年代的北京城街巷狭窄，平房户多，公厕私宅的粪便都要靠掏粪工人车推肩背往外运。时传祥背着 100 多斤重的粪桶，每天穿梭于原崇文区的大街小巷。谁家的大门朝哪开，院里住几户，厕所什么样，他比片警都清楚。哪些厕所是露天的，谁家的厕所几天该掏一次，他心里都有一本备忘录。对住户院里的厕所，他做到了吃饭的时间不掏、会客的时候不掏、星期天家人团聚的时候不掏，院里有晾晒的衣物要提前移开，打扫干净后再放好。大街上的公厕要赶在中午大家吃饭时和夜间掏，尽量不影响大家使用。

他工作时心里时刻装着群众，脑子里总是想着如何更好地为群众服务。当人们被他忘我的工作热情感动而不断道谢时，他总是用朴素的话语回答：“搞好环境卫生是我们清洁工人的责任，为人民服务，脏一点、累一点是应该的。北京是咱中华人民共和国的首都，我们把它打扫得干干净净，也是为首都争了光！”

时传祥热爱本职工作、献身环卫事业的精神，鼓舞和激励着一批批有理想、有抱负的青年人冲破世俗偏见，投身环卫事业。时传祥的儿女在父亲言传身教的影响下继承了父业，勤奋工作在环卫战线上。时传祥经常说的一句话就是：“掏大粪是个看起来平凡的工作，做好了就不平凡了。我们一人脏累，却给百万人带来好环境，所以我们的工作很光荣。”这就是“宁愿一人脏，换来万家净”的时传祥精神，这就是时传祥留给我们的宝贵精神财富。

时传祥同志虽然已经离我们远去了，然而时传祥身上所体现出的全心全意为人民服务的无私奉献精神永远闪耀着时代光芒，激励着我们不断传承和发扬光大，在平凡的岗位上努力创造出不平凡的业绩。

资料来源：赵岫岫．时传祥——劳模精神永传承[J].北京档案，2012(6)：50-51.

劳模精神在 20 世纪 50—70 年代初具雏形。在中华人民共和国成立后一穷二白的基础上，社会主义建设在中国共产党的领导下，在初期借鉴苏联的经验和后期摸索开展的过程中曲折前进，劳模运动也起起落落。1950—1979 年，召开了 9 次全国劳模表彰大会，表彰劳动模范、先进工作者和先进生产者 13600 余人，在此统称他们为劳模，其中就包括孟泰、时传祥、王进喜、申纪兰、王崇伦、向秀丽、马永顺、赵梦桃、王大衍、钱学森、袁隆平、陈景润等一大批国人皆知的劳模。

劳模群体在艰苦的环境中练就了坚毅品质和勤劳品格，继承了踏实朴素、艰苦奋斗的优良传统，他们为了中华人民共和国的发展建设愿做老黄牛、勇当拓荒牛、甘为孺子牛。勤勤恳恳、无私奉献、坚韧不拔、顽强拼搏、开拓奋进的"老黄牛精神"成了中华人民共和国成立到改革开放前的中国劳模精神的时代内核，激励和鼓舞着中国人民独立自主、艰苦奋斗、自力更生，在社会主义初级阶段建设的各个方面都发挥了极大的作用，构筑了一座不朽的精神丰碑。

1. 坚定理想、忠党爱国、服从领导是中华人民共和国建设时期劳模精神的崇高信念

首先，中华人民共和国的第一代劳模群体是革命时代的英雄儿女，从革命中来，深受"革命理想高于天"的熏染，在中华人民共和国成立后的革命事业中更加坚定了传承革命话语、实现共产主义的理想信念。其次，中华人民共和国成立了，中国人民站起来了，成为国家的主人。劳动人民政治身份的转变，使广大人民群众，尤其是劳模，很快把中华人民共和国建立初期翻身得解放的感恩之心，通过实践中的自我改造，实现了自身感恩报恩意识的升华与超越，转变为对中国共产党、新中国、社会主义的热爱。此外，劳模们自觉接受党的教育，刻苦学习马克思列宁主义和毛泽东思想，努力加强自我修养，不断提高自己的思想政治觉悟，形成了无限忠于党、忠于人民、忠于无产阶级革命事业的高贵品质。最后，中国共产党信仰马克思列宁主义，实现共产主义是中国的主流意识形态。党始终坚持以马克思主义教育广大劳动群众、建构我国先进的劳动精神（劳模精神），以马克思主义劳动观对劳模精神进行科学指导。因此，党树立和塑造的劳模也必定具有共产主义道德品格。所以，坚定共产主义理想，为实现共产主义而努力奋斗，成为中华人民共和国成立后劳模群体的一致信念。

2. 自强不息、艰苦创业、奋发图强是中华人民共和国建设时期劳模精神的优秀基因

作为中华民族的传统美德，艰苦奋斗、自强不息自古以来就是中华民族精神的重要内容。几千年来，正是依靠这种艰苦奋斗精神，中华民族才历经沧桑而不衰，巍然屹立于世界民族之林，中华人民共和国的劳模继承了这种精神品格。中华人民共和国的社会主义革命和建设事业是建立在一穷二白的基础上的，20 世纪 60 年代，中苏关系破裂严重威胁我国的国家安全，我们国家第一次陷入国民经济的困境，处于内忧外患之中，自强不息、自力更生、艰苦奋斗、发愤图强成为突出的时代主题和民族精神的主旋律。艰苦的环境磨炼了人们吃苦耐劳、艰苦奋斗的意志，劳模成为发扬艰苦奋斗、自强不息、勇于拼搏意志和精神的突出代表。在中华人民共和国建设的各条战线上，一批批劳模都具有自强不息、艰苦创业、奋发图强的劳模精神，这种精神成为改革开放前那段艰难岁月中鼓舞中国人民奋力开创社会主义伟大事业的强大动力。

3. 爱岗敬业、忘我劳动、多作贡献是中华人民共和国建设时期劳模精神的品质标准

中华人民共和国成立后，党和人民政府励精图治，党的正确政策、优良作风和崇高威信深入人心，广大干部、群众、青年和知识分子自觉学习马克思列宁主义、毛泽东思想，在党的领导下积极参加各项革命和建设工作，在全国形成了革命的、健康的、朝气蓬勃的社会道德风尚。爱岗敬业、忘我劳动、多作贡献的职业道德就是这种新的精神道德风尚的具体体现，是社会主义劳模精神最基本的表现形式之一。中华人民共和国的劳模来自各行各业、各个岗位，他们热爱自己的岗位，把自己的岗位作为生活甚至生命的一部分，在工作中勇当先锋，起到了示范带头的模范作用，在本职工作中作出了不平凡的贡献，表现出较高的职业道德素养。他们爱岗敬业、无私奉献的职业态度超越了他们所从事的职业本身,成为一种崇高的职业道德,体现了集体主义价值观。作为国家的主人,中华人民共和国的劳模秉承公而忘私、舍己为人等高尚风格和自强不息、爱岗敬业、艰苦奋斗等精神品格,坚持全心全意为人民服务的理念,恪尽职守,在自己的岗位上发光发热,积极为社会主义建设添砖加瓦,有力地支援了中华人民共和国的各项建设。

4. 团结协作、勇于革新、淡泊名利是中华人民共和国建设时期劳模精神的价值追求

中华人民共和国一成立,帝国主义列强就对我国实行更加严酷的经济封锁,美国等西方资本主义国家对我国科技项目实行禁运,使我国的科技发展受到了限制,尤其是中苏关系紧张,苏联撤走全部援华专家,撕毁援建项目的合同,带走相关技术资料与图纸,致使我国的科学技术发展遭受重大打击。但是,中国人民没有因此而一蹶不振,在党的正确领导和全体劳模带领下,勤劳聪慧的中国人民团结协作、勇于革新,通过劳动竞赛不断提高劳动生产率,提高产品质量,改善操作条件,更新生产技术,不断提高工人群众的技术水平和创造力,用劳动创造了奇迹。中华人民共和国在农业、工业、国防和科学技术等方面取得了令西方国家意想不到的卓越成就。在此期间涌现出了一批批优秀的劳模科学家,他们无论是团队成员还是项目负责人或单位领导,都能团结同事、勇于革新、共同协作,在取得成绩后谦虚谨慎、淡泊名利,在各自的岗位上都谱写了一曲曲动人的科学序曲。这些科技劳模都具有自己的业务特长,思想深处也有超越自我的革新精神和淡泊名利的奉献精神,是广大劳动者的楷模,是劳模的优秀代表,是劳模精神的时代代言人。

(三) 改革开放初期劳模精神的时代特色

案例导入

始终让顾客满意

20 世纪 80 年代,吴晓梅是很多人心目中的偶像。1989 年,吴晓梅当选全国劳动模范。当时,她仅做了 10 年的柜台营业员。

1979 年,吴晓梅进入南京新百,成为一名营业员。小商品柜台十分繁忙,一个营业员每天要接待上千名顾客,有时要同时接待五六个人。吴晓梅经常为了找一个商品而忙得团团转。为了减少顾客的等待时间,吴晓梅在每次下班之后都会留在柜台,认真记下每件商品摆放的位置;为了了解每件商品的性能,以便更好地为顾客介绍商品,她向自己当裁缝的父亲学习,了解各种针线的使用方法;在顾客使用商品之后,她还会细心询问顾客使用商品后的感受。

1983 年,凭着认真的工作态度和细致入微的服务,在进入工作岗位仅 4 年后,吴晓梅被评为南京市劳动模范。

被评为市劳模后,不少顾客慕名而来,很多人是为了感受一下劳模的服务。顾客的关注和喜爱带给吴晓梅压力的同时,也给她带来了很大的动力。她始终把"让顾客满意"当成自己的首要任务。因此,1989 年,即在营业员这个普通的岗位上工作的第 10 年,吴晓梅被评为全国劳动模范。

随着计划经济逐渐向市场经济转变,商品越来越丰富,消费者的选择增多,对从业人员的要求也不断提高。商业系统的劳模再像以前那样吃苦耐劳、笑脸相迎是远远不够的,只有不断提高自己的专业能力和职业素养,丰富服务内涵,才能满足消费者的需要。百货从业人员的专业性要求的标准越来越高,包括对服务的理解、对商品的掌控、对消费需求的研判等。吴晓梅一直努力工作,不断提高自己的职业素养。

2005 年,吴晓梅被任命为东方商城副总经理。刚上任没多久,吴晓梅就在商场里成立了客户服务中心,推出"一站式服务"、免费同城快递等。

进入 21 世纪,实体零售不断受到电商等新业态的强烈冲击。在这种情况下,吴晓梅带领新百劳模团队强化"体验经济"这一电商无法企及的传统优势,推动线上线下有机融合,充分满足顾客的消费体验。

现在的她已经是新百集团副总裁、中心店总经理。不论零售业如何变迁,吴晓梅始终把"让顾客满意"这一理念放在首位,以精业敬业的态度对待自己的工作。

资料来源:谢丹娜,鲍晶. 40 年变迁,劳模精神闪耀时代光芒[N]. 江苏工人报,2018-12-19.

劳模是一个饱含时代情感的标签,每个时代的劳模都代表这个时代最先进的生产力和最主流的价值倾向。在劳模评选初期,生产条件十分艰苦,艰苦奋斗、大干苦干的形象是大多数人对劳模的看法和理解。而改革开放初期的劳模精神相比较之前"艰苦奋斗、自力更生、无私奉献"的劳模精神,更加强调其对生产力发展的促进作用。当劳模评选进入常态化、制度化后,劳模逐渐具有知识型、创新型、技能型、管理型等特点。

在"科学技术是第一生产力"等一系列重要论断下,专职技术人员、知识型工人、优秀企业家等进入了劳模行列,金庆民、闵乃本等一批院士、教授光荣地成为劳模。告别不怕苦、不怕累的"老黄牛"这个代名词,淡化吃苦耐劳的"一元"价值取向,劳模队伍的外延不断扩大,劳模精神的内涵也变得更加丰富。

1. 劳模以实干精神诠释"以经济建设为中心"

1978 年召开的党的十一届三中全会提出了以经济建设为中心,开启了改革开放的新征程,对改革开放时期的劳模成长产生了深远的影响。这一时期评选的劳模,既有一直忠于党的事业的老劳模,也有新长征过程中涌现出来的一批后起之秀,他们肩负社会的期望和重任,以实干精神响应国家号召,以实际行动践行"以经济建设为中心",引领来自各个领域的劳动者将工作干劲大大提高。进入改革开放的社会转型期后,人们的社会生活发生了很大的改变,国家初步呈现出安定团结的政治局面,全国工作重心转移到社会主义现代化建设上来。这时,迫切需要通过弘扬劳模精神向全社会传递凝心聚力的实干意识,也迫切需要通过知识分子的劳模精神以审视知识分子、科技人员的作用。

2. 劳模善于将敬业精神与科学精神相结合

改革开放初期,中国经济社会发生重大变化,劳模的范围突破了单纯的生产范围,劳模的结构不断扩大,逐步拓展到交通运输、财贸、教育、文化、卫生、体育、新闻等行业。这个时期,劳模向体力劳动者与脑力劳动者并存的局面发展,精业敬业成为劳模精神的新注解。党的十四大初步确立了社会主义市场经济体制框架,实现了从计划到市场、从封闭到开放形式的转变。经历了社会高度转型之后,新一代劳模继续发挥以典范的形象整合社会各阶层的力量作用,树立主流意识形态先进性和权威性。此时的时代主张不仅需要张秉贵的敬业精神,还需要"中国式保尔"劳模罗健夫的科学精神。

3. 劳模拥有强大的主观能动性和创造力

面对纷繁复杂的社会现实和多元文化思想的冲击，价值评价呈现出多样化，价值规律逐渐渗透到社会经济的方方面面并发挥作用，极大地激发了人们的创造力和发展热情。在个人价值和社会价值关系方面，大多数劳模能够正确认识客观现实和自身能力，正确对待理想和目标，并认识到个人价值体现在他能创造多少社会价值。这些劳模能够主动掌握基本生活技能和生存技巧，适应社会新角色；在对多元价值中多种选择的认识方面，拥有积极人生观、价值观的劳模越来越多，各领域涌现出一批批“绝活”行家。

总之，改革开放初期的劳模随着改革开放号角的吹响，用精业敬业、敢为人先的精神在困难中披荆斩棘；他们起早贪黑、默默奉献；他们创新创造、勇当改革发展的领跑者。他们将自己的汗水挥洒在自己热爱的领域，跻身于政治和社会的舞台中心，通过自己的劳动创造得到社会越来越多的关注。

（四）新时代劳模精神的内涵

微课：新时代劳模精神的内涵

案例导入

干就干一流，争就争第一

“干就干一流，争就争第一。”这是青岛前湾集装箱码头有限责任公司工程技术部固机高级经理、原中华全国总工会副主席（兼职）许振超的“座右铭”。

1974 年，只有两年初中文化的许振超来到青岛港当了一名码头工人。那时，港口装卸作业方式很落后，体力劳动繁重，工作环境艰苦。“当时，我经常一边工作，一边思考：难道码头工人就不能摆脱这种出大力、流大汗的命运吗？”许振超回忆说。

慢慢地，青岛港进口了一些现代化机械设备。但由于工人们不了解使用和维护技术，设备经常出故障，有的设备用了不到一年就损坏了，还有的设备酿出了事故。

“缺少知识误人误事，唯有知识才能改变命运。”这一信条很快占据了许振超的头脑。此后，许振超身上不离“两件宝”——笔记本和英汉小词典，刻苦自学桥吊核心电路等知识，其中不少是英文资料。

1984 年，青岛港组建集装箱公司，许振超因肯钻研、技术好被选为第一批桥吊司机。经过苦练，他成功练就了“一钩准”等“绝活”，带出了“王啸飞燕”等一大批具有社会影响的“绝活”品牌。

2003 年 4 月 27 日夜，许振超带领桥吊队的工友们仅用 6 小时 15 分钟就完成了“地中海法米娅”号轮 3400 个标准箱的装卸，创出了每小时单机效率 70.3 自然箱和单船效率 339 自然箱的世界纪录。

此后 5 年，许振超带领桥吊队先后 7 次打破集装箱装卸世界纪录，使“振超效率”享誉全球。在练“绝活”之余，许振超还在岗位上勇于创新。他经多次试验，在冷藏集装箱上加装了节电器，全年节约电费 600 万元；他领衔组织实施了轮胎吊“油改电”等技术改造，填补了国际空白，年节约资金 2000 万元以上，噪声和尾气污染接近零……

如今，在青岛港设立的“许振超大师工作室”里，许振超仍经常和新一代码头工人，围绕自动化集装箱码头技术，开展以高效服务为目标的创新。“我们不要‘差不多’！要干就尽力追求完美，争取世界领先！”许振超说。

资料来源：http://www.12371.cn/2019/01/11/ARTI1547172355392331.shtml.

中国特色社会主义事业进入新时代，中国劳模精神一方面延续了过去年代的精髓要义，另一方面显露出新的时代内涵和实践向度。新时代中国劳模是社会主义现代化建设中优秀劳动者的典范，新时代中国劳模精神鼓舞着成千上万的普通劳动者坚守理想信念、立足本职岗位、奋勇当先当优、勇于创新创造、创建事业功勋，以主人翁的姿态诠释着爱党爱国、兢兢业业、恪尽职守、无私奉献、宁静致远的精神风貌。

习近平总书记指出：“长期以来，广大劳模以平凡的劳动创造了不平凡的业绩，铸就了‘爱岗敬业，争创一流、艰苦奋斗，勇于创新、淡泊名利，甘于奉献’的劳模精神，丰富了民族精神和时代精神的内涵，是我们极为宝贵的精神财富。”这些重要论述精辟地概括了劳动精神的科学内涵，深刻揭示了新时代劳模精神的实质特征，同时是对劳模精神时代价值的充分肯定。

1. 爱岗敬业，争创一流

“爱岗敬业，争创一流”体现广大劳模恪尽职守、创先争优的职业道德及高度的历史使命感、责任感。

爱岗敬业是中华民族的传统美德，是职业道德的基石，是社会主义职业道德所倡导的首要规范，是社会主义核心价值观的重要内容。爱岗敬业就是要勤勤恳恳、兢兢业业、忠于职守、尽职尽责地工作。爱岗敬业是社会主义职业道德倡导的首要规范，是对劳动者提出的最基本、最起码、最普通的道德要求，是实现职业目标的重要内容，更是事业成功的必要因素。

争创一流是当代劳模具有竞争力、战斗力和爆发力的精神源泉。争创一流就是要树立自信心、提振精气神，以“敢为人先、追求卓越”的精神状态高起点谋划、高标准定位、高质量落实、高效率推进，做到谋划上胜人一筹、行动上快人一步、措施上硬人一度。

2. 艰苦奋斗，勇于创新

“艰苦奋斗，勇于创新”体现了广大劳模吃苦耐劳、坚忍不拔的作风和强烈的开拓意识，勤于学习、善于实践，积极汲取知识，努力掌握核心技能，主动应对各种挑战。

艰苦奋斗是新时代中国劳模精神的本色。新时代劳模凭借艰苦奋斗的价值追求锐意进取、奋发有为，攻破了一个又一个阻碍实现中国特色社会主义现代化建设的难题，取得了一个又一个惊叹世界的成就。劳模秉承艰苦奋斗的优良作风，在工作中忘我劳动、开拓创新、奉献集体，表现出崇高的美德和精神风貌。新时代中国劳模精神之所以能够继续发挥其号召力、感召力和影响力的作用，就是因为劳模精神中包含着长期以来具有的、始终如一的艰苦奋斗精神因素，并成为当代中国劳模精神最稳定和永恒的本色。

勇于创新是新时代中国劳模精神的核心。党的十九大报告指出，“创新是引领发展的第一动力，是建设现代化经济体系的战略支撑”。新时代中国劳模充分发挥先锋模范作用，锐意进取，不断钻研科学技术，全面提升勇于创新的本领，锐意进取，不断增强善于创造的能力，为中国特色社会主义现代化建设作出了突出贡献。勇于创新、善于创造已经成为当代中国劳模精神的关键内容和核心内涵。提倡勇于创新、善于创造的劳模精神是实现中华民族伟大复兴的现实需要。

3. 淡泊名利，甘于奉献

“淡泊名利，甘于奉献”体现了广大劳模任劳任怨、不计得失的模范行动，反映了工人阶级的价值取向和大公无私、不怕牺牲的高尚情操。

淡泊名利是当代中国劳模精神的境界，涵养着当代中国劳模精神。名利反映的是一个人的劳动成果和贡献得到社会公认，并获得相应的物质报酬。正确的名利观会影响和铸就高品位与高格调的人。在新时代，必须倡导劳模具有的安贫乐道、甘于寂寞、淡泊自守、不求闻达的豁达态度，学习和继承老一辈劳模体现的谨守本分、淡泊名利的精神境界。

甘于奉献是当代中国劳模精神的底色。无论是中华人民共和国成立前对劳动英雄和先进工作者的表彰宣传，还是中华人民共和国成立后对劳模精神轰轰烈烈的弘扬，都重点强调了劳模尊重劳动、奉献担当的浓厚意识，肯定了劳模顾全大局、默默奉献的可贵品质。时空变换，劳模精神的内涵在变，但劳模甘于奉献的追求没变。甘于奉献已经成为中国劳模精神最鲜明的标识，镌刻着劳模为党和人民贡献一切的光荣而不朽的印记。甘于奉献应当是当代中国劳模精神内涵中最亮丽的底色。

三、劳模精神的当代价值

微课：劳模精神的当代价值

案例导入

全国劳模章诗成

全国劳模章诗成是一位地地道道的农民，近半个世纪以来一直驻守在高寒山区，从事农业科研及推广。他每天泡在试验地里，一门心思搞科研。章诗成研发的高寒山区水稻制种、野生金银花与猕猴桃人工栽培等技术，已在12个省50多个县（市、区）推广，为百姓带来的收益不可估量。

2017年12月31日晚，习近平总书记在新年贺词中说：“幸福都是奋斗出来的”。青年是国家和民族的未来，应该树立远大志向，为了个人的理想、国家和民族的发展敢于担当，不懈奋斗。

然而，当下流行的以“佛系”文化为代表的“丧文化”在广大青年中占有了一席之地，很多学生打着“佛系”的幌子给自己的不努力、不作为找借口。

针对这种现象，谈谈自己的看法。

劳模精神是基于劳动模范对自己所从事的职业的敬重与热爱，渗透在他们的工作态度与职业道德中的一种优秀精神品质。自20世纪30年代以来，劳动模范群体不断扩大，劳模精神的时代价值不断攀升，成为推动国家兴旺发达的重要力量。当前，中国特色社会主义已经进入新时代，在这样的背景下，弘扬劳模精神就更具有深远的意义和时代价值。

习近平总书记高度重视劳模精神，主要表现在对劳模精神的提倡和弘扬上。他指出“榜样的力量是无穷的，劳动模范是民族的精英、人民的楷模，要大力弘扬劳模精神、发挥劳模作用”，“劳动精神丰富了民族精神和时代精神，是我们极为宝贵的精神财富”。由此可见，劳动精神对劳动实践活动的重要激励作用，只有以积极、昂扬、向上的精神状态投入劳动实践，劳动实践活动才富有朝气、活力和创造力。

（一）劳模精神为实现中华民族伟大复兴提供不竭的精神动力

习近平总书记指出，“实现我们的奋斗目标，开创我们的美好未来，必须依靠辛勤劳动、诚实劳动、创造性劳动”。劳模精神是辛勤劳动、诚实劳动和创造性劳动的集中展现，是充实和展示国家文化软实力的重要内容，是激励共产党人不忘初心的生动素材，是坚定中国特色社会主义“四个自信”的重要动力，能为实现中华民族伟大复兴中国梦提供强大的综合国力，塑造坚强的领导核心，注入不竭的精神动力，是实现中华民族伟大复兴中国梦的重要力量。

1. 劳模精神是充实和展示国家文化软实力的重要内容

在经济实力已经被世界各国公认为大国指标的同时，文化软实力也在悄然成为国际力量对比的证明，并在国家强大的进程中发挥着越来越突出的价值与作用。劳模精神作为时代精神的凝结和中华民族精神的高度升华，具有永恒的文化价值，劳模精神就是一种国家文化软实力。继承与弘扬劳模精神是当前充实和提高我国文化软实力的一个重要途径。

弘扬劳模精神有助于增强民族自尊心、自信心和自豪感。劳模精神所展现的把国家和人民的利益放在首位，勇于承担历史使命的主人翁意识和责任感，为国争光和为民族争气的强烈的爱国主义情怀，正是民族自尊心、自信心和自豪感的集中体现。当下，我国正处在全面建成小康社会、实现伟大复兴的新征程中，更要弘扬劳模精神，传承自强不息、奋发有为、艰苦创业的爱国精神，保持并增强民族自尊心、自信心和自豪感，从而在激烈的国际竞争中立于不败之地。

弘扬劳模精神有助于在全社会大力弘扬“以人为本”的人文精神。劳模精神积极发挥劳动群众的主动性，尊重劳动人民的主体地位，将人民群众作为我国发展的最坚实后盾，把人民利益放在首位，关注人民的价值，促进人民全面发展，努力实现人民体面地劳动。这种以人为本、实现人的全面发展的理念就是一种文化凝聚力和精神向心力。继承与弘扬劳模精神中的这种人文精神，能带动文化软实力中最核心的要素，为增强文化软实力增添内生活力。

2. 劳模精神是激励中国共产党人不忘初心的生动素材

党的十九大报告指出，“中国共产党人的初心和使命，就是为中国人民谋幸福，为中华民族谋复兴”。劳模精神贯穿于中国共产党带领人民寻求独立与复兴的历史进程中，与中国共产党人的其他革命精神交织在一起，是激励中国共产党人不忘初心的生动素材。

一方面，梦想的实现必须有精神的支撑。中国共产党人之所以能带领中国人民战胜种种困难，前仆后继、不屈不挠地解决各种难题，就在于中国精神为他们奋勇前进提供了强大的精神动力。劳模精神作为中国精神的重要组成部分，同样是激励中国共产党人为了民族复兴而艰苦奋斗的强大精神力量。

另一方面，劳模精神的弘扬能发扬中国共产党人勤奋劳动、自力更生的优良传统，营造风清气正的良好政治生态。中国共产党历经艰辛能化险为夷，靠的正是辛勤劳动。所以，劳动是中国共产党发展壮大的法宝之一，对于中国共产党人有着重要的意义。在新时代，弘扬劳模精神就是提倡通过劳动来锤炼作风、锤炼干部，发扬党的优良作风，确保党的健康发展，为实现中华民族伟大复兴中国梦塑造坚强的领导核心。

3. 劳模精神是坚定“四个自信”的重要精神源泉

劳模精神是中国共产党在革命、建设与改革的历史进程中，将优秀的民族精神和伟大的劳动实践相结合而孕育出的重要精神成果。它一边承载着孕育出伟大民族精神的优秀传统文化，一边承载着社会主义劳动者的价值属性和时代特征，具有鲜明的社会主义属性，为新时代坚定中国特色社会主义“四个自信”提供重要的精神动力。

劳模精神是在中国共产党总结经验、探索道路的过程中形成的重要精神。因此，它所表现出来的理论本源、价值导向、理想追求和实践基础，是坚持走中国特色社会主义道路的题中之义和内在表达。我国坚持弘扬劳模精神就是对马克思主义劳动理论中国化的科学验证，是继续发扬和贯彻马克思主义理论信念的价值基础，是对中国特色社会主义理论体系的高度自信。劳模精神展示的是我国人民的劳动风范，与中国特色社会主义制度具有共同主体，新时代弘扬劳模精神就是对我国劳动人民的歌颂，就是对中国特色社会主义制度的坚持。劳模精神是在建设中国特色社会主义的伟大实践中形成的一种文化现象，具有深厚的文化基础，能为坚定文化自信注入强大的精神力量。

（二）劳模精神为社会主义现代化建设创造巨大价值

1. 劳模精神为社会主义现代化建设创造经济价值

劳模精神的经济价值主要体现在两个方面：一是劳模精神激励下创造的直接经济利益；二是劳模品牌创造的文化资本。

不同时代的劳模以不同形式在不同的岗位上创造经济价值，他们或者创造新的工艺技术，或者创造更多的单位时间价值，在特定范围内代表先进生产力水平，劳动模范成为技术创新的带头人。

此外，精神的力量是无穷的，在一定条件下可以转化为物质力量。在市场经济条件下，劳动模范已成为企业最宝贵的无形资产之一，成为企业发展的重要文化资本。他们的凝聚力、影响力和号召力都对企业的发展产生了积极的影响，产生了巨大的品牌效应。全国劳动模范周宁芝是宁波市第二百货商店的员工，第一个以个人名字命名了服务品牌，推出了周宁芝内衣专柜。知名劳模夏慧星是位“的哥”，注册了出租车服务品牌，为企业带来巨大的品牌效应。

从“旗帜鲜明的边疆工人”赵占奎、军工先驱吴运铎，到“高炉卫士”孟泰、“铁人”王进喜、“两弹元勋”邓稼先，再到“蓝领专家”孔祥瑞、“金工”窦铁成、“白衣圣人”吴登云，在改革开放的新时期，他们都为社会主义建设创造了巨大的经济价值，谱写了一首首动人的歌曲，为群众树立了光辉的榜样。

中国社会主义建设的辉煌成就离不开亿万中国劳动者的艰苦奋斗和无私奉献，离不开广大劳动模范的创新、奋斗和卓越追求，他们体现了劳动模范的伟大精神，正是这些伟大精神引领和推动了中国经济的发展与繁荣。

2. 劳模精神为社会主义现代化建设创造文化价值

“教，上所施，下所效也。”劳动模范作为先进人物，指引社会主义现代化精神文明的建设方向。充分发挥劳动模范的桥梁纽带和示范引领作用，让劳模精神在新时代熠熠生辉，为现代化建设贡献智慧和力量。

(1) 以劳模精神体现新作为。一是坚持劳动者的主体地位。中国式现代化归根到底要依靠劳动者，发挥劳动人民的主体地位。在崇尚劳动中树立劳动观念，指引做事基本准则；在热爱劳动中培养劳动态度，涵养劳动情怀。尊重劳动、尊重知识，本分做人、勤奋做事，淬炼劳动能力，锻造劳动品德，焕发劳动热情。二是做到踔厉奋发、勤勉劳动。高举“崇尚劳动、热爱劳动、辛勤劳动”的鲜明旗帜，以劳动促发展、催奋进、赢光荣，孕育伟大精神、引领伟大实践，砥砺奋发、勇毅前行，胼手胝足、锤炼本领，展现风采、体现价值。以辛勤劳动和实际成果释放中国式现代化的创造潜能，持续推进、落地生效，为社会主义现代化建设提供精神动力、凝聚广泛力量，绘就“劳动光荣、劳动者伟大”的美好画卷。

(2) 以劳模精神奏响新旋律。一是矢志不渝实干。“艰难方显勇毅，磨砺始得玉成。”伟大的事业需要艰苦奋斗、开拓创新，劳动模范以干劲、闯劲奏响“实干兴邦”的时代凯歌，彰显中国式现代化的发展方向。在实践中肯学、肯干、肯钻研，出主意、想办法，争当“拼技术、搞建设、促发展”的新模范，积累宝贵经验，树好标杆、做好表率，发挥劳模精神的感召作用，磨炼意志、增长才干。二是锲而不舍奋斗。以劳模精神为基点、社会主义核心价值观为导向，激发奋斗意志，创造价值，创新发展，继续拼搏，再创佳绩。培养自食其力优秀的劳动者，涵养“诚实劳动、创造性劳动”的精神气质，营造崇尚劳模、关爱劳模、争当劳模的良好风尚，激发人民力量、振奋民族精神，谱写“现代化·劳动美”的华美篇章。

3. 劳模精神为社会主义现代化建设创造政治价值

劳模精神强调爱岗敬业、争创一流、艰苦奋斗、勇于创新、淡泊名利、甘于奉献，这些价值观与社会主义核心价值观高度契合，是社会主义制度下工人阶级主人翁风貌的体现，代表着时代精神，传承着民族传统，成为中国精神的重要组成部分。劳模之所以能够在思想政治引领中发挥重要作用，源于他们所具有的劳模精神。这种精神成为激发劳动者创造活力、推动社会进步的重要精神动力。

劳模精神通过广泛宣传劳模的先进事迹、优秀品质和高尚精神，让劳模精神不断发扬光大，更好地发挥劳模在职工群众中特殊的影响力、凝聚力和示范引领作用。这种示范引领作用有助于在全社会形成劳动光荣、技能宝贵、创造伟大的时代风尚，调动激发亿万职工群众在高质量发展中建功立业。通过深化劳模和大国工匠进校园活动、推动大中小学选聘劳模、大国工匠担任兼职辅导员等措施，进一步发挥劳模的思想政治引领作用。这些措施为进一步弘扬劳模精神开辟了新途径，为在全社会营造崇尚劳动、尊重劳模、热爱劳模、学习劳模的良好氛围提供了有力支持。全国劳动模范尉凤英以“工作可以退休，党员永不褪色。我要始终奔跑着践行初心使命。只要我还有一口气，就愿意奉献自己的全部力量”的实际行动践行对党的誓言；全国劳动模范杨怀远义务挑担 38 年，书写了为人民服务的“扁担传奇”；海岛电工赵儒新，三十多年如一日全天候服务 12 座小岛上的居民……这些在平凡岗位上创造不平凡业绩的劳动模范淡泊名利、勤勉奉献，凝聚起万众一心、不懈奋斗的强大力量。

推进中国式现代化，需要全党全国各族人民发扬奉献精神。中国式现代化是人口规模巨大的现代化，是全体人民共同富裕的现代化，是物质文明和精神文明相协调的现代化，是人与自然和谐共生的现代化，是走和平发展道路的现代化，其自身的复杂性、艰巨性需要广大劳动者踔厉奋发、久久为功，需要全党全国各族人民奋勇争先、拼搏奉献，以“劳动美”将“中国梦”变为现实。广大党员干部要树立克己奉公、甘于奉献、为民造福的政绩观，时刻牢记“为党和人民牺牲一切”的入党誓言，坚持全心全意为人民服务的根本宗旨，完整、准确、全面贯彻新发展理念，扎实推进中国式现代化，创造出无愧于党和人民的业绩。广大劳动者要树立“劳动最光荣、劳动最崇高、劳动最伟大、劳动最美丽”的理念，正确看待和处理个人与他人、集体、国家的关系，思考实现个人价值与社会价值的内在联系，踔厉奋发、勇毅前行，为全面建设社会主义现代化国家、全面推进中华民族伟大复兴而不懈奋斗。

（三）劳模精神为培育时代新人构筑重要手段

在党的十九大报告中，习近平总书记提出了培养担当民族复兴大任的时代新人的重要战略命题，同时深情喊话广大青年："青年兴则国家兴，青年强则国家强。青年一代有理想、有本领、有担当，国家就有前途，民族就有希望。"这启示着青年一代要做有理想信念、有过硬本领和有责任担当的时代新人。从马克思主义的理论出发，劳动是人的本质，是人类生产和生活的最基本条件，因此劳动才是创造时代新人的根本力量。劳模精神作为社会主义国家对于劳动作用的高度彰显，在培育时代新人方面有着不同寻常的价值，它能培养学生热爱劳动的情怀、劳动光荣的信念和劳动实干的担当，是培育时代新人的重要手段。

1. 弘扬劳模精神有助于培养青年学生热爱劳动的深厚情怀

青年学生是国家与民族发展的希望，他们的劳动情怀不仅决定自身发展的前途，而且深刻影响我国实现"两个一百年"奋斗目标和社会主义现代化的进程。所以，习近平总书记对培养青年学生热爱劳动的深厚情怀寄予深深的厚望，在2014年"五一"国际劳动节前夕，他在乌鲁木齐接见劳动模范和先进工作者、先进人物代表时指出："特别是要通过各种措施和方式，教育引导广大青少年牢固树立热爱劳动的思想、牢固养成热爱劳动的习惯，为祖国发展培养一代又一代勤于劳动、善于劳动的高素质劳动者。"但从实际中发现，现在的青年学生劳动观念淡薄，劳动习惯缺乏，劳动价值观存在严重偏差。要改变这种错误的生活习惯和思想意识，培养其热爱劳动的深厚情怀，就要大力弘扬劳模精神，推动劳模精神进社会、进家庭、进校园。

2. 弘扬劳模精神有助于培养青年学生劳动光荣的坚定信念

培养青年学生劳动光荣的信念，就是要培养青年学生树立正确的劳动观，在对劳动的正确认识中增强自己的本领，实现人生的价值。劳动模范和劳模精神是在"体力劳动是防止一切社会病毒的伟大的消毒剂""劳动创造了人本身""物质生活的生产方式制约着整个社会生活、政治生活和精神生活的过程"等马克思主义劳动观的指导下，形成的充分肯定劳动在社会建设和发展中的根本作用的成果。弘扬劳模精神有助于消除青年学生认为劳动低下的错误思想，生成并传播劳动至上、劳动光荣、创造伟大、劳动者平等的积极劳动观，让青年学生在辛勤劳动中放飞和实现自己的梦想。

3. 弘扬劳模精神有助于培养青年学生劳动实干的担当精神

中国特色社会主义进入新时代，青年必须敢于担当、勇于担当。习近平总书记在2018年召开的全国教育大会上着重强调："要在培养奋斗精神上下功夫，教育引导学生树立高远志向，历练敢于担当、不懈奋斗的精神，具有勇于奋斗的精神状态、乐观向上的人生态度，做到刚健有为、自强不息。"要培养青年学生的奋斗精神，教育广大青年敢于担当、勇于奋斗，让奋斗成为青春的底色。现在我国正处于实现伟大复兴目标的重要历史时期，青年学生是实现这一目标的生力军，他们的责任意识和担当精神直接影响这一目标的到来与实现。在青年学生中弘扬劳模精神，就是要教育他们向劳动模范学习，学习他们爱岗敬业、艰苦奋斗、淡泊名利、甘于奉献的精神，学习他们将自己的人生价值置于国家发展的伟大宏图中的爱国主义精神，培养他们的劳动实干精神，让他们在自己的辛勤劳动中担起时代赋予的重任。

四、做新时代劳模精神的践行者

微课：做新时代劳模精神的践行者

案例导入

辛苦我一人　方便千万家

徐虎是一位首创夜间义务挂箱服务的水电工。伴随着那句人们耳熟能详的"辛苦我一人，方便千万家"，"徐虎精神"一直相传。

1985年，徐虎已在中山北路房管所做了10年水电养护工。他曾以个人名义向附近住户发出了500张修理服务征询单，了解到双职工家庭普遍存在白天上班无法报修的难题，徐虎决定提供夜间义务服务。1985年6月23日，徐虎在辖区内挂了3只夜间报修服务箱，还写了告示：凡附近公房居民，如果遇到晚间水电急修，请写上纸条放入箱中，本人将为您服务。开箱时间为每晚7点，中山北路房管所徐虎。

从那一天起的10多年间，徐虎总会准时背上工具包，骑上他的那辆旧自行车，直奔这3只报修箱，然后按照报修单上的地址走了一家又一家，从未失信过他的用户。徐虎累计开箱服务3700多天，共花了7400多个小时，为居民解决夜间水电急修项目2100多个，被群众誉为"19点钟的太阳"。

2002年，徐虎调任上海西部企业集团任物业总监。虽然岗位和角色变了，"辛苦我一人，方便千万家"的职业信条却一如既往。

在徐虎看来，物业管理和服务虽然技术含量不高，但真正要做到位、做到家，经验和窍门很多，非下苦功不可。他直接上门为居民群众服务的机会少了，为弥补这个缺憾，他主动向组织提出挂牌授徒，以使"辛苦我一人，方便千万家"的"徐虎精神"薪火相传，生生不息。近年来，徐虎手把手带出来的徒弟已遍布西部集团的各个物业企业。

在徐虎的职业生涯中，他5次被评为全国劳动模范，两次被评为上海市劳动模范，曾获得"全国优秀工人代表""全国优秀共产党员"等称号，还被评为"100位中华人民共和国成立以来感动中国人物"和"时代领跑者——中华人民共和国成立以来最具影响的劳动模范"等。

资料来源：http://www.workercn.cn/c/2019-09-29/3250250.shtml.

劳模精神是广大劳动模范在从事社会生产的劳动实践中锤炼形成的，是工人阶级和广大劳动群众弥足珍贵的精神财富。"爱岗敬业、争创一流，艰苦奋斗、勇于创新，淡泊名利、甘于奉献"的劳模精神，是工人阶级伟大品格的具体体现，生动诠释了社会主义核心价值观，丰富了民族精神和时代精神的内涵，是激励全国各族人民团结奋斗、勇往直前的强大精神力量。全面建成小康社会，实现中华民族伟大复兴的中国梦，必须依靠劳动，必须依靠广大劳动者。践行劳模精神，就是要以劳模为榜样，学习他们爱岗敬业、争创一流，学习他们艰苦奋斗、勇于创新，学习他们淡泊名利、甘于奉献。

（一）爱岗敬业——养成尽职尽责、精益求精的工作作风

案例导入

勇作"钢铁缝纫师"

在中国的焊接领域，有一位杰出的领军人物，他以工匠精神闻名于世，他就是艾爱国。艾爱国凭借"做事情要做到极致、做工人要做到最好"的信念，在焊工岗位上默默奉献了50

多个春秋。他不仅具备扎实的理论素养和丰富的实际操作经验，而且技艺高超，多次参与我国重大项目的焊接技术攻关，成功攻克了数百个技术难关。

1950 年 3 月，艾爱国出生于湖南省攸县一个普通农民家庭。由于家庭贫困，他初中毕业后就进入社会，开始了他的焊接生涯。尽管起点低，但艾爱国勤奋好学，不断钻研焊接技术，逐渐在焊接领域崭露头角。

1980 年，艾爱国被调入湘钢焊接实验室，开始从事专业焊接技术研究。在这里，他如鱼得水，潜心钻研各种焊接技术，理论素养和实际操作技能得到了飞速提升。1985 年，他主持完成了我国首台 120 吨转炉托圈焊接技术攻关项目，填补了国内空白，标志着我国焊接技术达到国际先进水平。

进入 21 世纪，艾爱国更是将焊接技术推向了一个新的高度。2003 年，他参与我国首条高速铁路焊接技术攻关，成功解决了高速铁路焊接变形控制难题，为我国高速铁路建设作出了重要贡献。2008 年，他参与我国首座千万吨级炼油厂焊接技术攻关，成功解决了大型储罐焊接裂纹问题，确保了炼油厂的安全运行。

艾爱国的杰出贡献得到了党和政府的高度评价。他先后获得“全国劳动模范”“全国五一劳动奖章”“国家科技进步奖”等荣誉。然而，他却始终保持着谦逊的态度，将自己的成功归功于团队的共同努力。他实现了自己最初写下的“攀登技术高峰”的目标，将自己活成了一座高峰。事实证明，新时代大国工匠，既要有“板凳要坐十年冷，文章不写半句空”的决心，又要有“即使做一颗螺丝钉，也要追求卓越”的精神，在工作岗位上默默耕耘，勇于开拓，精益求精，才能让新时代科技大放异彩。

爱岗与敬业总是相联系到一起，它们既有联系，又有区别。爱岗和敬业互为前提，相互支持，相辅相成。爱岗是敬业的基石，敬业是爱岗的升华。爱岗敬业指的是忠于职守的事业精神，这是职业道德的基础。爱岗就是热爱自己的工作岗位，热爱本职工作；敬业就是用一种恭敬严肃的态度对待自己的工作。

(1) 提倡爱岗敬业，就是要做到热爱本职岗位，努力做到干一行爱一行。在平凡的岗位上严格要求自己，时时事事不忘创先争优；保持积极的工作态度和严谨的工作作风；认真树立职业理想，强化自己的职业责任；认真学习与职业有关的理论知识，提高职业技能，不断完善自我、提高自我，时刻保持努力学习的劲头，在工作中学习，在实践中学习，将学习作为一种良好的生活习惯。只有那些干一行爱一行的人，才能专心致志地搞好工作。如果只从兴趣出发，见异思迁，“干一行厌一行”，不但自己的聪明才智得不到充分发挥，甚至会给工作带来损失。

(2) 提倡爱岗敬业，就要努力培育敬业精神。敬业精神是人们对一件事情、一种职业的热爱而产生的一种全身心投入的精神，是社会对人们工作态度的一种道德要求。我们要有扎实的专业思想，要热爱本职工作，扎扎实实地掌握好专业基本功，达到专业水平，力求干一行爱一行，干一行专一行，努力成为行家里手；要有强烈的事业心，具有事业心的人，能根据自己的主客观条件，确立经过努力可以达到的可行目标；要有勤勉的工作态度，因为对工作的了解与工作态度的认知成分密切相关，对工作的积极性与工作态度的行为成分密切相关，对工作的满意度则与工作态度的情感成分密切相关；要有旺盛的进取意识，具有进取意识的人会为自己设定较高的工作目标，勇于迎接挑战，渴望有出色的工作成绩，争取更大更好的发展。

(3) 提倡爱岗敬业，就要努力积累专业技能。敬业，必须具备与岗位相适应的能力，有了能力才能出色地完成任务。如果只有敬业的良好意愿，却没有敬业所需要的素质和能力，敬业就没法落到实处。能力需要在工作实践中展现、检验、锻炼和提升，而敬业的精神力量可以转化为一种能力，从而调动自身其他能力的发挥，让工作效率得到极大的提高。2016年4月26日，习近平总书记在知识分子、劳动模范、青年代表座谈会上指出："素质是立身之基，技能是立业之本。广大劳动群众要勤于学习，学文化、学科学、学技能、学各方面知识，不断提高综合素质，练就过硬本领。"

（二）争创一流——弘扬超越自我、永不止步的不懈追求

案例导入

与青蒿结缘　用中医药造福世界

"中医药人撸起袖子加油干，一定能把中医药这一祖先留给我们的宝贵财富继承好、发展好、利用好。"中国中医科学院终身研究员、国家最高科学技术奖获得者、诺贝尔生理学或医学奖获得者屠呦呦的声音铿锵有力。60多年来，她从未停止中医药研究实践，在自己热爱的岗位上发光发热，不满足于现状，积极进取，一往无前，没有停下攀登的脚步。

2015年10月5日，瑞典卡罗林斯卡学院宣布将诺贝尔生理学或医学奖授予屠呦呦及另外两名科学家，以表彰他们在寄生虫疾病治疗研究方面取得的成就。这是中国医学界迄今为止获得的最高奖项，也是中医药成果获得的最高奖项。屠呦呦说："青蒿素是人类征服疟疾进程中的一小步，是中国传统医药献给世界的一份礼物。"

20世纪60年代，在氯喹抗疟失效、人类饱受疟疾之害的情况下，在中医研究院（中国中医科学院的前身）中药研究所任实习研究员的屠呦呦于1969年接受了国家疟疾防治研究项目"523"办公室艰巨的抗疟研究任务。屠呦呦担任中药抗疟组组长，从此与中药抗疟结下了不解之缘。

由于当时的科研设备比较陈旧，科研水平也无法达到国际一流，一些人认为这个任务难以完成，只有屠呦呦坚定地说："没有行不行，只有肯不肯坚持。"

通过整理中医药典籍、走访名老中医，她汇集了640余种治疗疟疾的中药秘方。在青蒿提取物实验药效不稳定的情况下，东晋葛洪的《肘后备急方》中对青蒿截疟的记载"青蒿一握，以水二升渍，绞取汁，尽服之"给了屠呦呦新的灵感。

"未来我们要把青蒿素研发做透"是屠呦呦的目标与方向。"屠老师一辈子做科研的奔头儿就是利用科学技术探索中药更好的疗效。"她的学生说。2019年9月17日，她被授予"共和国勋章"。但对于人生进入第89个年头的屠呦呦来说，她更在意的事情是"在这座科学的高峰上，我还能攀登多久？"事实上，从1955年进入中医研究院工作以来，她一直像青蒿一样保持着向上生长的姿态，醉心科研。

在艰苦的科研道路上，面对"暴风雨"时，她常用唐代诗人王之涣的诗"欲穷千里目，更上一层楼"自勉。"她是一个靠洞察力、视野和顽强的信念发现青蒿素的中国女性。"她就像一株挺立的青蒿，顽强、倔强、执着地向高处生长，拥有着克服困难的巨大勇气。她淡泊名利、胸怀祖国、敢于担当、团结协作、传承创新、情系苍生、自强自信、勇攀高峰，是爱岗敬业、争创一流的优秀楷模。

资料来源：http://www.xinhuanet.com/politics/2019-09/24/c_1125035304.htm.

争创一流是一种积极奋发的精神风貌，是一种凝心聚力的目标追求，可以内化为每个人的工作动力源泉。要学习劳模创造一流的工艺、一流的质量、一流的管理、一流的服务，推动我国社会生产力水平实现整体飞跃。

(1) 争创一流就要立高标准。争创一流是事业发展的上游目标、内在动力，是提高工作水平的基本前提和条件。如果工作标准低，一出手就是二流三流的，工作的质量就得不到提升，遇到的困难就得不到克服，碰到的难题就得不到解决，久而久之就会形成思维上的惰性，以致因循守旧、思想僵化、行动滞后、徘徊不前。争创一流就是在高起点上继续求高，在新起点上继续求新。争创一流从表面上看是行动的飞跃，从根本上讲是思维的飞跃。

(2) 争创一流就要追求最优。“取法乎上，仅得乎中，取法乎中，仅得其下。”追求最优，需要坚持不懈，成功需要从量变到质变的积淀；追求最优，需要创造性思维，保持积极思考的习惯，保持自身思维的独立性与前瞻性；追求最优，需要充满激情，积极主动地工作、学习和生活；追求最优，需要好方法，包括做人的方法、工作的方法和思考的方法。如果把追求最优作为对自己的人生要求，那么人生也会因此与众不同，也才能真正做到争创一流。

(3) 争创一流就要有进取心。进是一种前进的动力，人只有不断地学习、进步，才能不断地提升自己的能力，在工作中顽强拼搏、争创一流；取是指获取，但在获取之前需要有付出，有付出才有收获。进取心就是不满足于现状，坚持不懈地向新的目标追求的心理状态。要把“下一个成功”当作自己努力的目标，永远保持一颗进取的心。在迈向成功的道路上，每当实现一个近期目标时，绝不应该骄傲自满，而应该相信最好的永远都在“下一个”，要把原来的成功归零并作为新的起点，才能不断地攀登新的高峰。

(三) 艰苦奋斗——造就不畏艰辛、自强不息的革命本色

案例导入

甘入苦海的红色工程师

张超然同志是清华大学水利工程系1965届毕业生，按清华惯例，以毕业年份的数字冠于系名为代号，简称“水五”。时任清华大学校长蒋南翔对学生培养的定位是“红色工程师”。仅水五班，就涌现了前国家主席胡锦涛、水利部前部长汪恕诚以及张超然院士等多位杰出校友。毕业分配时，张超然同志毅然选择到祖国最需要的地方去。虽然他的故乡远在浙江温州，但他还是做出了支援西部水利建设的决定。

习近平总书记当年去正定时曾说过：“只想着过舒适的生活，是平庸的追求。我是准备入苦海的。”张超然同志也用自己的一生践行了何谓“甘入苦海”。不到30岁的他，告别了年轻的妻子和襁褓中的女儿，放弃了高等院校和工程院所给出的高额待遇，义无反顾地走进了大山深处，陪伴大江大河50年。他的身影，早已镌刻进三峡、向家坝、溪洛渡、乌东德、白鹤滩、二滩等一座座巍峨静立的大坝，他主持或参加建设的水电站装机总量就占到全国的三分之一。

张超然同志常说：“怕苦就不要学水电，干水电就要准备吃苦。”这种苦，一方面是水电项目多地处偏远地带，环境恶劣。金沙江下游水电开发期间，张超然同志几乎每个月都要在湖北、四川、云南、北京三省一市之间往返奔波，特别是溪洛渡工程施工前期，进场道路崎岖狭窄、坑洼不平，每次下飞机后还要继续十几个小时的舟车劳顿。更苦的还是长期困扰水电建

设者的"四难问题"。因为工程急、任务重，张超然同志20多年没回过温州老家，连续多年在工地上过年，小女儿很小就被送回了外婆家，两个女儿结婚，他都未能出席婚礼……当时刚结婚不久的小女儿打电话来，却坚持着只肯让妈妈接电话，女儿是怨爸爸不能脱身参加自己的婚礼。张超然同志便假装有事，去里屋默默擦拭眼镜，这副用胶带绑着也一直不肯换的眼镜是小女儿上学时送的礼物。为了这份事业，这位老人撇下了小家、割舍了亲情。这种苦和孩子心里的怨，干过水电的人都懂，谁不想一家团聚，谁不想照顾家庭？就像张超然同志自己说的："也会觉得有缺憾，但怎么办呢，工程不等人，我们的工程，哪一个都是世界级的大工程啊。"

资料来源：https://www.tsinghua.org.cn/info/1951/17899.htm.

艰苦奋斗是指为实现伟大的或既定的目标而勇于克服艰难困苦、顽强奋斗、百折不挠、自强不息、居安思危、戒奢以俭的精神和行动。艰苦奋斗精神的内在核心是不怕困难、自强不息，不屈服于艰难困苦，不懈怠于富足安逸，不满足于已有的成绩，不避讳于自己的差距，始终奋发向上、谦虚谨慎，保持一种不断进取的精神状态。

艰苦奋斗的内涵和表现有两个层面：一是物质层面。物质层面的艰苦奋斗要求人们的消费水平要节制在合理的限度内，这个合理限度的衡量标准要与时代的社会生产力水平相适应。它提倡的是勤俭节约，珍惜劳动创造的物质财富，自觉克服贪图安逸、追求享受的思想。二是精神层面。精神层面的艰苦奋斗是指不畏艰难困苦、锐意进取、坚忍不拔、奋发有为的精神状态和为人民利益乐于奉献的行为品质。这种精神状态与行为品质的本质是一种积极进取、奋发有为的世界观、人生观和价值观。

（1）提倡艰苦奋斗，就要在思想意识上树立正确的价值取向和立场观点，增强不怕困难的意识，坚定克服困难的信心，培育在艰苦环境中敢于奋起、有所作为的精神品格。

（2）提倡艰苦奋斗，就要在精神意志上始终保持昂扬的朝气、奋进的锐气和浩然的正气，"咬定青山不放松，任尔东西南北风"，矢志不渝、志存高远、百折不挠。

（3）提倡艰苦奋斗，就要在学习和工作中始终勤奋刻苦、努力创新、厉行节约，吃苦在前，享受在后。只有勤劳肯干、勤学苦练，才能提高自己的工作技能，不断实现自我突破。

（4）提倡艰苦奋斗，就要在生活态度上保持平和，耐得住清贫、扛得住寂寞、抵得住诱惑、把得住大节，自重、自省、自警、自励，自觉摆脱低级趣味，抵制腐化堕落的生活方式。

（四）勇于创新——保持锐意进取、求新求变的精神风貌

案例导入

以创新技术再创造

李马强：从一名普通的农民转变为技术创新者，李马强通过自学电焊技术，成为一名农民工，并最终成为农机技术改革研发的领军人物。他带领团队研发了免耕气吸式精量播种机和高速智能免耕播种机，这些农机产品不仅提高了农业生产效率，还适应性强、操作简便，深受用户喜爱。李马强的创新不仅在国内受到认可，还促使公司农机走出国门，远销俄罗斯，实现了外贸出口。

艾爱国：作为焊接大师，艾爱国在港珠澳大桥、南海荔湾综合处理平台等国际国内超级工程中发挥了关键作用。他凭借一身绝技和执着追求，解决了多项技术难题，填补了国内技术空白，实现了技术创新。艾爱国的贡献不仅提升了中国船舶制造业的国际竞争力，还让他

获得了"七一勋章"。

刘湘宾：在精密加工领域，刘湘宾带领团队承担了国家防务装备、载人航天、探月工程等关键部件的精密超精密车铣加工任务。他的团队首次实现了球型薄壁石英玻璃的加工需求，打通了该型号研制的关键瓶颈，提高了加工效率和合格率，为新型防务装备、卫星研制生产提供了技术支持。

创新是一个民族进步的灵魂，是事业发展的不竭动力。一个全民创新的国家会更有力量，一个全员创新的企业会更有生机，一个自我创新的岗位也会更有作为。发展蕴含机遇，创新成就伟业。劳模勇于创新的精神是各行各业创新精神的体现，也是对青年学生的要求，更是值得永远传承的精神财富。

创新是以新思维、新发明和新描述为特征的一种概念化过程，主要有三层含义：更新、创造新的东西、改变。创新是人类特有的认识能力和实践能力，是人类主观能动性的高级表现形式，是推动民族进步和社会发展的不竭动力。一个民族要想走在时代前列，就一刻也不能没有创新思维。

创新就是要敢于突破老规矩，敢于打破旧框框，敢于接受新事物，创造性地建立新机制、制定新思路、采取新方法、取得新成绩。

对于青年学生来说，做到勇于创新，最重要的就是培养创新思维和提升创新能力，其途径主要有以下三条。

1. 充实知识储备，蓄积创新能量

青年学生创新主要靠知识技术。创新不仅需要专业知识，还需要管理、财务、法律、市场、人文等方面的知识，同时要求学生具有对这些知识的获取、处理、加工和整合能力。青年学生可以通过专业课和公共选修课的学习、修读双学位、参加培训和社会实践等方式扩大自己的知识面。

2. 掌握创新技巧，发挥创新潜能

没有好的方法与技巧是很难达到预期目的的，方法与技巧是创新的途径和工具，青年学生要通过学习与创新实践活动掌握类比、联想、设问、列举、组合、激励等创新创造技法，激发自己的创新潜能。

3. 强化实践锻炼，提升实践能力

科技竞赛和实践锻炼是提高青年学生实践能力的重要载体，青年学生可以通过积极参加科技竞赛和实践锻炼来提升自身的实践能力。还可以积极参加各级各类创新创业训练计划项目，通过项目申报、实践探索、成果推广等全过程锻炼创新能力和实践能力。这既是对知识的探究，也是对知识、方法和技能的应用。

（五）淡泊名利——锤炼廉洁自律、遵规守矩的高尚品格

案例导入

"要做一粒好的种子"

做事先做人，这是老生常谈了，也是我这一辈子最深刻的感悟。

我是搞育种的。我觉得，人就像一粒种子。要做一粒好的种子，身体、精神、情感都要健

康。种子健康了,事业才能根深叶茂,枝粗果硕。作为一个科研工作者,尤其如此,不仅要知识多,而且要人品好,不仅要出科技成果,而且要弘扬科学精神。

要热爱祖国,热爱人民,这个是基本前提。如果对民族、对国家、对社会、对人民没有感情,就很难成就一番事业。有了感情,才会为社会做一些事情、献一份爱心,这样你才会有欣慰感。要敢于探索,勇于创新,这个是关键。搞科研,应该尊重权威但又不能迷信权威,应该多读书但又不能迷信书本。科研的本质是创新,如果不尊重权威、不读书,创新就失去了基础;如果迷信权威、迷信书本,创新就没有了空间。还不要害怕冷嘲热讽、标新立异。如果老是迷信这个迷信那个,害怕这个害怕那个,那永远只能跟在别人后面。只有敢想敢做敢坚持,才能做科技创新的领跑人。这个我是有深刻体会的。

要埋头苦干,不畏艰辛,这个是基本功。一个人事业的成功或者失败,最终起决定作用的是顽强坚持的毅力。我的工作主要在试验田,越是打雷、刮大风、下大雨,越要到田里面去看看,看禾苗倒伏不倒伏,看哪些品种能够经得起几级风。从参加工作到现在,只要田里有稻子,我每天都坚持下试验田。我们搞育种的就是要坚持在第一线,这样才会发现新品种,才会产生灵感,"灵感=知识+汗水"。我想,搞科学研究是这样,从事其他任何工作也是一样的。

还要淡泊名利,踏实做人。现在有少数人搞学术腐败,就是名利心、享乐心太重,急功近利,弄虚作假,到头来害人害己。人还是踏踏实实的好,一个人越是出名就越要谦虚谨慎,越要夹着尾巴做人。骄傲使人落后,这是天经地义的真理。精神上要丰富一点,物质生活上则要看得淡一点。一个人的时间和精力是有限的,如果老想着享受,哪有心思搞科研?在吃方面以清淡和卫生为贵,穿方面只要朴素大方就行了。少走弯路,少留遗憾,身心才会健康,心情才会愉快,事业才会做得长远。

资料来源:https://www.ahnw.cn/nwkx/Content/fd6fd995-b441-4595-8642-28ba5aea713a.

淡泊名利是中华民族的传统美德,是做人的崇高境界。淡泊名利不是力不能及的无奈,也不是心满意足的自赏,更非碌碌无为的哀叹,而是以超脱世俗、豁达客观的态度看待一切。劳模的业绩与淡泊名利的崇高精神密不可分。许多劳模几年、十几年,甚至几十年如一日,像螺丝钉一样把自己"拧"在平凡的工作岗位上,默默耕耘、奋斗不息,清心寡欲、淡泊名利,脚踏实地地实现自己的人生理想和生命价值,成为全社会尊敬的先进人物。

(1) 要做到淡泊名利,就要努力做到清白做事、干净做人,办事公正、清正廉洁,一心为公、尽职尽责。树立正确的名利观,以平和之心对"名",以知足之心对"利",自觉坚持洁心、洁身、洁行,以廉为荣、以俭立身,耐得住艰苦、守得住清贫、扛得住诱惑,始终具有拒腐防变的能力。

(2) 要做到淡泊名利,就要慎初、慎独、慎微。我国自古就有关于"三慎"的修德美谈。这"三慎"都要求将全部的人格、生活奉献给高尚的道德追求。慎初是指谨慎于事情发生之初,在思想上筑牢第一道防线。人生贵善始,如果第一道防线被冲破了,往往会"兵败如山倒"。慎独是指一个人独处时能做到谨慎不苟,即使在别人看不到的情况下,也能洁身自好、问心无愧。慎独是一种情操,一种休养,一种自律,一种坦荡。慎微就是慎小事、慎小节,从小事做起,警钟长鸣,防微杜渐,"勿以恶小而为之,勿以善小而不为"。任何腐败都是从自身思想防线放松开始的,越微小,越容易放松,因此,对于小事,更应谨慎小心。

(3) 要做到淡泊名利,还要知足、知止、知耻。知足是指在生活需求和名利得失上要知道满足,不做过分的企求。知足必常乐,常怀知足心,常念感恩情,在功利面前才会多一分淡定,在诱惑面前才会多一分坚毅,在得失面前才会多一分从容。知止就是知道如何停止、放下,即做事有分寸,坚持自己的目标、原则和立场,知止是一种境界,追求的是适可而止、克制欲望。有欲望是正常的,可怕的是欲望没有止境,如果过分追名逐利,不懂节制,势必要付出极大的代价。知耻就是有羞愧、耻辱之心,知耻是个人道德自我意识的一种表现,是谴责自己的行为、动机、品质的一种道德约束,只有知耻,才能控制、约束自己,才能自觉规范自己的行为,才能有了过失、错误而主动悔改。

"名利淡如水,事业重如山。"在新的历史条件下,要积极弘扬淡泊名利的精神,做到计利国家、无私忘我,不争名、不图利、不揽功,甘为人梯,甘做无名英雄,在祖国最需要的地方艰苦奋斗、建功立业,在平凡的岗位上苦干实干、创造实绩,不断增强自我完善、自我革新、自我提高的能力。

(六) 甘于奉献——培育敢于担当、乐于付出的行为品质

案例导入

"90后",到!

华中师范大学的田恬,其母亲是医务工作者,父亲负责口罩最核心原料聚丙烯的生产。当学校征集志愿教师为医护人员子女做线上辅导时,她第一时间报了名。"我是成年人,可以照顾好自己;但如果是一个孩子,在病毒肆虐下一定很恐慌。所以,我想去帮助他们。"

"我永远都记得在我给一名学生上了两个星期的课之后,这个腼腆的小男孩突然对我说:'田老师,我喜欢你给我布置的作业。'那种感觉就像种了很久的花,经过精心呵护,有一天突然开了。我们学校一共有1349名和我一样的志愿者,辅导着2848名孩子,我的故事每天都在他们身上发生着。"

资料来源:https://m.thepaper.cn/baijiahao_7161033.

奉献精神是指为了维护社会集体利益或他人利益,个人能够自觉地让渡、舍弃自身利益的一种高尚品格。无论时代发生怎样的变化,奉献精神永远是鼓舞和激励人们奋发向上的巨大力量。

奉献的内涵很丰富,包括不怕困难勇挑重担的精神、见义勇为助人为乐的无偿服务、不计报酬不为私利的精神、勤勤恳恳忘我工作的精神。奉献是一种美德,是推动社会发展的基石。正是有人无私奉献,社会的物质财富和精神财富才会不断增加。

(1) 甘于奉献首先要有思想动力准备。立志为他人、为国家、为社会做奉献的人们,无论从事什么行业、做什么工作,也无论能力大小、经验多寡,只要树立了正确的世界观、人生观和价值观,坚持全心全意为人民服务,就能甘于奉献、勇于奉献。王进喜说:"宁肯少活20年,拼命也要拿下大油田。"徐虎说:"辛苦我一人,方便千万家。"劳模之所以能做出巨大奉献,就在于甘于奉献的思想动力准备驱使他们做好本职工作,只要有需要,即使明知是困难和危险,他们也会挺身而出。

(2) 甘于奉献还需要知识能力准备。知识就是力量。有知识才能做出奉献,或者做出更大的奉献。在新知识不断涌现、新情况层出不穷的今天,要使自己能做出较大的奉献,必须加强学习,做到终身学习,天天学习,工作学习化,学习工作化,提高知识储备的总量和质量,并善于用理性思考架起学习与应用的桥梁,边学边用,学用结合,使自己的思想水平和知识水平适应时代的需要,并通过主观与客观相互转化,不断提高自身能力。

(3) 甘于奉献还需要劳动付出准备。劳动是有目的地改造世界的活动,是人以体力与

脑力的支出生产物质和精神的新产品来满足人的需要的活动。因此，要做出奉献，就必须付出劳动。奉献就是给予，就是付出，就是牺牲。甘于奉献的劳动付出准备，是不求回报、不计报酬，甚至牺牲生命的。

时代发展浩荡向前，精神之火永不熄灭。伟大的时代呼唤伟大的精神，崇高的事业需要榜样的引领。在今后的学习与工作中，要学习和弘扬奉献精神，把个人追求与国家发展、社会进步紧密联系在一起，拓展生命的维度，把淡泊名利、甘于奉献转化为自己的信念动力，融入自觉行动中，争做不务空名的行动者和兢兢业业的奉献者。不忘初心，砥砺前行，把自己的梦想融入实现中华民族伟大复兴中国梦的波澜壮阔的奋斗之中，书写无愧于时代的人生精彩画卷。

第三节　工匠精神是时代的呼唤

当今时代，传统意义上的工匠虽然日益减少，但工匠精神在各行各业传承不息。小到一颗螺丝钉、一块智能芯片，大到卫星、火箭、高铁、航母，它们背后都离不开新时代劳动者身体力行的工匠精神。

奋斗创造历史，实干成就未来。在通往中华民族伟大复兴的征程上，更需锻造灼灼匠心，在平凡岗位上创造不凡，用干劲、闯劲、钻劲谱写美好生活新篇章，让新时代工匠精神激励鼓舞更多人。

一、工匠精神的基本内涵

微课：工匠精神的基本内涵

案例导入

杨金龙：兴趣坚持成就出彩人生　三尺讲台传承工匠精神

世界技能大赛冠军、全国五一劳动奖章获得者、全国技术能手、全国爱岗敬业汽修工楷模……这一个个耀眼的荣誉和头衔都属于27岁的云南小伙杨金龙，年纪轻轻的他就已经是一名特级技师了。

“不论是学知识还是学技术，只要感兴趣，能坚持肯钻研，就一定能有出彩的人生。”聊到个人的“成功秘诀”，杨金龙这样说。

杨金龙出生在云南省保山市一个普通的农民家庭。2009年，杨金龙放弃了就读普通高中和复读的机会，选择到市里的职业学校学习。村里人知道他放弃就读普高后纷纷摇了摇头，杨金龙自己却没有任何气馁和迷茫。

杨金龙第一次的人生转折始于2010年3月，杭州技师学院来学校招生，专业是汽车钣金与涂装。杨金龙起初只是出于好奇随便听听，然而他听着听着，就喜欢上了给车喷洒颜色的活儿。

“兴趣爱好是最好的老师。”

在杨金龙看来，最初的“喜欢”是自己能够成功的先决条件。

到杭州技师学院学习后，杨金龙把大部分的时间和精力都花在学习与实操钻研上。课堂上，杨金龙总是最认真的那个，他认真学习每一项技术操作，仔细钻研琢磨每一种材料和染料，用心掌握每一件工具。

在很多同学和老师眼里，杨金龙对专业技术的痴迷，甚至到了废寝忘食的程度。有时候为一个问题，杨金龙甚至能思考一整天，实在想不明白才去找老师。

一次偶然的机会，杨金龙看到学校中职比赛的选手们在训练，杨金龙认为比赛训练能拥有更多的时间和材料来实践，就开始关注各类比赛动态并加以练习。终于在 2011 年学院举行的学生技能运动会上，他以优异的表现一举夺魁。

“这次小小的成功，让我明白了原来自己可以做到很多原先想都不敢想的事。”据杨金龙回忆，这次比赛对于提升个人自信心起到了很大的帮助。

从那之后，杨金龙从市级、省级、国家级各类技能竞赛中，慢慢找到了自己的优势，先后获得浙江省中职技能大赛冠军和全国赛二等奖。

世界技能大赛(以下简称世赛)被誉为“技能界的奥林匹克”。2014 年 2 月，第 43 届世赛汽车喷漆项目中国集训基地落户杭州技师学院。杨金龙得知消息后，毅然辞掉工作，决定报名参加世赛。最终他以全国选拔赛冠军的成绩挺进国家队。

“训练异常艰苦，中途有其他选手退出，但我坚持了下来。”据杨金龙回忆，夏天训练时，室内温度能高达 40℃，为了不影响训练效果，全身必须要裹得严严实实，一天训练下来换七八套工作服是常有的事。

长达一年的高强度集训，枯燥又辛苦，但恰恰是这一过程，让杨金龙对工匠精神的内涵有了新的认识。“只有不懈地去钻研、不懈地坚持下去，兴趣之花才能结出丰硕的果实。”

功夫不负有心人，2015 年 8 月，杨金龙勇夺第 43 届世赛汽车喷漆项目冠军，使中国实现了世界技能大赛金牌零的突破。

“我从没想过自己能像体育健儿一样在世界级的舞台上为国家而战，并通过自己的努力为国争光、为国赢得荣誉。”杨金龙说，现在回想起当时身披中国国旗、站在领奖台上接过金牌的那一刻，还是会很激动。

“要想把事情做好，没有一颗追求极致的心是做不到的。”

一转眼，杨金龙已在学校任教 6 年多了，这期间他为行业培训出了 300 余名技师，1000 余名高级工。他成立了杨金龙技能大师工作室，指导同门师弟蒋应成获得第 44 届世赛汽车喷漆项目金牌，指导学生陈彬彬获得首届全国职业技能大赛汽车喷漆项目冠军。

“我要去证明不单单是一两个中国人行，而要中国的技术工人全都能行，将希望的种子散播出去。”谈到未来目标，杨金龙斗志昂扬。

资料来源：http://cpc.people.com.cn/n1/2021/1213/c441574-32306782.html.

工匠精神本质上是一种严谨认真、精益求精、追求完美、勇于创新的职业精神与职业道德要求。实现中华民族伟大复兴的中国梦，不仅需要大批科学技术专家，同时也需要千千万万的能工巧匠。工匠精神作为一种优秀的职业道德文化，它的传承和发展契合了时代发展的需要，有利于我国制造业的转型升级，有利于形成尊重劳动、尊重普通劳动者的风尚，有利于增强工人阶级的存在感和影响力，有利于克服社会中弥漫的浮躁风气，形成理性平和的社会心态，对于推动经济高质量发展、实现“两个一百年”奋斗目标具有重要意义。

“工匠”就是指工人、匠人，词典上的解释就是有技艺专长的人。他们技艺精湛，匠心独具；他们勤劳、敬业、稳重、干练及遵守规矩，一丝不苟；他们不断雕琢自己的产品，不断改进自己的工艺，享受产品在手中升华的过程；他们以工作获得金钱，但他们不为金钱而工作；他们耐得住寂寞，经得起诱惑，将毕生精力奉献给一门手艺、一项事业、一种信仰；他们执着、坚守、精进，不断追求极致与完美。

2016年,政府工作报告中讲到"提升消费品品质"时,强调"培育精益求精的工匠精神"。这是"工匠精神"第一次出现在中央政府的文件中,显示"培育工匠精神"的诉求已上升为国家意志和全民共识。党的十九大报告提出:"建设知识型、技能型、创新型劳动者大军,弘扬劳模精神和工匠精神,营造劳动光荣的社会风尚和精益求精的敬业风气。"

所谓"工匠精神",其核心是:不仅要把工作当作赚钱的工具,而且要把其树立成一种对工作执着、对所做的事情和生产的产品精益求精、精雕细琢的精神。在众多的企业中,工匠精神使企业领导者与员工之间形成了一种文化与思想上的共同价值观,并由此培育出企业的内生动力。

从本质上讲,工匠精神是一种职业精神,是职业道德、职业能力和职业品质的体现,是从业者的一种职业价值取向和行为表现。工匠精神的基本内涵包括敬业、协作、精益、专注、创新等方面的内容。

1. 敬业——职业精神

案例导入

粮店46年顾客零投诉

史庆明在粮食供应系统已经工作了30多年,作为一家粮油食品公司的总经理也近20年。走进史庆明的办公室,四面墙上挂满了锦旗和荣誉牌匾。这些既是他的荣誉,也是他的责任。它们时刻提醒着他,永远都要坚持为人民服务。

虽然是粮店的一把手,史庆明并没有以领导的身份自居。每天,他和普通员工一样,在营业室忙前忙后,接待顾客、组织搬货、协调秩序,每件事情都亲力亲为。他不仅管店内的事,还管店外的事。冬天,当看到有刚买完粮的顾客站在店外的马路边半天打不着车时,史庆明就组织人或者亲自开车将顾客送回家。

在佳木斯市,粮店免费送货服务是史庆明最先提出的。当时还是计划经济时期,职工们对免费送货上门的规定很不理解,心里有抵触。史庆明就以身作则,亲自一家家地送,有了领导的示范作用,职工们也都慢慢地接受了免费送货服务,最终把免费送货的服务在全店推开。粮店规定,只要顾客购买超过1元的商品,店里就给免费送货,但服务推行至今,没有一个顾客真的只买1元钱的东西就要求送货的,粮店的真心服务也换来了顾客的理解和信任。

在市场经济中,公司或企业都努力追求利益的最大化。谈到追求利益与优质服务的关系时,史庆明认为,这两方面并不矛盾。粮店的顾客大部分是回头客,有些粮店的老顾客已经搬家,但是很多人宁可舍近求远,多走些路,多倒几趟车也要到粮店来买粮。在这些顾客的眼里,粮店俨然已经不再是一个普通的粮店,而是消费者心中诚信的象征,他们到这里购物就是图安心和开心。每天,粮店的顾客都络绎不绝,小小的营业室常常挤满了前来选购的消费者。高质量、低价格、好服务就是粮店不断发展的秘诀。

多年来,史庆明年年都能得到国家、省、市颁发的各种荣誉,但是对他来说,任何荣誉都不如顾客的一声"谢谢"、一个发自内心的微笑、一个感激的眼神。在他的示范作用带动下,粮店46名职工人人都是优秀营业员或先进工作者,并保持了安全生产无事故、顾客零投诉的纪录46年。

资料来源:http://news.cctv.com/2018/04/19/ARTIRKf4xyRyVwkZuafx7jXG180419.shtml.

敬业是从业者基于对职业的敬畏和热爱而产生的一种全身心投入的认认真真、尽职尽责的职业精神状态。中华民族历来有“敬业乐群”“忠于职守”的传统，敬业是中国人的传统美德，也是当今社会主义核心价值观的基本要求之一。早在春秋时期，孔子就主张人在一生中始终要“执事敬”“事思敬”“修己以敬”。其中，“执事敬”是指行事要严肃认真，不怠慢；“事思敬”是指临事要专心致志，不懈怠；“修己以敬”是指加强自身修养，保持恭敬谦逊的态度。宋代大思想家朱熹将敬业解释为“专心致志，以事其业”。

2. 协作——团队精神

案例导入

好团队是创业成功的一半

雷军表示，小米智能手机成功之道在于有好的创业团队、创新点子以及好口碑。而MIUI、小米手机和米聊则组成了一个“铁三角”，让小米智能手机与其他竞争对手区分开来。

雷军在“创业小聚年会”上分享了自己的创业经验。在谈到创业成功之道时，雷军表示，在竞争日益激烈的今天，找到好的创业团队就是成功的一半。创业时，他花了半年多的时间，找遍了所有认识的人，才组建了小米科技的核心团队。正所谓，德不孤，必有邻。一个创业的企业家，应该比谁都清楚，人与人在一起叫聚会，心与心在一起叫团队的道理。所以，他一定会尽自己所能让这批不同的人，不同追求的心，最终可以围绕着自己，团结在一起，共同发光发热。

资料来源：https://cinic.org.cn/zgzz/rw/54558.html.

所谓协作，是指团队成员的分工合作。与传统工匠不同，新时代工匠尤其是产业工人的生产方式已不再是手工作坊，而是大机器生产，工匠们所承担的工作只是众多工序中的一小部分。如“复兴号”列车，一列车厢就有3700多道工序，这3700多道工序，一个人是不可能完成的，必须由车间或班组（团队）协作完成。团队需要的是“协作共进”，而不是各自为战。因此，协作是现代“工匠精神”的要义。

3. 精益——品质精神

案例导入

用非遗“锦绣”织就巾帼致富路

付国艳出生在贵州安顺，这里的蜡染被誉为“东方第一染”，安顺也被誉为“蜡染之乡”。付国艳听父亲说起，早年祖父在安顺集镇上开办染坊，在众多的作坊中，帅家、付家、谭家是规模较大的。付家即是付国艳祖上。

1988年，付国艳辞去令人羡慕的国企营业员工作，开了一间蜡染小作坊。1990年，亚运会在北京举办，亚洲劲吹中国风。街头巷尾，越来越多敢秀的贵阳人把民族服饰穿在身上，蜡染蝙蝠衫、扎染连衣裙成为最时尚的打扮。付国艳看准商机，和朋友合作开设了一家蜡染服装厂。

贵州是名副其实的非遗大省，拥有从县级到世界级的“非遗”名录总数超过6000项，涵盖传统工艺、民族歌舞等，如何把这些民粹传承下去？付国艳开始研究民族工艺品的市场化发展。水族马尾绣、苗族刺绣、蜡染等“非遗”产品大受欢迎。

贵州省有1609万名妇女，其中36%是少数民族妇女，大约60%生活在农村。多年来，外出务工几乎成为妇女脱贫增收的唯一途径，但随之带来留守儿童和留守老人等社会问题。20世纪90年代，很多村寨不通水，饮水都要靠走几小时的山路肩挑背扛，村民生活贫困落后。

那时，付国艳经常只身到几百公里外的山野田间收购蜡染、刺绣等民族工艺品，用自己缝制的背包能够背回近百斤民族工艺品。“有时找不到要问路，别人指着一座山头说走两小时就到了，结果走过去才发现四五个小时过去了，天都黑了。”付国艳回忆，这让她坚定了用民粹拉动村民脱贫增收的想法。

为了保证产品质量和数量，她一直坚持以3倍的订货数目向绣娘们收购产品，对于不合格产品，她宁可剪坏扔掉。“避免绣娘以后不好好绣，可以将她的产品收购，但是你要当着她的面，拿剪刀把它剪坏，把它扔到垃圾里。只有下这个决心，才可以把产品做好。”有一次，为了给客户赶货，付国艳带着团队三天三夜没睡觉，“因为你一睡，她们肯定也要睡，没办法，就带着她们三天三夜不睡觉，做出来交给客户”。

2013年以来，贵州省妇联牵头推出锦绣计划，把妇女手工与精准扶贫相结合，把传统技艺与现代时尚相融合，女性“指尖经济”如雨后春笋般旺盛生长，先后建成千余个巧手脱贫基地、1354家妇女特色手工企业和专业合作社，从事特色手工产业及辅助行业的女性近50万人。贵州省妇联整合各成员单位开展锦绣计划培训6.5万人次，贵州全省妇女特色手工产业产值达到60亿元。

这解决了付国艳的大难题。“妇女在合作社里接受培训，交货时我再去合作社取。绣娘的群体扩大了，品质好了，我也不用再一家一家去收了。”付国艳笑着说。

随着“锦绣计划”的实施与推广，付国艳找到20多位“非遗”传承人。她们在安顺、黔东南、黔南等地设立了农村合作社、手工联盟基地，通过对绣娘和手艺人进行培训，产品可以直接提供给黔粹行。

自1994年推出的专利技术产品“真丝蜡染”在国际中小企业新产品、新技术博览会上获得金奖后，2010年，付国艳为上海世博会的贵州馆提供了90%的展品，包括苗族银饰、水族马尾绣工艺品等。2016年，她带着贵州民族工艺品亮相第十二届中国深圳文化博览会。在2018年东盟“一带一路”沿线国家旅游文化交流周上，来自柬埔寨、马来西亚、缅甸等东盟国家的代表团成员被她带来的马尾绣手包精致的刺绣图案深深吸引。

付国艳团队已经取得了贵州民族手工艺15项专利，但她仍然怀揣着对传统工艺不变的坚持和敬畏，“会创造更多更好的民艺产品，继续带动更多的贫困妇女居家就业增收，让民族工艺的璀璨明珠在更多人手中传承下去”。

资料来源：https://news.cctv.com/2019/09/02/ARTIqzUAxYHVPlnJ2uZPGC1j190902.shtml?spm=C94212.PJBr7s9BtDt8.S34707.3.

精益就是精益求精，是从业者对每件产品、每道工序都凝神聚力、精益求精、追求极致的职业品质。所谓精益求精，是指已经做得很好了，还要求做得更好，“即使做一颗‘螺丝钉’，也要做到最好”。正如老子所说：“天下大事，必作于细。”能基业长青的企业，无不是精益求精才获得成功的。

4. 专注——坚持精神

案例导入

“工人发明家”手握8项专利

新年伊始，徐仲维收到了一项人生的最高奖励——全国第十三届高技能人才获奖证书。

被称为“工人发明家”的徐仲维，是湘电集团特电事业部某国家重点科研项目高级技师，没有高学历，没有官衔。

然而谁都没想到，这些年来，他竟获得了8项国家专利，其发明的一种外径千分尺检定校正装置获得了全国第十九届发明展铜奖。

“穿新鞋走老路，不会有突破，我觉得穿新鞋就要走新路。”徐仲维对解决技术方面的问题从不墨守成规，总是打破常规找思路。

几年前，湘电集团承担了一项国防科技重大技术攻关项目，徐仲维担任安装调试、装配工艺技术工作。该项目的技术处于国际科技前沿，无任何经验借鉴，徐仲维四处寻资料、想办法，折腾了很长一段时间，却无收获。

十分苦闷的他一连几天日夜围绕车间的操作台转来转去，在想到自己常年处理装配技术解决的诸多实际问题时眼前突然一亮，用分段的方式说不定就能解决这一重大项目的技术难题。顺着这个思路，他奋战了10多个昼夜，通过制订实施方案、调整操作规程、改变加工手段等，终于成功利用分段轨道精确定位的整套程序攻克了这一难题。

“失败与成功，往往一步之遥，坚持就能看到曙光。”徐仲维记得某个国家重点科研项目中有一项技术是高能电机定子线圈的绕制工艺。该工艺要求在同一个定子铁芯上绕制多相多级线圈，不能拼头、缠绕，尺寸也要求极高。一时间，分管技术的高层领导都觉得非常棘手，甚至有放弃的想法。其实，徐仲维的压力比任何人都大，可他总觉得有办法扫除“拦路虎”。他与自己的团队制订攻关方案，一个不行再来一个，各种方案加起来就有10多个。正是徐仲维这种永不言弃的坚持，使他们最终设计制造出两台大型全自动绕线整形机。徐仲维发明的该项技术达世界前沿水平，获得4项国家专利。

“大家的脑子转，会比一个人效果更好。”在平凡的工作中，徐仲维搞发明，善于发现和利用工友们的集体智慧。

有一次，他们承担200米导轨装配测量项目时，由于测量精度的准确性要求非常高，且国内外均无先例，技术攻关陷入困境，工友中有人提出可考虑从平面测量入手，再做深入研究的建议。

徐仲维听了工友的建议，茅塞顿开，他根据这种设想很快摸索和总结出一套完整的双轴平面测量法，运用高精设备满足了测量精度要求，最大限度地控制了测量中的误差。他还根据项目要求设计出了实用、可靠的检具、量具，有效保证了测量的准确性，得到相关专家的好评。

公司在装配测量技术上接到大项目时，首先想到的是徐仲维。然而，徐仲维每次都没有忘记传帮带的责任和义务。

2011年9月，公司和武汉新能源接入装备与技术研究院签订了一项电机总装和调试的业务。徐仲维接到这项任务后，首先想到的是利用这次外派的机会打造技术骨干队伍，他带领30余名技术人员赴武汉进行为期3个月的电机总装。

在项目实施过程中，徐仲维除带头奋战在一线外，几乎把全部精力放在传授技术上，将自己的本领毫无保留地传授给同事。在实践操作中，徐仲维经常会结合每个技术要点提出一些关键性的技术问题，让大家集中智慧、开动脑筋思考问题。通过这次现场锤炼，参与外派的30余人中将近一半成了行业的技术骨干。

资料来源：https://www.hunan.voc.cn/article/201701/201701200708143013.html.

专注就是内心笃定而着眼于细节的耐心、执着、坚持的精神，这是一切"大国工匠"所必须具备的精神特质。从中外实践经验来看，工匠精神都意味着一种执着，即一种几十年如一日的坚持与韧性。德国除有人们耳熟能详的奔驰、宝马、奥迪、西门子等知名品牌外，还有数以千计普通的中小企业，它们大部分"术业有专攻"，一旦选定行业，就一门心思扎根下去，心无旁骛，在一个细分产品上不断积累优势，在各自领域成为"领头羊"。其实，在中国早就有"艺痴者技必良"的说法，古代的工匠大多穷其一生只专注于做一件事或几件内容相近的事，《庄子》中记载的游刃有余的庖丁、《核舟记》中记载的奇巧人王叔远等大抵如此。

5. 创新——革新精神

案例导入

蓝领科学家

坐落在上海市浦东新区浦电路370号的宝钢股份有限公司(以下简称宝钢)是中国现代化程度最高、最具竞争力的钢铁联合企业，成立38年来为国家经济与社会发展作出了巨大贡献。

19岁怀揣八级钳工梦的王军刚从上海宝钢工业技术学校毕业就被分配到宝钢，在2050热轧精整线做剪刃组装工。在旁人看来，这种辅助岗位劳动强度大、技术含量低，很难熬出头。但王军认为，即使没机会成为八级钳工，也要做最优秀的剪刃组装工。

正是这种朴素的职业追求、积极的职业心态，促使王军日后在原本不起眼的岗位上成长为一位工匠大师。

"像科学家那样去工作"是王军的座右铭，也是他给自己定下的人生信条。王军强调，一个技术工人不仅要懂技术，还要懂理论，要像科学家一样去思考、去工作、去创新。

王军认为，与科学家相比，一线技术工人更具有得天独厚的实验条件。"创新是技术单元的巧妙结合，工厂里有现成的装备、现成的实验室，而且在工厂全厂员工一起努力探索，十分了解这些机器的特性和'脾气'，一旦做成功，立刻就能产生真金白银的效果。"

"蓝领科学家"，这是宝钢同事对王军的评价。王军获得的诸多创新奖项证明同事对他的评价是中肯的。例如，王军获2007年度国家科技进步二等奖、2013年上海市科技进步二等奖，享受国务院政府特殊津贴，荣获第七届全国技术能手和全国劳动模范等荣誉，在国内外发明展上获奖35项(其中金奖18项)，近5年创直接经济效益6亿元。

在王军眼中，创新从来不是社会精英、科学家的"分内事"，创新同样可以成为一线工人的"专利"。正是凭着这样的信念，在公司近30年的时间里，王军先后申请国家专利208项(已受理186项，其中已授权155项)、申请PCT国际专利12项(已受理12项，其中已授权8项)、获宝钢技术秘密认定42项、获国家软件著作权登记2项，在安全、环保、节能等方面的诸多创新成果替代进口并达到国际先进水平。正如王军所言："从我身上可以看到，再普通的岗位都能创新。'中国制造'要转变为'中国创造'，就要依靠大家不断创新。"

作为一名钢铁工人，王军的愿望是在世界冶金钢铁发展史上留下中国人的印记，宝钢成为全球最具竞争力的钢铁企业，王军所在的热轧厂将成为现代化热连轧技术引领者。对年满 50 岁的王军来说，未来还要在创新的道路上继续做下去。他透露，未来还将完成一项重要突破，这项突破不一定是全新的技术，但肯定会在此前创新基础上实现更好的发展。

资料来源：http://news.cri.cn/20160725/4ecf9044-8fbf-6caf-7830-de43bb70bf3c.html.

工匠精神强调执着、坚持、专注，甚至是陶醉、痴迷，但绝不等同于因循守旧、拘泥一格的“匠气”，其中包括追求突破、追求革新的创新内蕴。这意味着，工匠必须把“匠心”融入生产的每个环节，既要对职业有敬畏、对质量够精准，又要富有追求突破、追求革新的创新活力。事实上，古往今来，热衷于创新和发明的工匠一直是世界科技进步的重要推动力量。在中华人民共和国成立初期，我国涌现出一大批优秀的工匠，如倪志福、郝建秀等，他们为社会主义建设事业作出了突出贡献。改革开放以来，“汉字激光照排系统之父”王选、“中国第一、全球第二的充电电池制造商”王传福、从事高铁研制生产的铁路工人和从事特高压、智能电网研究运行的电力工人等都是工匠精神的优秀传承者，他们让“中国创新”重新影响了世界。

二、工匠精神的当代价值

微课：工匠精神的当代价值

案例导入

工匠精神的具体表现

暨南大学教师张世君从事教学以来一直精心制作各种课件，这份精心源于她在研究建筑时体会到的工匠精神。“要培养大学生的独立精神和创新思维，首先自己得有工匠精神，多走多看，广收材料，精益求精。”针对青年教师在缺乏资源时如何丰富课堂教学的问题，她认为生活中处处有素材，应将生活所悟用到课堂的教学素材中，“大学教师要有好教师的职业信念和工匠精神，站好讲台，搞好教学”。

上述案例中的教师秉承着自己对工匠精神的理解开展教学工作。试结合自己父母、亲朋好友的职业，谈谈不同职业的工匠精神表现是什么样的。

当前，我国正处在从工业大国向工业强国迈进的关键时期，培育和弘扬严谨认真、精益求精、追求完美的工匠精神，对于建设制造强国具有重要意义。工匠精神的内涵已经不只包含工匠这个职业本身所具备的价值取向，更是作为在社会工作中的任何人的行为追求。在“中国制造”向“中国创造”转变的背景下，当今工匠有新的历史使命和重要责任，工匠精神也被赋予了更多的意义。

1. 工匠精神是衡量社会文明进步的重要尺度

案例导入

“最美奋斗者”“铁人”王进喜

王进喜出生于一个贫苦家庭，玉门解放后成为一名石油工人。刚发现大庆油田的时候，呈现在王进喜面前的是许多难以想象的困难：没有公路；车辆不足；要开钻了，可水管还没有接通。但王进喜和他的同事下定决心，有天大的困难也要高速度、高水平地拿下大油田。钻机到了，吊车不够用，他们就用滚杠加撬杠，靠双手和肩膀用人拉肩扛的方式，奋战 3 天 3 夜，终将 38 米高、22 吨重的井架迎着寒风矗立在荒原之上。没有水，他就带领工人到附近水滩上破冰取水，硬是用脸盆水桶，一盆盆、一桶桶地往井场端了 50 吨水，经过艰苦奋战，仅用 5 天零 4 小时就钻完了大庆油田的第一口生产井。王进喜用富有责任担当、充满勇气魄力的奋斗精神诠释了“铁人”的称号，赋予了劳动者奋斗精神的内涵，为我国石油事业发展贡献了宝贵的财富。

资料来源：https://baijiahao.baidu.com/s?id=1780728479681087964&wfr=spider&for=pc.

实现中华民族伟大复兴的中国梦，物质财富要极大丰富，精神财富也要极大丰富，只有物质文明建设和精神文明建设都搞好，国家物质力量和精神力量都增强，全国各族人民的物质生活和精神生活都改善，中国特色社会主义事业才能顺利向前推进。也就是说，物质文明与精神文明是推动社会文明进步的“两个轮子”，是实现中华民族伟大复兴中国梦的“一双翅膀”，两者缺一不可。工匠精神，作为一种优秀的职业道德文化，其传承和发展契合了时代发展的需要，具有重要的时代价值与广泛的社会意义。它不仅是实现中华民族伟大复兴中国梦的重要精神支撑，同时也是中国制造前行的精神源泉。事实上，工匠精神的发育程度与社会的物质文明、精神文明的进步程度都直接相关。从精神文明的角度来看，工匠精神作为一种职业精神，在本质上是同社会主义核心价值观，特别是同其中的敬业、诚信要求高度契合。从物质文明的角度来看，工匠精神在物质文明的创造过程中可以发挥强大的精神动力及智力支持作用。

在长期实践中，培育形成了爱岗敬业、争创一流、艰苦奋斗、勇于创新、淡泊名利、甘于奉献的劳模精神，崇尚劳动、热爱劳动、辛勤劳动、诚实劳动的劳动精神，以及执着专注、精益求精、一丝不苟、追求卓越的工匠精神。这些精神作为民族精神和时代精神的生动体现，是新征程上不可或缺的精神力量。

因此，工匠精神不仅是衡量社会文明进步的重要尺度，也是推动社会进步和发展的重要精神资源。

2. 工匠精神是中国制造业前行的精神源泉

案例导入

让中国智能机床冲击世界一流

盖立亚，沈阳机床集团优尼斯智能装备有限公司教授级高级工程师，在机床行业工作 20 多年，先后主持和参与 4 项国家重大专项项目，取得主导实用新型专利 22 项、发明专利 3 项，成为“代表中国一流，冲击世界一流”的业界重要领军者。

1999 年，盖立亚大学毕业入职沈阳机床集团公司机床研究所。这一年，公司正好从生产制造普通机床向数控机床转型。盖立亚跟着一位资深工程师研发 CKS6132 型数控机床设计。2000 年，这位工程师生病住院，重新安排人可能赶不上交货时间。时任沈阳机床研究所所长王瑛问盖立亚：“你敢干不？”盖立亚没有细想，就答应了。

时隔多年，她再次谈起这件事，自己都禁不住笑起来：“大学毕业才一年，就敢接公司第一次搞的科研项目，你说我是不是有点儿‘虎’？”

当时，研究所能够用于产品设计的计算机只有五六台，像她这样刚来的年轻人白天几乎没机会使用，她就等别人下班了使用，忙通宵是经常的事。

设计出来了,机床也组装起来了,可一试车毛病一大堆:主轴振动、刀架不锁紧、防护漏水……装配工人毫不客气地叫来盖立亚:“你赶紧过来看看!”

从机床漏出的水淌了满地,盖立亚二话不说就钻到车床下找漏水点。漏水点找到了,她重新设计了防护装置,把问题解决了。紧接着又解决主轴振动、刀架不锁紧等问题。

2000 年 8 月,公司按时交货。这是机床公司生产的第一台高端数控车床,开创了国产数控机床商品化之路。

“大学书本中的经典车床再也不是市场的主流,所以必须要创新。”盖立亚力主创新,瞄准新观念、新方法,创造新成果。久而久之,同事都称她是全机能产品的“小鼻祖”。随着技术和经验的不断积累,她逐渐有了与专家“掰手腕”的信心与实力。

在沈阳机床集团,只要客户有需求,盖立亚随时随地都会组织讨论会帮助客户解决问题。有一次,一家世界五百强企业因为对机床指标要求太苛刻,所以没有供货商愿意供货,而盖立亚毫不犹豫地接下了这个订单。

她考虑到这份合同不仅能给公司带来可观的经济效益,而且是设计技术的一大突破,深知必须坚持下去,保质保量地完成任务。她组织技术人员自制毛坯料在机床上进行模拟模型试验,并对切削结果进行比较。对机床结构、参数设定、加工工艺、切削效果、性能、精度等环节反复修改技术方案 11 次。

盖立亚带着团队一直工作到临产前 4 天,产假没休完,就回到工作岗位上参加设备调试,研发高精度机床,将单脉冲进给降至 0.5 微米(头发丝的百分之一),相当于人头发丝直径的 1/120。这家世界五百强企业的专家操着生硬的中国话对盖立亚说:“盖,你都不知道你们的机床有多好!”后来,仅这一家企业就陆续从沈阳机床公司订购近百台机床。

“这个精度到目前为止还是领先于世界的,证明了我们中国人可以做出来高精度的机床。这是行业龙头企业职责所在,应该为国家担起这样的职责和责任。”盖立亚心里更多的不是自豪,而是使命感。

2014 年,在研发岗位上工作了十几年的盖立亚主动要求到市场一线,用一年的时间走访了 100 多个客户,收集了 7 大类 158 项机床改进意见。

“无论是企业发展、国家需要,还是社会层面,都需要提升基础工业水平。我希望能够通过我们的努力,来提升我们的装备制造水平。”这是盖立亚的心声,也是她从过去到现在,甚至在未来一直坚持做的。

资料来源:http://news.cctv.com/2019/05/14/ARTI1DyVp7yLZ9QXvyNfsVB2190514.shtml.

制造业是国民经济的主体,是立国之本、兴国之器、强国之基。中华人民共和国成立尤其是改革开放以来,我国的制造业持续快速发展,建成了门类齐全、独立完整的产业体系,有力推动了工业化和现代化进程,显著增强了综合国力,支撑世界大国地位。然而,与世界先进水平相比,中国制造业仍然大而不强,在自主创新能力、资源利用效率、产业结构水平、信息化程度、质量效益等方面差距明显,转型升级和跨越发展的任务紧迫而艰巨。

为实现中国从全球制造大国到制造强国的跨越,2015 年 5 月 8 日,国务院正式印发《中国制造 2025》,提出了中国政府实施制造强国战略第一个十年行动纲领。中国要迎头赶上世界制造强国,成功实现《中国制造 2025》战略目标,就必须在全社会大力弘扬以工匠精神为核心的职业精神。只有当敬业、精益、专注、创新的工匠精神融入生产、设计、经营的每个环节,实现由“重量”到“重质”的突围,中国制造才能赢得未来。

在中国从制造大国迈向制造强国的进程中，工匠精神被赋予了新的时代内涵。它不是工匠大师特有的殊荣，每个坚守工作岗位兢兢业业的劳动者都在生动诠释工匠精神。

3. 工匠精神是企业竞争发展的品牌资本

案例导入

中华老字号全聚德烤鸭

全聚德烤鸭之所以能够驰名世界，得益于其“食不厌精、脍不厌细”的工匠精神。这种精神不仅体现在生产、设计、经营的每一个环节，而且融入了品牌内涵中，成为企业品牌知名度、美誉度以及顾客忠诚度培育的有效途径。通过大力弘扬工匠精神，全聚德烤鸭成功实现了由“重量”到“重质”的突围，赢得了消费者的认可和市场的青睐。这表明，工匠精神不仅是企业竞争发展的重要资本，也是品牌价值增值的重要来源。事实上，全聚德烤鸭的成功，正是工匠精神在企业品牌形象塑造和品牌资本创造过程中发挥的巨大作用的生动体现。

随着市场经济特别是知识经济的到来，现代经济越来越呈现为一种品牌经济。在现代市场经济视域下，作为知识资本形态的品牌形象也是一种可经营的企业资本，是一种潜在的、无形的、动态的、能够带来价值增值的价值，是传统的会计体系反映不了的无形资本。塑造良好的品牌形象，有效开发、经营品牌资本，是企业参与市场竞争、占领市场制高点的重要手段。事实上，工匠精神在企业品牌形象塑造和品牌资本创造过程中具有十分重要的作用。2016 年 12 月 14 日，习近平总书记在中央经济工作会议上强调，要引导企业形成自己独有的比较优势，发扬工匠精神，加强品牌建设，培育更多“百年老店”，增强产品竞争力。工匠精神是企业品牌内涵的重要体现，也是企业品牌知名度、美誉度及顾客忠诚度培育的有效途径，更是企业品牌资本价值增值的重要来源。例如，中华老字号“全聚德”烤鸭能够驰名中外，也是得益于其“食不厌精，脍不厌细”的工匠精神。

4. 工匠精神是员工个人成长的道德指引

案例导入

自主创新让环卫工作“少些味道、多些尊严”

河北沧州人李德自 1982 年进入环卫系统，30 多年来，从以身作则、不眠不休工作的“拼命三郎”，到寻求技术突破、提高机械化作业率解放双手的专家，用自主创新真正改善了这份曾被戏言“顶风臭八里地”的工作。

小型粪便机械化作业车、自动压缩式固液分离吸污车、多功能高压冲洗车……从 2004 年开始，李德的发明填补了我国特种设备及特种车 4 项空白。他靠着自主研发，让沧州运河区公厕管理的粪便清掏机械化作业率从 18%提升到了 98%。

“9 项专利代表着环卫工作中需要攻克的 9 个难题。”李德说，作为环卫工人，他要让这份工作少些味道、多些尊严。

“我所理解的‘大国工匠’，不仅需要专业知识和技能的支撑，更需要吃得了苦、经得起磨难、耐得住寂寞。”李德说。

资料来源：http://baijiahao.baidu.com/s?id=1605881928617789737&wfr=spider&for=pc.

尊重员工的价值，启迪员工的智慧，实现员工的发展，不仅是员工个人成长的强烈需求，还是现代企业的责任和使命。而工匠精神作为一种职业精神，是企业员工提升个人精神追求、完善个人职业素养、实现个人成长进步的重要道德指引。

美国旅馆业巨头康拉德·希尔顿年轻时有过在酒店打工的经历。最初，上司安排他打扫卫生，刷马桶是其中的必要环节。希尔顿对这份工作不满意，对待工作很懈怠。有一天，一位年龄稍长的女同事见他刷的马桶很不干净，就亲自为他做示范，并告诉他，自己刷完的马桶是有信心从里面舀水喝的。这件事对年轻的希尔顿触动很大，从此他一改对工作的懈怠应付，逐渐树立起踏实认真、一丝不苟的职业精神。后来，希尔顿拥有了自己的酒店，并在行业内独树一帜。回顾他的成功之路不难发现，他年轻时所遭遇的“喝马桶水”的职业精神教育这一课是他成长、成才、成功的重要精神财富。

事实上，企业员工所具有的高尚职业操守和强烈的工匠精神与拥有较高专业知识技能一样，是其自身立足职场的重要条件和在未来职业生涯中脱颖而出的制胜法宝。

5. 工匠精神是实现自我价值的重要动力

案例导入

工匠精神在劳动者实现自我价值过程中的重要意义

高治国是一位焊接工人，他在全国焊接技术比赛中获得了一等奖，但他将荣誉归功于团队的努力。他在一线岗位上不断努力，面对传统装备制造业的艰苦条件，仍然保持着热情和专注。高治国的成功不仅体现在个人技能的提升上，更重要的是他在平凡岗位上的坚守和创新，这种精神体现了工匠精神的核心价值。

马连成在布料小车定位系统、金属探测器等多个领域进行了技术创新，通过技术创新为企业创造了显著的经济效益。他的创新工作室累计创新创效5000余万元，展现了工匠精神在推动企业发展和技术创新方面的重要作用。

耀华(秦皇岛)玻璃有限公司生产运行部面对生产中的技术难题，通过成立攻关小组，经过30多个日夜的艰苦工作，最终解决了生产中的技术难题，保证了产品的质量和生产效率。这一成就体现了工匠精神在解决实际问题、提升产品质量方面的价值。

这些例子展示了工匠精神在推动技术创新、提高产品质量、解决实际问题方面的作用，同时也体现了工匠精神在个人成长和实现自我价值方面的意义。无论是通过技术创新获得荣誉，还是通过解决实际问题为企业和社会创造价值，弘扬工匠精神都是劳动者实现自我价值的重要途径。

当今社会，机器化大生产提高了产品生产率，很多工作由计算机、机器来完成，因此很多劳动者在工作中觉得单调、机械和乏味，甚至有的劳动者觉得在智能时代自我价值已经消失了，人的劳动正在被机器所取代。

实则不然，对于一个具有工匠精神的劳动者而言，产品是向往自由美好愿望的充分表达。劳动者在创造工作过程中具有完全的主动权，根据自己的构思、意志来完成产品，使自我想法在作品中体现，创作出来的产品是自我对世界的理解、认识、客观化的体现。以工匠精神来做创造，工作就变成了一种忘我的投入、生命的外在表达。自我的价值存在于自己双手所能控制的作品中,不受其他因素的影响,使自己在工作过程中能够获得真正的满足与成就感。

三、做新时代工匠精神的践行者

微课:做新时代工匠精神的践行者

案例导入

新时代的"工匠精神":甘友琴——上天钻地"女汉子"被称工厂"活地图"

车间、仓库、办公区……经常看到一位健步如飞的女工程师,时而跟电、气、网打交道,时而又跑工地指挥作业,工友们给她起了一个外号上天钻地的"女汉子"。她就是甘友琴,主要负责厂房设施规划和现场改善,在武汉工厂工作的8年,从一名基层班组长成长为专业的IE技能专精技师。

2019年,武汉工厂的车间、仓库、办公区等车间需要在原有基础上升级规划,这项任务落在了甘友琴身上,除了要跟电、气、网打交道,还得天天跑工地做实地勘测,同组的6人中也仅有她一位女性。

"在很长一段时间我都拿着一大本建设图纸穿梭在各车间了解车间线体和机房的电、气、网、GPS、测试信号等配置要求,每天在车间至少走上2万步,对于隐蔽管线,我逐一核对和定位",接受采访时甘友琴说,为了能够方便查找,根据工厂建筑特点,创造了"甘氏标记法",结合网格法,将建筑中的1万多个水、电、气点和上千条电缆走向入心入脑。

"我相信在工作和技术上,没有男生女生之分,只有锲而不舍的钻研精神。"甘友琴介绍,如今厂区7栋建筑,20万平方米里每个车间多少面积,多少生产线,每条生产线多少网络和电气配置她均熟记于心,只要有新的规划和故障排查,她都能随时找到精准定位点。

勤能补拙,熟能生巧。6年下来,虽然记不清自己写坏了多少支笔,走坏了多少双防静电鞋,但却留着6大本自己手写的工作笔记,这些笔记本在后来的工作中,都成了攻坚克难的制胜法宝。

渐渐地工友嘴里那个"女汉子"的称号也变成了工厂活的"GPS"。

资料来源:光明网 https://m.gmw.cn/baijia/2022-05/05/35711181.html.

工匠精神是指工匠在高超职业技能和良好人文修养结合下形成的一种精神理念,它既体现为工匠的气质,又体现为产品的品质。就其应具备的品质而言,包括工匠对职业的热爱与专注、一丝不苟的态度与精益求精的精神、品牌意识与创新精神及对"道技合一"境界的追求。

大国工匠,国之重器。工匠精神是对每个青年学生的要求,只有具有工匠精神,才能更好地服务社会、报答祖国,实现人生价值。

1. 以敬业为本,筑牢工匠精神之基

案例导入

木雕艺术是一生挚爱

在东阳木雕传承人"中国工艺美术大师"陆光正的手中,一块普通的香樟木或者椴木充满着无限的可能。

陆光正从艺60载，在木雕艺术领域孜孜以求，有贯穿多种雕刻技法，涉及各种题材的艺术珍品500多件问世，曾多次参加全国、国际性大展并获大奖，赢得国内外赞誉。其不少佳作被中国工艺美术馆、中国历史博物馆及知名人士收藏，被工艺美术行家称为"国之瑰宝"。

陆光正出生在浙江东阳岭下村。村子四面环山，山上古木参天，有银杏树、樟树、枣树等主要树种，这些树是东阳木雕自古以来的主要雕材。陆光正的父亲是有名的裁缝，母亲虽不识字，但一笔花鸟画却极为传神。大概是受家庭环境熏陶，陆光正从小在艺术上就表现出超常的天赋。村里来了婺剧团，他站在板凳上为演员画脸谱；上小学时就为村里一年一度的灯会画龙头，还到乡里的墙壁上画宣传画。一时间，陆光正被乡及村里赞许为"艺术神童"。

13岁那年，陆光正从1000多名考生中脱颖而出，考入东阳木雕学校。两年后，他又被著名的木雕老艺人"雕花状元"楼水明相中，破格收为"关门弟子"，之后又得到多位老艺人的倾囊相授。

千里马之所以能成为千里马，是因为伯乐慧眼识良驹，而陆光正之所以能从那么多学徒中脱颖而出，成为东阳木雕的擎旗人，也与他的师傅"雕花状元"楼水明密不可分。一开始，陆光正由于在雕刻方面没有什么基础，学起来困难重重，画的图、刻的作品得不到老师的认可，就有点丧失信心了。后来在恩师楼水明的耐心指点下，陆光正的技艺才有了突飞猛进。

一年后，陆光正初露才华，创作的木雕挂屏《热爱和平》被选入全国少年儿童美术作品展览，并作为礼物赠送给国际友人。陆光正曾说："学木雕最大的快乐就是作品能得到老师的表扬和大家的认可，在我心里，我最感谢的是我的恩师楼水明，如果没有他的悉心教导，也就没有现在的我。"

陆光正凭借他炉火纯青的木雕技术开始不停地创作震惊海内外的作品，名气也越来越大。2014年，亚太经济合作组织领导人非正式会议在北京召开，会场上的巨大木雕《锦绣中华》和雁栖湖国际会议中心会议厅8件壁挂《燕京八景》木雕作品就出自陆光正之手。该系列作品在经过打磨工艺后，没有使用油漆，取而代之的是食用级别的蜡。使用食用蜡，既没污染，还在打磨工艺的基础上保留了树木天然的纹理和色泽，增加了作品独特的韵味。

在一般人的心目中，艺术家似乎总是一副不修边幅、邋邋遢遢的样子，但陆光正是国家级的工艺美术大师，与一般的艺术工作者还是有差别的。初见陆光正，一股非凡的气魄就迎面而来——他头发微白，红光满面，显得格外精神。白色的休闲装、米黄色的长裤，这样的一身朴素衣着在他身上却是如此的不普通。

2016年1月，陆光正非遗精品馆开馆，这是国内首个以"非遗"名义建立的艺术馆。开馆当日，陆光正携弟子在创作室内种了一棵千年罗汉松，他希望弟子们努力学艺，将木雕技艺发扬光大。如今，陆光正的弟子中有省级工艺大师11名，中国传统艺术大师、中国木雕艺术大师、高级工艺美术师多名，他们都在木雕领域延续着文脉和工艺。

人物山水，花鸟虫鱼，庙宇宗祠，飞檐翘角，看似信手拈来，实则心手相合，得大造化。"灵山梵宫壁画雕刻"的恢宏之气，"三英战吕布"的飒爽英姿，"年年有余台屏"的设计之巧……一支笔、一把刀，含阴抱阳，推奇致平，构建了陆光正精彩纷呈的木雕艺术世界。

资料来源：http://news.cctv.com/special/zgmsjz/201604/91/index.shtml.

无论做何事，如果对自己所做的事情无法投入敬业情怀和梦想，没有热爱之情，那么即使看起来再有意思的事情，做久了也会让人感到枯燥和乏味。分析优秀工匠及其工作可以发现，在他们工作的过程中，除精湛的技艺和专注的态度之外，还有发自内心的快乐和享受。

优秀工匠之所以能够在工作中保持一以贯之的积极状态，是因为他们能够将自己的情怀和梦想注入工作中。

一个人只有将工匠精神所蕴含的敬业情怀注入工作中，才能够享受工作过程中的快乐与愉悦；一个人也只有用梦想指引自己的职业道路，才能够始终走在正途，向着一名优秀工匠的目标坚定前行。

尽可能地在工作中投入情感，这样才有可能让自己的工作感动他人、感动世界。有些人总是在工作中抱怨，将工作看成一种养家糊口的手段，这些人往往一辈子与成为一名工匠无缘。一个人只有将自己最真挚的情感投入工作中，才会像对待自己最好的朋友、亲人一样对待工作，在工作过程中用心与之沟通，这也是工匠情怀的一种体现。

一个人在一件事情上注入敬业情怀时，也就往往能够在做事的过程中不知疲惫、不计得失；在实现自己的梦想时，任何挫折和困难都将不再是难以逾越的鸿沟。将敬业情怀注入自己的工作中，用梦想引领自己前进的方向，最终将走出属于自己的工匠之路。

2. 凭协作之力，汇聚工匠精神之能

案例导入

沙场亮剑　雕琢铸心

踏实、勤恳、敬业、钻研，一路竞赛打拼展露拳脚，短短7年时间里，从门外汉到全国技术能手、从机床前走上人民大会堂的领奖台、从学徒成长为年轻的师傅，年轻的他早已成为“90后”数控技能人才团队的领军人物，他就是“80后”航天巧匠、中国航天科工三院31所数控操作手孙长胜。作为飞航导弹动力装置承制单位的一线骨干，在建军90年气势磅礴的沙场阅兵背后，更有他和更年轻一代航天人为国铸剑砺心的坚强守候。

当年的高考失利让孙长胜深刻体会到人生没有捷径可走，痛定思痛，重新为自己定位，从影视编导专业转学数控加工技术。他暗下决心要在4年中学出个“门道”，学习期间拿到了全部一等奖学金。2008年10月29日，凭借出色的专业成绩，孙长胜来到中国航天科工三院31所数控车间，从此迈进航天的大门。

工作中，乐观热情的孙长胜带领他的“90后”年轻团队，在新机床调试和新产品加工领域一路披荆斩棘，屡次获奖的经历更赢得了同伴的赞许和尊敬。有一次，所里交给他们复杂产品的首次生产试制任务，任务量和节点要求都史无前例。为了保证任务进度，孙长胜带领大家从优化加工工艺和延长工作时间两方面入手。队员没有产品加工经验，孙长胜就逐个程序、逐个步骤讲解。为了争取时间，他在车间连续工作三天两夜，72小时没合眼，直到首件产品交检合格才回家休息。就这样，两台机床分工序实行流水线，24小时不间断工作，操作者两班倒，连续工作了整整30天，零差错地完成了这项任务。

作为中国航天科工三院31所“钱卫忠技能大师工作室”的成员，通过大师工作室的平台，孙长胜也承担起新职工的技能培养工作，将自己在工作中积累的技术和经验分享给大家。他先后培养出10余名生产一线骨干，带动了数控加工专业技术领域水平的整体提高。近年来，面对新设备调试和新产品的多重压力，孙长胜带领他的团队从未止步，勤恳钻研，一次次突击在前，拼出了一条数控加工的创新之路。

资料来源：http://baijiahao.baidu.com/s?id=1578247434343790/62&wfr=spider&for=pc.

一人难挑千斤担，众人能移万座山。“墨子号量子科学实验卫星”的研发成功离不开潘建伟团队的团结协作，“北斗导航卫星”的成功发射离不开孙家栋团队的精诚团结。任何一个优秀的团队都需要协作共进，而不是各自为战。学生践行工匠精神要有团队意识，精细分工、互相配合、互补互助，才能取得更好的成绩。

3. 求精益之境，雕琢工匠精神之核

案例导入

精益求精的极致追求

侯国富，一位与石头打交道的雕刻工匠，通过不断学习和钻研，从线雕、浮雕到圆雕，不断提高自己的技术技能水平。他在严寒酷暑中坚持工作，克服各种困难，最终成为远近闻名的标杆人物。

李贵成，作为电工“大拿”，面对生产设备线路的安全问题，他通过不断钻研和创新，解决了设备线路完全暴露在外造成的安全隐患问题，保持了 289 台设备线路安全“零”事故的记录。

黄震，航天科技集团五院载人领域副总设计师，带领团队开展关键技术攻关，为中国载人登月深化方案论证。他们通过不断探索和创新，成功研发出新一代载人飞船试验船，实现了航天事业的重大突破。

艾爱国，湖南华菱湘潭钢铁有限公司的焊接顾问，以其精湛的焊接技术，无论是在眼镜架上的精细焊接，还是在大型装备的复杂工艺中，都能完美完成任务。他的工作展现了工匠们对技术的极致追求和对质量的严格把控。

余秉智，通过设计专用刀杆和改进车床夹具等措施，解决了车削过程中的问题，提高了工作效率，并降低了生产成本。他的创新和改进不仅提高了生产效率，还为企业节约了大量成本。

这些例子展示了工匠精神中精益求精的核心价值，无论是通过技术创新、工艺改进还是质量提升，都体现了工匠们对工作的热爱和对卓越的不懈追求。

对待工作要本着一丝不苟的态度，这不仅是一种优秀的工作态度，更是一种工作方法和工作哲学。一个人从平凡到优秀，再到成为众人口中的成功者、优秀工匠，其实只有一个秘诀，那就是做事严谨、一丝不苟。

要想实现“制造强国”的梦想，就必须摒弃和消除“凑合”的观念，将精益纳入工作习惯中，让自己从普通的手艺人向优秀的工匠行列迈进。要消除“凑合”的工作态度，首先必须让自己对工作保持敬畏之心。从现实来说，可能并非每个人都能成为“大国工匠”，但是即便是做一名普通的劳动者，也应对自己的工作、自己的岗位责任保持敬畏之心，只有拥有了敬畏之心，一个人才能真正地在工作中拒绝“凑合”，尽力把每件工作都做到最好、做到极致，进而向成为一名真正工匠的目标进发。

此外，还要把工作当成自己一生最重要的事业，把坚守岗位责任当作自己必须肩负的使命，每个人在这个世界上都会有自己的使命。在革命时代，老一辈无产阶级革命家的使命是带领当时处于水深火热的中国人民走出囚笼，推翻压在身上的三座大山（帝国主义、封建主义和官僚资本主义），真正翻身做主人。在如今的和平时代，需要做的是为国家的繁荣富强而奋斗，为实现千年大计、中华民族伟大复兴中国梦而拼搏。大到为国家，小到为工作，都应有一份责任扛在肩头，时时刻刻叮嘱自己：这是我应该做的，而且应做到最好，需要为之而奋斗，为之而担当。

“大国工匠”中的每位优秀工匠都秉承着“责任重于泰山”的工匠精神，将自己几年、十几年、几十年甚至毕生的心血都倾注于自己的事业，同时也将把自己掌握的手艺传承下去视为自己的责任。他们不仅将工作做到了极致，更重要的是用自己的实际行动传承这份责任。

4. 持专注之心，坚守工匠精神之魂

案例导入

煤矿“机电大王”的传奇人生

在好莱坞电影中，人们总能见到一些险象环生、紧张得让人几乎窒息的场景。而在现实中，能亲身经历类似场景的人并不多。

杨杰是个例外。

在煤矿工作了30多年，杨杰经历过许多危急场面，有几次甚至到了鱼游沸鼎的地步。而在千钧一发的时刻，扮演“神秘大侠”的总是杨杰。

杨杰是淮北矿业集团朔里矿机电科的一名高级技师。他是党的十八大代表、全国劳动模范，享受国务院政府特殊津贴，是一名不折不扣的煤矿“机电大王”。

其实，刚上班那会儿，仅读完初中的杨杰甚至连“菜鸟”级的机电工也算不上。

1984年，17岁的杨杰来到朔里矿成为一名副井绞车司机。与同龄人不一样的是，杨杰酷爱学习。为了避免同伴们过来玩耍浪费时间，杨杰在自己的床头贴上一幅字：闲谈莫过3分钟。

有一年冬天，杨杰一边泡脚一边看书，结果忘记了时间，一只脚在水盆里，一只脚在水盆外，看了一夜的书。

在短时间内，杨杰依靠自学啃完了20多本矿井提升机方面的专业技术书籍，记下了数百个电子元件符号和电路图，积累了30多万字的读书笔记。

跟着书本学，跟着师傅学，遇到问题爱琢磨，问题不解决决不罢休，“菜鸟”机电工终于成长为远近闻名的“机电大王”。

工作30多年来，杨杰实施大小革新项目200多项，其中13项创新成果获国家专利，11项创新成果获国家专利申请受理通知书，1项创新成果达到了世界先进水平，2项创新成果刷新了全国纪录，2项创新成果填补了全国煤炭行业空白，2项创新成果获安徽省重大合理化建议和技术改进成果奖，创造经济效益8650多万元。

2009年10月，杨杰在淮北矿业集团公司网上开设了“杨杰e族”网站。他把自己在工作中处理故障和技术改造的经验与心得总结成文字材料，制作成形象直观的程序图，放在“杨杰e族”网站上。职工只需按程序或操作说明进行操作，就能将杨杰的“绝活”进行复制。

2010年5月，国内首个以一线工人名字命名、培训现代工业自动化控制技术的PLC实训工作室——“杨杰讲堂”开班，填补了全国煤炭行业PLC现代工控设备实训的空白。杨杰劳模创新工作室也成为安徽省唯一一家首批晋级国家级的“技能大师工作室”。

出了名的杨杰经常受邀到各地传经送宝。在传授技术的同时，杨杰更喜欢传播自己的理念：一个人的成长就是在不断地“跌倒”与“爬起来”之间完成的，成功与失败的距离或许就相差一个“爬起来”。

资料来源：陈华．煤矿“机电大王”的传奇人生：记淮北矿业集团高级技师杨杰[N].工人日报，2015-04-22(1).

专注就是集中精力、全神贯注、专心致志，把足够的时间、精力和智慧聚到所做的事情上，这是一切“大国工匠”必须具备的精神特质。事实证明，具有工匠精神的人埋头于所做的工作，不畏困难，不辞劳苦，最大限度地发挥积极性、主动性和创造性，努力实现既定目标。

从古至今，但凡在科学成就上有所突破的科学家，都需要数十年废寝忘食地研究、终身追求。例如，瓦特发明蒸汽机、居里夫人发现镭等，无不经历了几十年的艰辛努力，才取得了划时代意义的技术革命成果。

专于其心，一心一意，一次只做一件事，这意味着集中精力，注重目标唯一，不轻易因其他诱惑而动摇。若经常改变目标或四面出击，则往往不会有好的结果。

5. 借创新之翼，飞扬工匠精神之彩

案例导入

“翟国成扳手”：辽宁舰的特殊印记

在辽宁舰上有一个高级士官群体，他们从接舰的那一天起就工作和生活在中国首艘航空母舰上，从试验、试航到跨海区训练，从歼 15 首次着舰到多批次放飞“战鹰”，他们见证了中国航母工程建设取得的每项成就，也伴随着辽宁舰一同成长。

翟国成是辽宁舰首个获得国家专利的航母舰员。3 本国家专利证书、10 余项创新研究成果、4 次荣立三等功、全军优秀士官人才奖一等奖……这是二级军士长翟国成在航母上收获的成绩单。更让这位航空保障部门支持设备区队区队长骄傲的是，有一种工具能以自己的名字命名——“翟国成扳手”。

航母甲板被称为“世界上最危险的机场”。甲板上进行的每个操作都可能影响飞机的起降安全，大到设备，小到工具，在操作上容不得半点误差。“翟国成扳手”正是在这样谨小慎微的环境中诞生的。

在一次飞行甲板作业过程中，一名舰员在使用工厂配发的航空供给盖扳手时，扳手从供给盖滑脱，手背瞬间被飞行甲板坚硬的涂层擦伤。看见身边年轻战友滴血的伤口，站在一旁的翟国成心疼不已。“为什么扳手会滑脱？是不是扳手设计上有缺陷？能不能有更合理的改进？”一连串疑问在翟国成脑海中冒出来。凭着多年的机务保障经验，在对供给盖结构原理进行反复思考后，他终于找到了症结。他立即着手研究改进，在战友的帮助下学会了工程制图，设计出了质量轻、费力小的立式扳手。

一次舰面勤务保障时，翟国成发现将液压管、油管等管线从供给盖中拉出，不仅费时费力，还磨损线缆，如果加入滑轮导引装置和管线升降装置，则能有效解决问题。为了把想法变成现实，翟国成拿起教材，带领攻关团队学习机械制造和电气控制方面的技能。

2017 年 4 月，为做好飞行试验和专项任务准备，舰上组织更换飞行甲板防滑涂层。甲板防滑涂层的质量、状态对飞行安全起着十分重要的作用。“和飞行有关的一切都不能马虎!”经常把这句话挂在嘴边的翟国成主动请缨,协助负责该项工作。在厂家进行作业前,翟国成查阅了大量天气、水文资料后发现,如果按照预定日期更换,新铺设的涂层气膜将会在温度、返潮影响下大面积破裂,“战鹰”在这样的甲板面上起飞着舰可想而知结果会怎样。他找到厂家技术员,表明了自己的看法。厂家铺设了一小块甲板进行论证,翟国成的话很快就得到证实。

“安全是航母事业的生命!”细心的翟国成为飞行保障增添了一份安全,也为厂家避免了返工的经济损失。

翟国成精通所带区队的 10 多个专业,先后保障过 4 型战机。车辆应急启动装置、甲板专用警戒杆等 10 多项研究成果使翟国成成为战友们心中的士兵发明专家。其中,管线导引装置、立式开盖扳手、管线升降装置获国家实用新型专利证书。

在翟国成的引领下,辽宁舰掀起了装备革新的热潮,涌现出多名“装备革新之星”,为航母建设提出的装备改进建议多达数百条。

“是航母给了我平台,让我去创新。”关于发明创造的初心,翟国成说,“一切都为了打仗时能打胜仗,装备改进一点,航母的战斗力就提高一点”。

资料来源:http://m.cnr.cn/news/20170822/t20170822_523913414.html.

工匠精神以创新为要。创新是战略之举,强国之路。只有不断增强创新驱动力,才能在高起点上实现更高质量、更可持续的发展。“苟日新,日日新,又日新。”古代中国曾是世界上最大的匠品出口国及匠人之国,同时也是最大的原创之国。应当说,创新基因本就深深植根于工匠精神的丰富内涵中。弘扬工匠精神,就是要守正创新,既要继承优良传统,又要紧跟时代步伐,不断推陈出新。

弘扬工匠精神,就是要擦亮爱岗敬业、劳动光荣的价值原色,树立品质取胜、创新引领的市场风尚,让尊重劳动、尊重知识、尊重人才、尊重创造成为社会共识,加快建设制造强国,推动经济高质量发展,不断满足人民日益增长的美好生活需要。

在工作中,创造性是一个人应具有的基本素质,而在寻常中创造出不寻常,是优秀工匠应具有的品质。在追求成为优秀工匠的路上,要培养革新创造的精神,细心观察,努力创新。要懂得动脑筋,懂得在遇到问题的时候寻找解决问题的方法,尝试性地使用新方法去解决问题,而不是循规蹈矩、故步自封、止步不前。世间万物每时每刻都处在变化运动之中,如果只按照原先的规律和方法处理问题,无论谁,都难以逃脱失败的命运。

课后思考

1. 劳模精神的理论价值和实践意义是什么?
2. 不同年代的劳模精神具有的时代特色有何不同?
3. 劳模精神在当代有何价值?
4. 当代青年学生应如何践行劳模精神?
5. 工匠精神的基本内涵有哪些?
6. 现阶段,为什么要大力弘扬工匠精神?
7. 践行工匠精神需要具备哪些基本素质?

第三章

劳动教育·育人实践

劳动教育是立德树人的重要阵地，从学生成长成才角度看，劳动教育具有独特的育人价值。劳动本身是生活的组成部分，要将劳动教育融入学生日常的学习生活中，在课程体系中有目的、有计划地组织学生参加日常生活劳动、生产劳动和服务性劳动，让学生切身体会到劳动创造幸福生活的基本道理，做到知行合一。

知识能力目标

- 理解创新创业劳动的内涵、特征、意义、形式与实施。
- 理解社会劳动教育实践的内涵、特征和作用。
- 理解环境生态劳动教育的内涵、意义和内容，能自觉参与环境生态劳动实践，传播和践行环保理念，养成绿色环保意识。
- 理解家庭劳动教育的内涵和意义，能够基本掌握衣食起居的相关知识和基本技能，保持干净整洁、温馨舒适的家庭环境。
- 能结合学校和自身实际，积极参与社会劳动，开展各种形式的创新创业劳动实践，不断提高自身的劳动实践能力。

职业素养目标

- 培养创新精神、创业意识和创业能力。
- 树立正确的劳动价值观和爱岗敬业的劳动态度。
- 形成深厚的劳动情感、积极的劳动态度、良好的劳动习惯。
- 做好家务劳动的践行者，积极分担家务，争做家务劳动的主力军。
- 树立生态文明理念，深化尊重自然、保护环境、坚持人与自然和谐共生的思想观念。

第一节　创新创业劳动实践

创新创业劳动实践是一种结合创新思维、创业理念与实际劳动操作的活动。从创新层面讲，它要求劳动者发现新问题、提出新想法，例如，开发新的产品功能、提出新的服务模式等。像共享经济的出现，就是创新思维在商业模式上的体现。在创业方面，涉及资源整合、市场开拓等。例如，劳动者筹集资金、组建团队来运营项目。劳动实践则是关键的落地部分。劳动者要亲自动手，把创新和创业的想法通过实际行动来检验，包括制作产品原型、开展市场调研等具体工作。这一过程能培养综合能力，还可能产生经济或社会价值。

一、创新创业劳动的意义

微课：创新创业劳动的意义

案例导入

卜贤超：从白手起家到年产值5000万元

卜贤超是武汉生物工程学院97级生物制品专业学生，现任江苏国民消防设备制造有限公司董事长。2004年，卜贤超在连云港租下一间门面，经营消防设备；2006年，营业额已达300万元，代理的消防设备品牌达到几十个，员工38人；2007年，卜贤超筹资450万元，成立江苏国民消防设备制造有限公司，拥有近60家经销商；2008年，他的公司被评为"连云港市百家民企"；2011年，他被评为新浦区"十佳创业标兵"；2015年，卜贤超的公司有员工200余人，年产值近5000万元，是连云港市的纳税大户。

1."要善于发现机遇，把握机遇"

创业的道路不可能是一帆风顺的。毕业之后，卜贤超到苏南发达地区开始了自己的打工生涯，并先后换了几份工作，后来应聘到太平洋集团工作，由于工作表现出色，半年之后就被破格提升为销售经理，一年之后升为该公司的销售副总，分管苏北区域的销售业务，这个职位对于当时的卜贤超来说，是想都不敢想的。正当卜贤超的事业如日中天的时候，太平洋集团突然宣布进行公司重组，卜贤超面临着失业，所有的梦想即将变成泡影，但他并不甘于现状。2004年，卜贤超来到连云港，凭借敏锐的市场洞察能力，他在新浦租了一间门面房，做起了消防设备代销商，并取得了成功。但卜贤超始终觉得"做贸易不踏实。贸易做得再好，也只是个中介，干实业才能算人生事业"。于是，他开始着手创立新的项目，开辟新的市场。

接下来的几个月，卜贤超背着小包独自踏上旅途，沿着长江对上海、南京、武汉、重庆等20多个大中城市进行市场考察。在走遍了成百上千个大街小巷之后，他发现，随着生活水平的提高，人们的生活质量意识尤其是安全意识也日益增强，很多火灾，由于没有科学的消防设施，让本可以避免的事故演变成悲剧。卜贤超想，消防器材在未来很长时期内一定会是"朝阳产业"。2007年3月，卜贤超返回连云港，投资450万元成立了国民消防设备制造有限公司。

公司刚刚起步阶段，经营状况相对顺畅。但随着市场波动，国家宏观调控，加之消防市场鱼目混珠，整个行业面临重新洗牌，公司发展也遇到瓶颈。如何化解危机，渡过难关？卜贤超感受到前所未有的压力。那段时间，他每天从早上7:00一直工作到深夜，用方便面充饥，累了就在办公室躺一会。卜贤超认为："做什么事情都要讲诚信，不能做损人利己的事。公司需要诚信经营，遵纪守法，业务上要不断创新，打造品牌。机遇与挑战并存，要在危机中寻找契机，发现机遇，把握机遇。"经过改革，卜贤超把自己诚实守信的个性贯穿到国民消防器材的经营中，进一步加大投入，逆流而上，带来了意想不到的收获。

2."要学用结合，推陈出新"

卜贤超说："现在很多大学生想要创业，却没有足够的资金，缺乏市场经验，因此裹足不前，但如何练就'火眼'，在市场中发觉商机和不断创新，远比资金更重要。"十余年的摸爬滚打，卜贤超自认在行业内还是一个"新兵"。他说："科技日新月异，要生存，就要笨鸟先飞，比别人更辛苦一点。无论在事业上还是生活中,都要学用结合,推陈出新。”

近年来,传统模式销售额下滑严重,卜贤超果断转变思路,策划多元化的经营模式,由传统的经销逐渐向直销转变,把消费者的身份转变为经销商和消费者的双重身份。卜贤超始终保持清醒的头脑,他认为,要想在行业中站稳脚跟,必须得到消费者的认可。他相继推出免费上门、试用等一系列策略,抢抓市场,提高服务质量,在业界赢得好的口碑。

正是这股不服输的干劲和巧劲,公司业绩蒸蒸日上,如今他的公司已经发展成为一个具有相当规模的消防器材生产企业,依靠科技创新和转变经营模式,在消防器材生产的道路上走出了一片属于自己的天地。2008 年,卜贤超的公司被评为“连云港市百家民企”,2011 年,他被评为新浦区“十佳创业标兵”。然而,在各种荣誉面前,他显得十分淡定,“老实做人,勤奋做事,注重细节”,卜贤超说这是自己一直坚持的创业理念。

资料来源:https://www.whsw.cn/xyh/info/1089/2363.htm.

开展创新创业劳动有助于学生树立正确的劳动观。现在部分大学生有不愿劳动、不会劳动、不爱劳动的心理和行为,片面地将劳动简单理解为体力劳动,直接忽略了创造性劳动和脑力劳动,这与培养社会主义现代化创新型人才的教育目标不相符合。大学生作为高等教育的受教育者,不仅需要强调基础的劳动体验,更要通过树立正确的劳动价值观,以积极的创新精神应对未来世界的挑战。习近平总书记经常提到“青年最富有朝气,最富有梦想,是未来的领导者和建设者”,对青年一代寄予厚望。如果大学生在校时没有形成良好的劳动观念或者不具备应有的劳动技能,进入工作岗位后,就有可能出现消极怠工的状态,甚至失去奋斗目标,无法实现个人的理想价值。

开展创新创业劳动有助于培养学生的创新意识、创新思维和创新创业能力。2016 年 4 月 26 日习近平总书记在知识分子、劳动模范、青年代表座谈会上指出“让创新成为青春远航的动力,让创业成为青春搏击的能量”。创新创业劳动是一种培养兼具创新素质和创业素质的复合型人才的教育活动。周光礼认为,高等教育向创业转移是劳动教育的内在要求,应实现教育“向内”与“向外”统一,不仅要塑造学生的身体、精神和灵魂,也要培养学生的核心技能和劳动技能。创新创业教育强调理论和实践课程的系统性和适配性,着重培养学生的创新意识和辩证思维、创新能力以及实践能力。通过开展创新创业劳动,将有效增强青年学生不落窠臼的创造性思维与批判性精神,洞察机遇的敏锐和抓住机遇的勇气,创办和经营企业的果敢、坚持与智慧,培养出理论知识与实践能力兼具、专业素养与创新思维融通的复合型人才。

开展创新创业劳动有助于激发学生学习主动性。大学生受中学被动教育理念的影响,创新创业的意识比较淡薄。很多大学生没有养成提问题、勤思考的习惯,导致在生活和学习中遇到问题不注重思考和寻求解决办法,更不用说创新。通过开展创新创业劳动,改革大学生学业考核评价标准,改变用分数给学生贴标签的做法,强化学生将已有的理论知识转化为实践成果能力的评价和增值性评价,能有效激发学生的学习积极性。很多创业项目存在的问题是学生创业项目创新程度和科技含量水平低,可复制和替代程度高,持续性收益不长久;对于绝大多数学生来说,开展创业项目策划时,还没有经受过系统而科学的科研能力培养,这样在科学研究、实践转化和科研能力等方面都存在很大的欠缺。通过创新创业劳动体验,可以让学生充分意识到专业知识和专业能力的不足,从而激发学习主动性,有效实现创新创业知识与专业知识耦合联动,形成以专业知识进行创新创业的局面,使专业知识更加直接高效地融入社会生产实践。

二、创新创业劳动的内涵与特征

微课：创新创业劳动的内涵与特征

案例导入

川妹子跨界创业：从公务员到美妆品牌 CEO

李美瑜，武汉生物工程学院食品工程系 2012 届毕业生。2015—2016 年在霍尔果斯市民族宗教事务委员会工作，2016 年 2 月自主创业，注册成立珠海市美瑜商贸有限公司，主营化妆品，拥有自有品牌碧尤缇芙植物塑颜霜、植物肽柔肤水等产品，是国内新兴化妆品 O2O 公司。2016 年在"创客中国"新疆创新创业大赛中荣获企业成长组优秀奖。

资料来源：https://www.whsw.cn/xyh/info/1048/1251.htm.

《辞海》对"创业"的解释为"创立基业"，《现代汉语词典》中对"业"的解释为"行业、职业、学业、事业、产业、财产"等。国内外学者对创业给出了不同的界定，例如美国百森商学院教授杰弗里·蒂蒙斯认为创业是一种思考、推理和行为方式，它为机会所驱动，需要在方法上全盘考虑并拥有和谐的领导能力；中国学者郁义鸿、李志能认为，创业是一个发现和捕捉机会并由此创造出新颖的产品或服务，实现其潜在价值的过程。由此可见，创业是一种行为，也是一个过程，既可以在营利性环境中发生，也可以在非营利性环境中发生。广义的创业包括就业，但是创业是比就业更高层次的劳动。就业以填补社会现有就业岗位为目标，创业以创造性就业或创造新的就业岗位为目标。一般大学生毕业后，会先选择就业积累经验、了解市场，然后再选择创业，因此创业教育并不是要求所有学生都选择创业。在现有岗位上创新性开展工作，不断拓展新业务，创造新的就业岗位，从一定程度来说，也属于一种创业。联合国教科文组织早在 1995 年《高等教育变革与发展的政策性文件》中提出，高等教育培养的学生，不应仅是求职者，还应该是就业岗位的创造者，因此本书中讨论的主要是指狭义的创业，即不通过传统的就业渠道谋取职业发展，而是自己创办新企业。

创业本身就是一种创新，创业者必须具有创新思维、创新精神与创新创业能力。创新作为一种理论出现在 20 世纪的美国，美国经济学家、哈佛大学教授熊彼特指出，创新包括五种：第一种是采用一种新的产品；第二种是采用一种新的生产方法；第三种是开辟一个新的市场；第四种是取得或控制原材料或半制成品的一种新的供应来源；第五种是实现新的生产组织或企业重组。这五种创新也被后来人依次对应企业经济中产品创新、技术创新、市场创新、资源配置创新、组织创新。由此可见，在经济学领域中，创新必须通过创业活动产生经济价值。创新创业教育在西方发达国家开展时间较长，我国的创新创业教育在新旧世纪之交受到重视，1998 年 5 月，清华大学在国内首次举办大学生创业计划大赛，随后，教育部发文允许在校大学生、研究生休学保留学籍创办高新技术企业。2015 年，《国务院办公厅关于深化高等学校创新创业教育改革的实施意见》《国务院关于大力推进大众创业万众创新若干政策措施的意见》颁发，全国高校创新创业教育进入一个新的发展阶段，创新创业成为促进学生全面发展、提升人力资本素质的重要抓手，大学生成为大众创业、万众创新的生力军。

2019 年 7 月颁布的《中共中央 国务院关于深化教育教学改革全面提高义务教育质量的意见》指出，按照普通高等学校劳动教育的要求，使学生形成马克思主义劳动观，提高创造性劳动能力；注重围绕创新创业，结合学科专业开展生产劳动和新型服务性劳动。2020 年，中共中央、国务院印发的《关于全面加强新时代大中小学劳动教育的意见》中对高等学校劳动教育内容提出明确要求，"要注重围绕创新创业""创造性地解决实际问题，使学生增强诚实劳动意识，积累职业经验，提升就业创业能力"。新时代高校劳动教育是以马克思主义劳动观为基础建立起来的，所体现出来的劳动价值体系、劳动情感熏陶、劳动品格塑造与企业家精神的勤劳、奉献、守法、担当的内核一致。因此劳动教育是创新创业教育的逻辑起点，学生在劳动中产生创造、传承劳动精神和创新精神。创新始于劳动，创业忠于劳动。创新创业教育是劳动教育的高阶形式，体现为知识、能力、素质的有机融合，培养学生解决复杂问题的综合能力和高阶思维。学校要引导学生在创新创业中感受劳动之艰、体味劳动之美，弘扬劳动精神，造就艰苦奋斗、锲而不舍的进取精神和爱岗敬业、精益求精的职业操守，努力成为辛勤劳动、诚实劳动、创造性劳动的有为青年。

三、创新创业劳动的形式与实施

（一）创新创业劳动的类型及基本流程

微课：创新创业劳动的类型及基本流程

1. 创新创业劳动的类型和一般过程

根据不同时代、不同领域以及创业者不同，创新创业劳动的类型也多种多样，本书将创新创业劳动分为公益创业、"互联网＋"创业和科技创业三种类型。无论采用哪种创新创业劳动形式，其最基本要素都相同，包括创业者、创业机会、创业团队和创业资源。创新创业劳动的一般过程实质是创业者从产生想法到创办企业并获取创业回报的过程，大体要经历产生创业动机、识别创业机会、寻找创业项目、组建创业团队、整合创业资源、创建新企业、创业经营管理、获取创业回报等。

2. 创业计划书撰写要点

任何创新创业劳动都需要制订科学严谨的创业计划，撰写创业计划书是所有确保创新创业劳动能够顺利开展并可持续发展的基本条件。创业计划可以让创业者明确奋斗目标、分析市场形势、获得投资资金、规划事业发展。计划书一般包括执行摘要、产业背景和公司概述、市场调查和分析、产品技术或服务、营销策略、公司管理（公司战略、管理团队、人力资源、生产组织、采购供应等）、投资分析、财务分析、风险分析、风险资本的退出及附录。

（1）执行摘要。执行摘要是就公司性质、产品技术、应用领域，产品与市场定位、核心竞争优势，公司成长性，预计投资收益，公司愿景与战略。它是整个创业计划书的浓缩和精华，涵盖计划书的要点，描叙要简洁、清晰、客观、逻辑性强，使人一目了然，在最短时间内了解你是做什么的。

（2）产业背景和公司概述。其主要内容包括市场结构分析、行业的性质分析、行业的寿命周期分析、行业稳定性分析及其他有关因素分析。要结合产品技术（服务）、目标市场、竞争对手及竞争优势，描述所选行业的基本特点特征、现状及存在的问题、行业竞争状况等内容。

（3）市场调查和分析。其主要阐述以下相关问题，即目标客户群、市场容量和趋势、竞争对手的竞争优势、估计占领市场份额和销售额以及市场发展的趋势。特别要注意产品定位一定要准确清晰，即需要界定目标细分市场在哪里，市场的切入点在哪里，市场进入门槛，市场特征分析、目标市场的规模（容量）、市场占有率、增长率；目标细分市场的主要竞争对手分析及竞争优势比较（定性与定量）。

(4) 产品技术或服务。主要对产品技术(或服务)做出详细的说明,说明要准确,也要通俗易懂,使非专业人员(投资者、其他行业的管理人等)也能看得明白,听得明白。内容一般包括产品技术的概念和特征,产品的核心技术、创新性和先进性、核心竞争力及市场前景等。

(5) 营销策略。随着互联网的诞生与超速发展,营销策略与营销创意也日新月异层出不穷。

① 传统营销策略——4PS营销组合策略。4PS营销理论被归结为四个基本策略的组合,即产品(product)、价格(price)、促销(promotion)、渠道(place),由于这四个词的英文字头都是P,再加上策略(strategy),所以简称为4PS营销策略。产品策略主要是指企业以向目标市场提供各种适合消费者需求的有形和无形产品的方式来实现其营销目标。其中包括对与产品有关的品种、规格、式样、质量、包装、特色、商标、品牌以及各种服务措施等可控因素的组合和运用。价格策略主要是指企业以按照市场规律制定价格和变动价格等方式来实现其营销目标,其中包括对与定价有关的基本价格、折扣价格、津贴、付款期限、商业信用以及各种定价方法和定价技巧等可控因素的组合和运用。促销策略主要是指企业以合理地选择分销渠道和组织商品实体流通的方式来实现其营销目标,其中包括对与分销有关的渠道覆盖面、商品流转环节、中间商、网点设置以及储存运输等可控因素的组合和运用。宣传策略主要是指企业以利用各种信息传播手段激起消费者的购买欲望,促进产品销售的方式来实现其营销目标,其中包括对与促销有关的广告、人员推销、营业推广、公共关系等可控因素的组合和运用。

② 新营销模式——微博(微信)营销。例如,“品牌及产品曝光”“互动销售”“微柜台,电子商务及售后管理”“在线客户服务”“用户关系管理”“硬广形式”“搜索引擎优化”“植入式营销”“舆情监测”“危机公关”十大微博营销模式等。

(6) 公司管理。公司管理一般包括公司使命(宗旨、愿景)、公司总体战略、创业团队等内容。公司战略分析最常用的方法是SWOT分析法。SWOT分别代表优势(strengths)、劣势(weaknesses)、机遇(opportunities)、威胁(threats)。优势是组织机构的内部因素,具体包括有利的竞争态势、充足的财政来源、良好的企业形象、技术力量、规模经济、产品质量、市场份额、成本优势、广告攻势等。劣势也是组织机构的内部因素,具体包括设备老化、管理混乱、缺少关键技术、研究开发落后、资金短缺、经营不善、产品积压、竞争力差等。机遇是组织机构的外部因素,具体包括新产品、新市场、新需求、外国市场壁垒解除、竞争对手失误等。威胁也是组织机构的外部因素,具体包括新的竞争对手、替代产品增多、市场紧缩、行业政策变化、经济衰退、客户偏好改变、突发事件等。SWOT方法的优点在于考虑问题全面,是一种系统思维,而且可以把对问题的“诊断”和“开处方”紧密结合在一起,条理清楚,便于检验。

(7) 投资分析。

① 注册资本、股权结构与规模(股东出资与比例),投资总额,资金来源与运用。

② 投资假设。经营收入与成本预测,投资收益(回报)分析,项目敏感性分析,盈亏平衡分析,投资报酬率分析,投资回收周期分析,投资回报政策等。投资效益的动态分析有净现值法、内部报酬率法。

(8) 财务分析。财务分析主要包括主要财务假设及说明,主要财务报表包括财务指标分析,如预计营业收入(销售收入)及趋势分析、预计营业额(销售额)分析、杜邦财务分析体系、财务比率分析、分析结论。

(9) 风险分析与风险资本的退出。风险分析与风险资本的退出是指对进入目标市场将面临的最主要风险与防范措施的分析，如市场风险、技术风险、管理风险、财务风险、政策风险、进出口汇兑的风险等。风险资本的退出主要是退出的时间与方式。

(10) 附录。附录部分就是为创业计划书提供必备的补充资料，专利证书、市场实际调查结果、荣誉证明，已创业企业还需要工商注册、税务登记等相关材料。

3. 创业计划书写作要素“8C”法

(1) 公司/团队(company)。创业计划书要注意介绍创业企业和团队的详细情况，可达到让读者了解并信任你的公司和创业团队目的。

(2) 概念(concept)。公司的产品要让读者能快速准确了解公司要销售的产品是什么。

(3) 顾客/市场(customer)。要告知读者目标客户定位是谁，对市场分析进行详细介绍。

(4) 竞争(competition)。在计划书中要阐述公司的竞争对手是谁，他们的优势是什么，与他们相比，自己公司竞争力如何，有没有保证竞争获胜的法宝等。

(5) 能力(capacity)。自己要有核心技术或者有具备核心技术的员工，至少要确保合伙人具备企业竞争的核心技术，这样才能具备可持续发展的能力。

(6) 资本(capital)。计划书中要说明创业项目资本投资多少，资金来源与融资渠道分别有哪些，投资将用于哪些方面等。

(7) 经营/管理(conduct)。经营管理是创业成败的重要决定性因素之一，因此要在计划书中清楚阐述创业的经营策略、营销策略和管理体制机制等内容。

(8) 永续经营(continuation)。当事业赢得开局之后，未来的发展规划是什么，有没有短期、中期、长期发展规划。

4. 创业计划书评估“十问”

创业者编制完计划书之后，可以通过以下十个问题对计划书进行检查。

(1) 你的创业计划书是否向读者展示了创业企业的基本情况，使读者以最快速度了解并信任你的企业？

(2) 你的计划书是否说明了你的产品或服务，并让读者了解到你的产品或服务的独特优势？

(3) 你的计划书是否能让读者觉得你有一支优势互补的优秀创业团队？你对创业团队的介绍是否足够清楚？

(4) 你是否实事求是地向读者描绘了一个充满“诱惑”的巨大市场？是否能让投资者相信你很可能在竞争中胜出，投资你的项目是一个明智的选择？

(5) 你是否提供了制造产品或服务的完备计划？

(6) 计划书有没有显示你有一套完善的营销策略，保证你的产品能够迅速打开市场或者在已有市场中保持优势？

(7) 你的计划书有没有确切可靠的财务规划，使投资者清楚他利用多少投资能获得多少回报？

(8) 你对创业风险有没有足够的预见？你将采取何种有效途径规避风险或者减少风险损失？

(9) 你是否通过计划书表达对未来的某种期望或目标,从而让投资者相信你的事业可以持续经营,并且觉得你是一个真正的追求事业者?

(10) 你的计划书是否语句通畅、文法正确、书写规范、表达简练?

5. 创业项目评估的 SMART 标准

SMART 标准是指明确性(specific)、衡量性(measurable)、可实现性(attainable)、相关性(relevant)、时限性(time-bound)五个英文单词的第一个字母组成的评价标准方面的专有名词,可以用来对一个创业项目进行评估。它有以下五个原则。

(1) 明确性。明确性是指要用具体的语言清楚地说明要达成的行为标准。目标设置要有项目、衡量标准、达成措施、完成期限及资源要求,使考核人能够很清晰地看到部门或科室月计划要做哪些事情,计划完成到什么程度。

(2) 衡量性。目标的衡量标准遵循"能量化的质化,不能量化的感化",使制定人与考核人有一个统一的、标准的、清晰的可度量的标尺,杜绝在目标设置中使用形容词等概念模糊、无法衡量的描述。

(3) 可实现性。可实现性是指目标是要能够被执行人所接受的,目标设置要坚持员工参与、上下左右沟通,使拟定的工作目标在组织及个人之间达成一致。既要使工作内容饱满,也要具有可达性。

(4) 相关性。相关性是指实现此目标与其他目标的关联情况。如果实现了这个目标,但与其他的目标完全不相关,或者相关度很低,那这个目标即使达到了,意义也不是很大。

(5) 时限性。时限性是指目标是有时间限制的。根据工作任务的权重、事情的轻重缓急,拟定出完成目标项目的时间要求,定期检查项目的完成进度,及时掌握项目进展的变化情况,以方便对下属进行及时的工作指导,以及根据工作计划的异常情况变化及时地调整工作计划。

(二) 公益创业

微课:公益创业

案例导入

才当服务之星 又获劳动奖章

江汉区残联副理事长郭少明说:"他走过的每一步都很不容易,卖掉房子办老年公寓,收容无家可归的老人,还为 50 多名老人送终;2012 年 3 月,以第一名的成绩获得全国'社区残疾人就业服务之星'"。郭少明口中的"他"指的是江汉区肢残青年宋雄。

宋雄,男,湖北武汉人,武汉生物工程学院管理学院 2006 届毕业生,武汉市江汉区冬英福寿苑老年公寓创始人、院长。他用敬老孝亲的大爱奉献社会,被武汉市民政局、市慈善总会誉为"武汉市扎根养老事业的大学生第一人",先后获得"全国残疾人就业服务之星"、湖北省百名"青年创业榜样"、武汉市"五一劳动奖章"获得者、武汉市"十大杰出青年创业先锋"等荣誉。

27 岁的宋雄是江汉区残联的心理咨询师,他因遗传性佝偻病,身高不足 1.5 米。2012 年 3 月,他前往济南参加全国"社区残疾人就业指导员服务竞赛",获得了第一名的好成绩,中央电视台《新闻联播》对他的事迹进行了报道。

“烟灰缸因为有缺口，不能用来盛水，所以不能发挥杯子的作用，但正因为自己的缺口，他可以发挥烟灰缸的功能，人也是一样，总有发挥自己作用的地方”，竞赛现场，宋雄诉说了自己给一位智力残疾者做思想工作并帮其就业的案例，获得了热烈的掌声。

宋雄介绍，这位智力残疾者以前靠捡垃圾为生，为了帮他就业，宋雄手把手教他浇花、施肥，还通过画画教他认识了《人民日报》和《长江日报》，最终他学会了绿化环境、分发报纸，宋雄又帮其争取办事处的支持，为他安排了保洁保绿的公益性岗位。

除了做咨询，宋雄还自己创业，成功经营一家养老院。2007 年，他和母亲用卖掉老房子的 10 万元和借来的 7 万元，开了一家“冬英福寿苑老年公寓”。开养老院 5 年，宋雄总共接待了 170 名老人，为 50 名老人送终，近 10 名是无家可归的老人。凭借着勤劳的双手和一颗爱心，他获得了武汉市 2012 年的“五一劳动奖章”。

资料来源：http://news.sina.com.cn/c/2012-04-28/080024343858.shtml.

1. 公益创业的产生和发展

公益创业也叫社会创业、社会创新或公益创新，是近年来在全球范围内兴起的一种全新创业理念，旨在实施追求社会价值和商业价值并重的创业活动。“公益创业”一词是由美国人比尔·德雷顿首创。他在 1980 年成立了一个全球性的非营利组织阿苏迦，致力于在全球范围内推广公益创业，专门物色和培养公益创业人才，为以社会使命为目标的人提供种子基金，使他们有机会能运用自己的创新想法，对社会产生大规模而持久的改进。虽然“公益创业”一词由德雷顿首创，但最早对“公益创业”进行定义的是迪兹。他在 1998 年发表的论文中对“公益创业”定义如下：“公益创业通过以下方法为社会带来改变：①选定一项使命来创造和持续创造社会价值（而不仅是私有价值）；②发现和不断寻找新的机会来实现这项使命；③不断创新、调整和学习；④对服务对象和行为结果高度负责。”

但目前学者对公益创业的认识还存在争议。塞勒斯（Seelos）和麦尔（Mair）将“公益创业”界定为“创建产品和服务提供的新模型，在当前经济或社会状况中直接迎合并满足人类不满意的最基本需求”。胡馨将“公益创业”界定为“个人在社会使命激发下，在非营利领域援用商务领域的专业作风，追求创新、效率和社会效果，在争取慈善资金的竞争中独树一帜，将公益事业办成一个可持续发展的、有竞争力的实体”。

公益创业作为一种新型的组织形式，近年来在国外蓬勃发展，被认为是解决社会问题的一种新方法。特别是公益创业家穆罕默德·尤努斯获 2006 年诺贝尔和平奖，引起越来越多的学者对公益创业的关注。穆罕默德·尤努斯创建的乡村银行就是一个典型的公益创业组织。尤努斯关于小额信贷的最初想法是在 1974 年形成的。当时，他发现只要 27 美元就可以帮助孟加拉国一个乡村的所有妇女摆脱日夜劳作却仍旧赤贫的生活，他意识到被银行信贷体系拒之门外的穷人其实是最需要贷款的人，于是产生了对穷人进行小额信贷的想法。尤努斯的格拉明银行甚至还向乞丐提供贷款，让他们用贷款买食物和玩具，在乞讨的时候推销，这样乞丐就变成了自食其力的推销员。目前该银行资产质量良好，每年发放贷款的规模超过 8 亿美元，还款率高达 98.89%，远远高于世界上公认的风险控制最好的其他商业银行，已经成为国际上公认的最成功的“穷人银行”。现在全球共有 100 多个国家正在复制其经营模式。

许多著名大学（包括哈佛大学和斯坦福大学）都开始致力于公益创业领域的研究和实

践，像世界银行这样的组织，也开始在发展中国家和发达国家推进公益创业的发展。公益创业教育在欧美发展已有20多年，在美国、加拿大和英国至少有30个商学院教授“公益创业”的课程。2004年9月，世界著名大学哈佛大学招收了第一批公益创业博士生。牛津大学赛德商学院成立有10多年，已培养许多优秀的公益创业家。在我国，公益创业已经有初步的发展基础，一些青年大学生有志于将社会公益作为终身职业选择。2006年，湖南大学率先创建中国第一个以公益创业命名的大学生社团——滴水恩公益创业协会。2009年，北京大学成立公益创业研究会。2010年，清华大学举办了“北极光-清华”全国大学生公益创业实践赛。2014年1月，由团中央等组织发起的“创青春”公益创业竞赛覆盖了全国2200多所普通高校。在目前兴起的各类公益创业过程中出现的如慈善社团、爱心超市等，往往是由大学生发挥着巨大作用。公益创业能够提升大学生的协调沟通、团队协作、创新实践等综合能力，大学生们对公益创业抱着很大的热情，是公益创业的主要力量。

2. 大学生开展公益创业的优势

(1) 利用自身优势，推动创业成功。大学生年纪轻，精力旺盛，思维普遍活跃，自信心较足，对认准的事情有激情去做，敢想敢干；没有成家的大学生暂无家庭负担，不会受到家庭事务羁绊；大学生可以将掌握的专业知识应用到实际中去，从而开发出满足特殊社会需求的产品或者服务，最终获得创业成功；大学生一般具有一定的经济头脑，善于发现和把握商机，能够巧妙抓住现代社会发展的各种有利资源，充分利用，最终推动公益创业迈向成功。

(2) 着眼社会利益，广受公众支持。公益创业的首要目的是着眼于社会利益，实现社会价值。正因为这点，公益创业在很大程度上是深受公众支持的，能够使大范围的群体受益。公益创业者饱含公益之心去创业，可以在可持续发展的基础上不断创造社会价值，让更多慈善力量加入公益创业中，一定是受人瞩目和欢迎的。公益创业者契合社会价值和责任的公益文化基因，满怀公益之心，更符合社会现状。

(3) 整合高校资源，建立校企联盟。在社会科技进步中，高校科研成果是公益创业发展的重要推动力之一，通过学校平台进行公益创业是实现创业成功的有效途径之一。高校的师资力量雄厚，拥有比较强大的科研力量，涉及各个课题，诸多学校都拥有自身独特突出的科研成果，合理利用高校资源，借助科研力量，既可以推动公益创业的建立，更能推动其不断发展。此外，高校在本地区甚至在全国范围内都拥有比较突出的影响力，由此便可凭借自身的感召力带动公众支持公益创业项目。

(4) 发展公益事业，符合社会发展趋势。一个国家的强大，不仅要体现在经济实力和科技水平等硬实力方面，而且要体现在公益事业的发展壮大等软实力上。公益事业做好了，人民安居乐业，国家稳定，社会和谐。当下，众多企业家都热衷于公益事业，高校毕业生的公益创业也必将成为一种趋势，这反映出了社会的进步，符合社会发展的需要。

3. 大学生公益创业的类型及主要特征

1) 大学生公益创业的类型

(1) 非营利组织模式。非营利组织的经营所得不是为了谋取利益，而是为了造福社会。在大学生公益创业中，这类模式多以高校社团为基础改良创办，通常是以服务弱势群体的社会性为显著特征，如各种涉及帮扶、支教、技术支持、环境保护等项目，都可归为此类。例如，东华大学创办的“余晖计划”，其基于历史使命感和社会责任心，为抗战老兵提供关怀陪伴，而这一组织实则是从学生社团发展而来，在社团基础上进行更广泛的资源整合和更精密的组织协调，并以回报社会为主要目标，有着明显的非营利性质。

(2) 社会企业模式。社会企业模式是通过商业手法运作赚取利润用以贡献社会的公益创业模式，它不同于传统企业，也不是单纯的社会服务，而是以企业利润盈余完成社会价值的推进和实现。相对于非营利模式的公益创业模式而言，这一模式具有更为深刻的市场导向性。例如，华东师范大学学生创办的“华容众筹公益合作社”，在将筹资模式与公益相结合的过程中，也将金融领域的思想带入公益的行为中，即形成一种“有回馈”的公益，本着“授人以鱼，不如授人以渔”的思想，使公益从单纯的输血型救助走向更加长远的造血型帮扶。此外，创新性也是这一模式的要素所在。这能使得公益创业项目在市场的浪潮中有一席之地。

(3) “产学研”混合模式。“产学研”混合模式高凝缩地融合了各种特性的公益创业模式，是公益创业发展的高级阶段，该模式强调整合多方资源，通过创建非营利组织、兼顾社会利益的营利性企业(社会企业)、志愿公益活动(公益创新)和产学研一体化(公益创业教育)的几种类型，以授人以鱼(公益助学)＋授人以渔(就业)＋授人以业(创业)＋授人以智(研究)的四个层次来构建整个大学生公益创业系统，构建公益创业的生态体系，达到经济效益与社会效益的双赢。由于这种模式往往需要诸多力量参与建设，在目前的大学生公益创业中尚不多见，如湖南大学中国公益创业研究中心、浙江大学全球创业管理研究中心均属于这种模式，其产出也不仅局限于物质利益的获得，更兼智力人力、技术的生产和输出。

2) 大学生公益创业的主要特征

(1) 大学生公益创业具有极强的社会性。在问及受访者进行公益创业的动机时，“公益”本身就是一个答案。从社会层面来看，大学生公益创业的主要内容基本以社会服务为主要目标，如同济大学的“鹤岗公益”，其为鳏寡老人提供生活照料和心理支持，本质上就是一种社会扶助。可以说，服务社会、回报社会乃是大学生公益创业的基础，也是大学生公益创业的主要立足点；而从个人层面来看，大学生从事公益创业多与其理想、信念挂钩。此外，大学生也渴望通过公益创业行动，得到个人能力的提升和锻炼，为今后融入社会积累经验。

(2) 大学生公益创业项目表现出了较强的创新性。例如，上海交通大学学生创办的“海角公益”，突破了传统的家教模式，通过其创新研发的“双向同步书写技术”，以在线教学为主要服务产品，提供丰富多彩的在线互动公益教学。公益创业除创业意识之外，也应当注重创新精神的培养，这是现代社会从事任何职业都必需的素养。大学生年轻敢为、思维活跃、善于接受和尝试新鲜事物，这是其用于创新的优势条件，而创新性则是保证公益创业项目脱颖而出乃至活力长存的推进器。

(3) 学生公益创业也表现出一定的市场导向性。例如，华东师范大学学生创办的“启承皮影项目”，依托专利产品“体感皮影表演系统”，以皮影表演为核心开展特色公益服务。该项目的定位、技术、创意使其在市场竞争中占得先机，有利于其进一步形成完整的“数字皮影服务链”，拓展并向纵深方向发展。项目的服务范围和服务内容如何在激烈的市场竞争中存活，并在市场中占有一席之地，是当前大学生在进行自主公益创业前要考虑的一个重要问题。事实上，若一个公益创业项目能把握时代脉搏，适应市场需求，那么其发展必是长久且稳定的。

（三）“互联网＋”创业

微课：“互联网＋”创业

案例导入

“快小客”徐略：“互联网＋”创业梦

说起“快小客”，武汉生物工程学院的不少同学都知道它的帮拿快递服务。而今，“快小客”的“主人”——该校管理学院2012级财务管理专业学生徐略，在它的基础上在校创办了武汉聚客网有限公司，以“智慧校园，轻松生活”为理念，主推“快小客”品牌，已经逐步提供了取快递、查信件、查电费、报修、大屏幕等众多便利服务功能，并与多家企业实现了合作。2015年4月，徐略获得“武汉市新洲区青年创业先锋”称号。“互联网＋”的创业历程伴随着徐略走过了大学校园的每一个角落，谈起创业经历，他坦言“艰辛并坚持着”。

初尝创业的酸甜苦辣

每天行走在大学校园，看着络绎不绝的师生。徐略读大一时，正逢学校举办首届创业大赛，于是他递交了一份关于送外卖的创业策划书。由于没有做充分的市场调研，对有关政策也了解得不太全面，徐略的第一次创业梦破碎。

吸取了第一次的教训，到了大二，徐略开始围绕学生生活展开市场调研，积累了很多校园行情。他发现，师生们平时忙于学习，或有时外出办事，不能及时领取快递和信件，对这一块的服务需求比较大，于是以徐略为中心的快小客工作室在2013年9月底成立了。他们基于现有的微博、微信平台，第一份业务就此拉开帷幕——微博留言，帮忙取快递。

一开始的市场推广，如贴海报等，见效不大，所以快小客工作室要抓住每一位师生的好评。如遇雨雪天气，为保障时效、保证服务，团队成员依然会选择在约定时间之前送达，风雨无阻，赢得了客户的良好口碑，达到了口口相传的宣传效果。

“门外汉”学计算机编程语言

成立之初的“快小客”微信平台，还是一个空盒子。想要创业成功，就得自己在现有微博、微信平台上搭建服务。只学过计算机基础的徐略，便硬着头皮开始钻研起PHP和MySQL语言。那段没日没夜地写代码生活，让徐略铭记于心。“有时一下午就为了调试一两个Bug，结果调试来调试去，发现代码没问题，有问题的只是标点符号，中英文不同状态下的引号和分号很难被发现。感觉这编程语言故意在欺负自己这个门外汉。越是这样，我就越要调试成功。”熬夜写代码对他来说是常有的事，“是团队的责任感让我坚持下来”。凭着这一股拼劲，徐略搭建的功能服务从以前的取快递，到现在增加了查信件、查电量、文化产品、宿舍报修和大屏幕等功能服务。

“今天更残酷，明天更残酷，后天会很美好。”马云的一些经典语录，徐略自己录了音，每天除了朗读外，还像听歌一般听录音，时时警醒自己不要放弃，要坚持才能成功。

快小客的“互联网＋”便民服务

谈起“快小客”的便民服务，徐略总是停不下来。在增加的服务里，由于涉及学校的多个职能部门，在推行各项服务时，必须提前到这些部门靠人工去收录相关数据，再导入“快小客”的功能里。例如，去学校收发室一次性抄录的信件多则上百份，目前累计达474封；学生寝室用电量信息的收录，则需直接到后勤集团抄写全部数据，再进行导入。若想查询某种服务，不用到特定地点去，直接通过“快小客”的微博微信平台就能实现，例如宿舍报修，可通过平台直接跳过宿管员，由后勤集团派人过来维修，更加方便快捷。

“今天我从快小客微信订阅号上查到我们寝室的电量低于20度了，我们须到财务处缴费。”东八218室的李珊提醒室友。“以前缴电费的信息，一般是从管理室的小黑板上看到，自从有了快小客的便民服务，同学们在校园里就能感受到‘互联网＋’给生活带来的便利了。”

2014年，该校绿泉文艺社举办的交谊舞大赛现场，使用了“快小客”的微信大屏幕服务功能，可以直接过滤掉敏感词汇，代替人工审阅，实现了现场刷屏，有效地和现场观众进行交流和互动。

除此之外，“快小客”的品牌，已经逐步扩展到了校外。“校外的一家珠宝店和一家化妆品店已经通过了我们的文案，正式和我们建立了合作关系。”徐略透露，团队的大部分盈利是来源于校外的，校内的便民服务基本上是免费的。

拓宽易班服务，让师生更“亲密”

为响应该校的“双创”号召，徐略通过创业学院老师的帮助，成功在易班平台拓宽了服务功能，为老师全面了解和解决学生的困难提供了帮助。学生们在使用易班时，通过与老师的聊天界面，便可点击左下角的“生活”，出现查电量、查信件和宿舍报修等服务选项。除使用微博和微信外，易班也已经是“快小客”的主要推广渠道了。“这样快小客已经是一个立体化网状结构的格局，覆盖全校师生，为师生们提供了诸多服务。”徐略在聊到“快小客”的未来前景时，充满了信心。

资料来源：http://www.whsw.cn/xyh/info/1049/1338.htm.

1.“互联网＋”创业背景

随着国家经济的快速发展，网络基础设施的不断完善，人民生活水平的提高，手机普及率逐年提高，中国网民手机商务应用发展大爆发，手机网购、手机支付、手机银行等手机商务应用用户增长率每年递增，平均增长率超过70%，远超其他手机应用增长幅度。4G、5G平台将为移动增值业务的发展提供更加广阔的天地，移动互联网已进入一个新的时期，出现以生活娱乐为主要内容，结合其他行业服务特点的新型业务。移动互联网应用将呈现出普及化、融合化和多媒体化的态势。

从2010年开始，互联网的发展迎来了新节点：从过去20年信息和互联网产业本身的发展逐步向实体经济渗透，实体产业通过网络化被纳入互联网的经济范畴，从而构成了一个全新的经济形态——“互联网＋”经济。“互联网＋”经济极大地扩大了消费需求和新的基础设施投资，带动了就业，直接带动经济增长；推动了中国传统流通业、制造业、出口加工业的转型升级；同时，孕育了技术、产品和商业模式自主创新的基因，广泛培育了创业者和小微企业主的企业家精神，开创了大众创新、万众创业的局面。“互联网＋”的本质是传统产业的网络化、数据化。网络零售、网络批发、网上金融、电子商务都在努力实现交易的网络化。只有商品、人和交易行为迁移到互联网上，才能实现网络化；只有网络化才能形成“活的”数据，随时被调用和挖掘。在线数据随时可以在产业上下游、协作主体之间以最低的成本流动和交换。数据只有流动起来，其价值才能最大限度地发挥出来。随着互联网的进一步发展，互联网对经济增长的贡献将更加明显。预计2013—2025年，互联网将帮助中国GDP增长率提升

0.3%～1.0%。同时，互联网经济是内生驱动的经济体，是解决就业问题以及经济长期发展问题的新范式。

2.“互联网＋”创业基本模式

“互联网＋”的创业模式是指以互联网提供的技术和信息为平台，将产品和服务进行信息交互，通过信息的时间差进行易货交易，最终实现价值增值的创业模式，可分为基于互联网、基于“互联网＋”和基于物联网的三类创业模式。

1）基于互联网的创业模式

基于互联网的创业模式是指以互联网提供的技术和信息为平台，将产品和服务进行信息交互，通过信息的时间差进行易货交易，最终实现价值增值的创业模式，主要包括客对客、商对客、商对商三种类型。

(1）客对客，简称C2C(customer to customer)模式。这是消费者个人对消费者个人的互联网创业模式，每个人都可以去开店，每个人也都可以去购买。淘宝就是典型的C2C平台，近年兴起的微商也应该属于C2C模式。它是一种平民之间的自由贸易，通过网上完成交易，从而便利个人之间商品的流通。

(2）商对客，简称B2C(business to customer)模式。商对客也就是通常所说的商业零售，直接面向消费者销售产品和服务。企业通过互联网为消费者提供一个新型的购物环境——网上商店，消费者通过网络在网上购物、在网上支付。卓越、当当、京东等都属于这种模式。

(3）商对商，简称B2B(business to business)模式。商对商是指企业对企业之间的营销关系，进行电子商务交易的供需双方都是商家，它们借助互联网的技术或各种商务网络平台，完成商务交易的过程。

2）基于“互联网＋”的创业模式

随着“互联网＋”时代的到来，越来越多的大学生选择将互联网作为技术平台，通过对传统行业的互联网“升级”，在互联网上引入相关产品和服务，在产品说明、价值呈现、服务介绍、技术应用等方面向客户提供服务，从而赚取利润。

(1）“互联网＋零售”(internet＋retailing)。网络购物是互联网作为网民实用性工具的重要体现。随着中国整体网络购物环境的改善，网络购物市场的增长趋势明显。随着新零售业态的不断发展，互联网应用工具的使用将为零售业的融合及升级起更大的促进和加速作用，“互联网＋零售”将为零售业态不断带来惊喜和新的客户体验，网络化不单指电子商务，也表示了零售业通过网络化实现量子营销及拓展的良好前景。

(2）“互联网＋金融”(internet＋financial)。移动互联技术模糊了金融与商业、消费、社交等场景的边界，用户可以随时随地转账，完成支付，查看股市行情，下单买卖证券，就像随身携带着银行和交易所一样。交易随着场景无缝对接，不需要再分离就可以完成。余额宝在短短的半年之间能够发展成中国最大的基金，就是得益于消费支付和利息收入的无缝对接。春节发红包这样看似和金融不沾边的社交场景，也可以成为拓展支付工具的引爆点。

(3）“互联网＋旅游”(internet＋travel)。2020年11月，文化和旅游部、国家发展和改革委员会等十部门联合印发的《关于深化“互联网＋旅游”推动旅游业高质量发展的意见》提出，到2022年，建成一批智慧旅游景区、度假区、村镇和城市，全国旅游接待总人数和旅游消费恢复至2020年以前水平。到2025年，国家4A级及以上旅游景区、省级及以上旅游度假区基本实现智慧化转型升级，全国旅游接待总人数和旅游消费规模大幅提升，对境外游客的吸引力和影响力明显增强。结合新时期“互联网＋旅游”发展面临的新形势、新机遇和新挑战，该意见还提出加快建设智慧旅游景区、完善旅游信息基础设施、创新旅游公共服务模式、加大线上旅游营销力度、加强旅游监管服务、提升旅游治理能力、扶持旅游创新创业、保障旅游数据安全八项重点任务。农业农村部公布的测算数据显示，2018 年，全国休闲农业和乡村旅游接待人次超 30 亿，营业收入超过 8000 亿元。近年来，许多热门民宿让原本相对默默无闻的地方走入大众视野。如小猪短租的独家房源、电视综艺节目《向往的生活》中的蘑菇屋，便成为浙江省桐庐县的打卡新地标。《旅游绿皮书》指出，抖音、快手成为旅游目的地成功营销的平台，一批旅游城市，如重庆、西安、厦门等成为移动视频平台上的热门旅游目的地，旅游收入与游客量显著增长。

(4)“互联网＋教育”(internet＋education)。互联网时代的网络应用于教育，任何人都可以在任何时间、任何地点、从任何书本开始、学习任何课程。除此之外，学习者还可以自己掌握学习进度，具有资源利用最大化、学习行为自主化、学习形式交互化、教学形式个性化、教学管理自动化等特色和优势。教育部 2018 年发布的《关于加强网络学习空间建设与应用的指导意见》指出，到 2022 年，面向各级各类教育、全体教师和适龄学生，全面普及绿色安全、可管可控、功能完备、特色鲜明的实名制空间，加快推进人人皆学、处处能学、时时可学的学习型社会建设。“互联网＋教育”的案例——基于人脸识别的魔镜系统，其利用人脸表情识别等技术，判断学生上课时的举手、练习、听课、发言等课堂状态和面部情绪变化，生成专属每一个学生的学习报告，是一种人工智能辅助教学系统。英语流利说是比较具有代表性的基于 AI 技术做英语教育的平台，通过语音识别、语义理解、自然语言处理等技术，帮助用户提高口语能力。目前已支持免税店购物、酒店入住、餐厅点单等日常高频场景。

3）基于物联网的创业模式

物联网(the internet of things，IOT)是指通过射频识别、红外感应器、全球定位系统、激光扫描器等信息传感设备，按约定的协议，把任何物品与互联网相连接，进行信息交换和通信，用于实现对物品的智能化识别、定位、跟踪、监控和管理的一种网络。在这个网络中，物品(商品)能够彼此进行“沟通和交流”，而无须人的干预。基于物联网的创业模式是指以物联网的技术为平台，对物联网的物体识别、物体感知、物体沟通、智能地球等设计研发相关产品与服务的创业模式。此模式相较于前两种模式，对大学生的自主创业更具挑战性。

(1) 物联网-物体识别(things)。在物联网时代，就如同每个人有身份证一样，物体将不再是一个笼统的品类，而是有唯一标识符、可以识别的。已经有二维码、IPv6 寻址以及 RFID 无线射频识别，通过无线信号识别特定目标并读写相关数据。大学生创业者可以根据所学专业进入此领域。

(2) 物联网-物体感知(perceivable)。家电必须能够感知环境和人。当前传感器的发展不断突破，温度、湿度、人体红外等技术和市场都已经很成熟了。其他各种新型传感器也在不断突破中，摒弃烦琐的占用物理空间的布线技术，转而使用各种无线成熟技术。当前无线技术百花齐放，Wi-Fi 一马当先，蓝牙、3G、4G 都应用很广。通过物体感知可以创造新的产业领域，例如可穿戴设备领域。目前国外大型互联网公司都在研制可穿戴式产品，说明这里面有“金子”可以挖掘。可穿戴设备不仅是智能手机或平板电脑的替代品，它还有着更大的发展空间。

(3) 物联网-沟通(communication)。移动互联网的兴起、智能手机的普及让物与人的沟通变得随时随地。目前在工业领域,信息化需求尤为迫切,在柔性生产的要求下,流水线上的各个单元都有连接的需求。此外,在健康领域、安全领域、家居智能化领域,甚至是看起来相对冷门的细分领域,物联网应用都有很多的机会,这是大学生创业者应该关注的方向。

(4) 物联网-智慧(intelligence)。物联网是手段,智慧地球、智慧城市是目标,需要具备思维逻辑与行为交互能力。目前,我国智慧城市正处于建设提速阶段。截至 2014 年年底,住房和城乡建设部公布的国家"智慧城市"的试点城市数已达 277 个。智慧是一个课题,单纯技术型或者产品型的公司很难做到,需要具备研究能力的公司来实现。作为智慧城市建设的支撑,大学生创业者可以从一些需求迫切、智能化难度较低的家电,如热水器、饮水机、空调入手,逐步深入城市交通、环境保护、大气监测等领域。

(四) 科技创业

微课:科技创业

案例导入

王贤江:创业三年获国家专利

跌倒是为了走更远的路

2016 年 2 月底,王贤江收到了国家知识产权局发来的"授予专利权及办理登记手续通知书",他申报的"一种食用菌木签菌种的制作方法"通过审核。这是王贤江创业三年来收到的最好消息,也坚定了他走"核心技术"这条路的决心。鲜有人知,这个不善言谈、精瘦的小伙子在短短的三年里,经历了低谷、狂奔、断尾求生的跌跌撞撞,咽下了许多苦涩。"我不怕跌倒,跌倒是为了走更远的路。"

"一穷二白"的小伙子想当老板

王贤江是武汉生物工程学院 2012 届生物技术及应用专业毕业生。毕业后,他在荆州市一家食用菌生产企业做技术工。经过激烈的"思想斗争",2013 年春,他决定给自己打工。在咨询了母校食用菌栽培学专业教师姚志伟、食品工程系党总支副书记罗全等多位老师后,王贤江注册成立了武汉岁岁丰农业科技开发有限公司,确定了自己的发展方向——食用菌。

"我的父母都是农民,他们并不支持我创业,更不谈资金帮助。"王贤江的创业是从"一穷二白"开始的,在罗全的帮助下,王贤江在学校附近勉强租下一间闲置毛坯房。尽管艰难,但他"想当老板"的愿望却强烈而执着。"早在学生阶段,创业的冲动就一直萦绕着我。"

"没资金,没项目,谁会给我钱?"王贤江不止一次地问自己。在母校老师的点拨下,他定下了两个"找钱"的方向。一是为农户做技术培训。自己在企业里就经常培训工人,有教学经验,最重要的是不用投入资金。二是出售菌种。武汉目前做菌种培育的企业还不多,投入少,场地需要小,竞争也小。

认准目标的王贤江信心满满,准备大干一场。到了 8 月,他终于迎来了第一名学员,是熟人介绍,学费还打了折。"不管怎样,总算开张了。"王贤江安慰自己。这是一段艰难的岁月,"最落魄的时候,全身上下外加银行卡,只有 100 来元。"王贤江常常觉得自己陷入无边的黑暗之中,而每每这时,母校的老师总会为他加油打气,提供一些农业政策知识,讲述培育菌类的应用前景。

这样的逆境，也坚定了王贤江发展自己公司的“核心技术”的决心。“我能够卖的只有技术，现在我卖出去的技术都是老师教的、课本里学的，这些技术不是仅属于我王贤江一个人。我要在商海立足，必须有自己的技术、自己的专利，这才是我的本钱。”抱定这个目标，王贤江在苦心经营公司的同时，开始不停钻研新技术，开发新产品。

急于飞奔，忽略了“黎明前的黑暗”

通过农户口口相传和网上宣传，到了2014年8月，来“岁岁丰”参加农业培训的学员每月有20人左右，而王贤江最大的本事就是把所有学员都变成客户。“学员学成后都回乡进行菌类生产，他们信任我，在我这里购买菌种，我为他们免费提供技术咨询，甚至上门服务。”与此同时，他的新技术木签菌种和高产栽培技术研究也有了实质性进展。尤其是木签菌种技术克服了传统木签菌种菌丝生长弱、接种后不萌发、不适合批量生产和易感染等缺点。该项技术与传统棉籽壳、木屑菌种相比，可以节省30%～50%的菌种成本，节省80%的运输成本和60%的人工开支，发菌周期提前了10～20天。

“终于看见了希望的曙光。”王贤江这样形容这个夏天。他第一时间将喜讯告诉给了关心支持他的母校老师。2014年10月，在母校生命科学与技术学院、食品工程系、创业学院的共同推荐和帮助下，王贤江向国家知识产权局提交了专利申请书，与此同时，他正式入驻武汉生物工程学院校内的创业孵化器。

王贤江的新技术产品，得到了市场的广泛认同，菌种销量直线上升。他透露，2014年暑假的两个月，他仅购买用于育种的雪糕棍就达两吨多。打有“岁岁丰”名字的各类菌种销往我国的江西、山东、新疆等地，以及马来西亚、老挝等国家。他的新技术甚至还吸引了来自韩国农村经济研究院的专家。2015年2月，该院的闵庚铎博士、朴美艳研究员专程到王贤江的公司调研其发明技术专利的优势及成果转化情况，并对该发明专利给予了高度赞赏和认可，认为有极大的发展前景。

王贤江兴奋地开始拓展自己的新市场。2015年年初，他在武汉东西湖租下近6亩土地，新建厂房，开创育种、生产、销售“一条龙”的运营模式。但是，快速的扩张和多样化的经营，让王贤江品尝到了苦果。“前进得太快了，急切想接近成功，却忘了‘黎明前的黑暗’。”王贤江回顾近一年跨步向前的发展时表示，“人工成本过高，效率低下，最后几乎入不敷出。”10月，他果断放弃土地续租，“斩断”了“一条龙”的格局，回归到了最初的育种加技术培训上来。

寒冬不冷，母校“撑一把创业的腰”

2015年的冬天寒冷而漫长，母校武汉生物工程学院再次对王贤江敞开了怀抱，在学校临街的晨光创业园，为他免费提供了120余平方米的场地，用于“岁岁丰”办公、培训和菌种培育。除此之外，还免费提供实验设备支持和技术指导，更让王贤江感到贴心的是，学校还为他和员工及前来培训的学员提供了宿舍，并共享学校其他优质资源。

2015年12月，经母校推荐，王贤江成功入选武汉市2015年度“大学生创业先锋”。而早在2015年8月，也是母校的推荐，“岁岁丰”入选了2015年湖北省大学生创业扶持项目。

“专利技术才是我的核心竞争力。”王贤江这样总结。越来越多的学员前来咨询、报名参加培训。1993年出生的小伙子陈中强中专毕业已经三四年，毕业后从事食用菌销售。他所在的公司想做实业，老板专程驱车送他过来培训。陈中强坦言：“老板期望值很高，自己压力较大，不过‘岁岁丰’是我们对比了多家培训公司后选定的，又在大学创业园区，还享受大学的优质资源，绝对信得过。”四川小伙子徐留福来“岁岁丰”学习已经有些日子了，他忍不住称赞王贤江:"王总不厌其烦手把手地教,我学得也带劲。"

王贤江的学员来自全国各地,甚至还有的来自加拿大、老挝、越南等国家。"今天我刚发了一批菌种到老挝。"王贤江对这位来自老挝的学员记忆犹新,"30 多岁的男子,很精干。"王贤江会根据客户的远近,计算好时间,个性化地发货。"到老挝要过关,所以菌种不能等到'熟'太狠再发货。"这些外国学员均是华裔,每逢过节,王贤江都会收到他们漂洋过海的祝福。来自加拿大的张晶莹母子是同一期学员,张晶莹懂中文,她既是学员也是儿子的翻译。为了照顾这对爱学习的母子,王贤江时常为她们"开小灶"补课。回国前,张晶莹母子特地送了一瓶从加拿大带过来的红酒给他,以表感谢。

王贤江时常接到学员的报喜电话,每每他都"偷偷乐了"。王贤江认为"做出来是必然,这是别人努力的结果"。当然不是所有学员都是"一次过",实际操作受影响的因素非常复杂,半夜十一二点接到学员的求助电话也是常事。"一般农户灭菌都在晚上进行,温度上不去等各个环节都可能出状况。"王贤江也不嫌烦,"他们是我的学员,更是我的客户,客户需要,我就应该为他们提供优质服务。"

有了核心技术和优质服务,王贤江的事业逐渐上了轨道,面对未来,他信心十足。

资料来源:http://www.focus.cnhubei.com/xw/kj/201603/t3578454.shtml.

1. 科技创业的基本内涵

科技创业是创业者利用商业机会,优化配置社会资源,把新技术、新知识、新工艺转化为市场需求的产品或服务,以实现其应用价值与创造物质财富的活动,具有显著的科技属性。大学生科技创业是以大学生为创业主体,利用所学专业知识创新,生成创新成果,将该创新成果投入市场成为一项服务或产品并获得效益的科技创新活动。大学生科技创业的参与者不仅包含在校大学生,还包含大学毕业五年内的大学毕业生群体。大学生科技创业具有专业性、创新性,有别于传统创业,不是简单摆摊开店做买卖,而是将科研创新融入市场所需产品与服务中,运用先进管理理论与模式经营。大学生科技创业是大学生最能体现自我价值及群体价值的创业实践活动,也是最能体现其科技创新能力用于服务社会建设的重要方式。从人力资源和社会保障部公布的权威数据来看,2016—2018 年,大学生毕业进行自主科技创新创业的比例稳步上升,从 2016 届的 2.0%上升到 2018 届的 4.0%左右,而毕业后半年内参与科技创新创业的比率从 2011 年的 1.6%上升到 2018 年的 3.3%。同期来看,发达国家大学生科技创新创业参与率仅为 1.6%,而中国与全球化智库调研发现,有参与科技创新创业意向的学生比例占在校大学生总人数的 4 成左右。2018 年,高校大学生科技创新创业人数总量相较 2014 年已经翻了一番,2018 年净增长量已超 25 万人。

2. 科技创业的常见模式

国内对大学生科技创业模式研究比较多,按照不同标准划分为不同的模式。例如,郝红军将科技创业分为高知识高技术群体创业、科技型创业、高校扶持创业及依托大学科技园区准备创业四大类,并详细介绍了四类创业模式的特点。陈东帆通过对上海大学在校大学生科技创业模式的综合调查发现,学校依托教育、科研、设备等综合资源,形成了科技成果转化带动大学生科技创业和大学生科技创业带动就业两种典型的大学生科技创业模式。马晶月以工科大学生为研究对象,基于创业理论和管理学组织设计理论,归纳并设计了三种适用于工科大学生的科技创业模式,即自主创业模式、师生合作创业模式、学生参与创业模式。黄健柏通过对长沙高新技术创业企业实地调研，基于对调查样本进行综合分析，归纳设计出五种创业新模式，即个人＋投资商合作制创业模式、个人＋公司合作制创业模式、导师＋学生合作制创业模式、同学合伙制创业模式和家族合伙制创业模式等。

3. 大学生科技创业面临的问题

(1) 专业知识储备有限，技术创新不足，实战经验缺乏。大学生知识储备不足，专业知识不扎实等情况影响科技创业。大学生科技创业多是建立在对现有技术进行创新性的组合和应用基础上，缺乏更深层次技术挖掘，绝大多数大学生学习停留在知识层面，科研参与度低，实践能力不足。由于缺少创业经验，大学生在创业融资过程中，对资金需求衡量不到位，对初创企业估值不确定，对融资流程与规则不熟悉，不能及时提供完整项目材料等。这都影响投资者对创业者的投资。

(2) 创业资源限制大学生科技创业。资金问题是大学生科技创业的首要难处。大学生科技创业资金多数来自兼职存款、父母的资金支持、银行贷款，也有风险投资、股权众筹。大学生选择创业项目存在盲目性、投机性、跟风性，不懂得全方位考察，科技创业项目适用性差。好项目应在多项考察后确定，要具有先进性，能解决实际问题，适应市场需求，能在市场上引起反响，长期发展后仍可盈利。团队建设失败也是大学生科技创业的短板。缺乏有效管理，创业成员工作态度涣散，凝聚力低，导致工作效率低；使用不可靠、不具备专业水准的人员，将导致团队遭遇损失；奖惩不当，引起利益分歧，善始难终，不欢而散。

(3) 科技创业相关政策不够完善。科技创业氛围仍需加强。政府仍需完善与大学生科技创业相关的专门政策。尽管一些政策起到一定的积极作用，但存在与当地科技创业主体缺少联系、扶持不够精准，与当地实际情况结合不够紧密等问题。许多政策出发点虽好，但缺乏实施细则，可实施性差，政府部门联系性较差，缺乏体系性，导致创业者无法及时享受优惠。大学生申领创业基金时，因不符合毕业年限或注册年限而申请不到基金。例如，天使基金申领年限在大学毕业 5 年以内，许多大学生科技创业者因超出年限而无法申领。政府和学校之间信息不对称，无法有效传达与落实科技创业政策。政策所带来的科技创业氛围仍需加强，政府缺少特色创业品牌活动，与科技园、科技创业孵化基地互动较少，创业基金会发展缺少政策指引。政府对各类社会资本的倡导力弱，公共创业服务机构、创业孵化基地等渠道仍需相关政策打通"最先一公里"与"最后一公里"。

4. 大学生科技创业的有效路径

(1) 提升对科技创业的相关认知。大学生要想成为一名成功的科技创业者，不仅要认真学好专业知识和技能，而且要广泛学习政治学、经济学、社会学、管理学等学科领域知识，尤其是市场营销、企业管理、人际交往等方面相关知识。这样才能形成较为完善的知识体系，对科技创业有较全面的认识，真正做到"理论自信"，才能够突破传统就业价值观念的束缚，在纷繁复杂的市场经济中以常人不具备的眼光及时捕捉到科技创业的机会，树立科技创业的理想并为之奋斗不息。大学生要结合专业学习打牢科技创业"资本"，使创业更具有技术含量，提高核心竞争力；要借助国家提出的"大众创业、万众创新"的良好时代背景，主动融入学校创新创业教育中，通过各种途径完善自身科技创业知识结构。

(2) 内化对科技创业的情感认同。兴趣是推动人从事某项活动持久而有效的原动力，"95 后"大学生创业不只为理想，更为满足自己的兴趣爱好。智联招聘 2016 年对近 9

万名应届毕业生进行的“2016 年应届毕业生求职力”调研数据显示，选择“兴趣所在”而创业的学生从 2015 年的 20.8%提升至 24.2%，而选择“实现自己理想”的则从 27.4%降至 24.7%，由此可见，兴趣对大学生科技创业的推动作用。大学生如果对科技创业感兴趣，内心就会充满激情，有了对科技创业的情感寄托，在未来艰辛的创业路上，无论遇到什么困难，都能以积极的心态去面对和解决，能够享受为科技创业奋斗的过程，不断激发自身强大的内在动力，因此，大学生要通过不断学习和实践培养自身对科技创业的兴趣，激发情感认同。

(3) 培养科技创业的坚强意志。大学生科技创业不可能一帆风顺，作为一名创业者，需要具备健全的人格，要有敢闯敢拼、知难而进、百折不挠等优秀品质。因此，大学生要想在科技创业道路上一路驰骋，就要培养坚强的意志力和抗挫折力，要有不达目的不罢休的闯劲，能够经受住科技创业过程中的挫折和失败，树立长远的战略眼光，不为眼前小利所惑，培养自己吃苦耐劳和团队合作的精神，在遇到难题时，学会沉着冷静，迎难而上，始终朝着自己既定的创业目标勇往直前。

(4) 提升科技创业的实践能力。大学生科技创业动力最终体现在能否将科技创业梦想转化为科技创业实践，成功的创业实践会给大学生带来成就感和满足感，反过来激发大学生更大的创业动力。有志于科技创业的大学生从入学开始，就要及早做好自己的职业生涯规划，确定自己的人生目标。在学好相关知识的同时，更应该通过参加各类创新创业大赛、专业技能竞赛、校外实习、勤工俭学等积极主动投身到科技创业实践中，借助校内外各种有效资源，不断寻求创业机会，了解创业过程，积累创业经验，提升创业能力和技巧，增强科技创业的自信心和胜任力，以实力激发科技创业的内在动力。

大学生科技创业正是在内外部动力系统共同推动下进行的，两者缺一不可，在实践中必须正确认识并处理好两者关系。内外部动力系统存在着正相关的关系，即内部动力系统和外部动力系统越完善，大学生科技创业的动力就越强，反之则越小；内部动力系统越强大，其利用外部动力系统的动机和能力也更强，效果更明显。同样，外部动力系统发挥越充分，越能激发内部动力系统的活力，产生积极效应，更大程度催生大学生科技创业动力。从大学生科技创业的特殊性看，由于大学生缺乏创业资金和经验，他们的科技创业意识和行为更多来自政策舆论导向、市场刺激等外力推动，因此，外部动力系统在大学生科技创业动力形成中起着更为显性的先期影响作用。但外部动力系统还必须通过内部动力系统主观能动性发挥才能最终促进大学生科技创业动力的形成。

实践活动

(1) 结合学校或上级部门举办的大学生创新创业比赛要求，撰写一份创业策划书。

(2) 高校一般会提供很多开展公益创业的机会，请结合你所在学校实际，积极寻找可参加的公益创业项目，根据创业实践总结公益创业如何实现可持续发展。

(3) 详细分析社会中常见的“互联网＋”创业的类型及特点，以促进自己家乡经济发展为目标，策划以某一类型为主的“互联网＋”创业。

(4) 请结合自己专业，阐述开展科技创业的机会有哪些，要提高科技创业成功率，在大学期间还需做哪些充分准备？

微课：社会劳动教育实践

第二节　社会服务劳动实践

社会实践是学校教育的一种延伸，是大学生走出校门、接触社会、了解国情、学以致用的重要机会，是大学生投身社会建设、向群众学习、锻炼才干的重要渠道，是提升思想觉悟、增强大学生服务社会意识，促进大学生健康成长的有效途径。

一、社会劳动教育实践的概念及意义

案例导入

武汉轻工大学用专业实践探索劳动教育新途径

为助力乡村振兴，投身美丽中国建设，武汉轻工大学"健行"暑期"三下乡"社会实践队（以下简称"健行"实践队）每年暑期都会在城市老旧社区和边远城区开展老旧社区改造满意度调查及小城镇提升改造调研工作，探索大学生劳动教育新途径。师生们用专业知识与劳动实践相结合的方式共同为城市建设管理问题"问诊把脉"。

作为武汉轻工大学在武汉市"新青年下乡"活动中唯一获批立项支持的团队，"健行"实践队近年来连续在武汉市江汉区万松小区北区和武汉市新洲区三店街、徐古街、汪集街、凤凰镇、旧街等街区开展社会实践劳动调研工作。团队师生以专业劳动实践助力补齐小城镇建设发展短板为目标，实现以劳健能、以劳健智。师生们在向居民们积极宣传小城镇提质改造政策的同时，以调查问卷调研为主要形式，围绕城镇规划、公共环境、基础设施、公共服务、城镇风貌、产业发展、社会治理及文化传承八个方面的相关问题开展调研，以走访调查、登记台账等方式系统梳理城镇建设管理短板、弱项；通过问卷和访谈了解改造需求，征求居民的改造意见及改造的期望和建议等，对调查结果进行数据分析并形成调研报告。

团队的阶段性调研成果报告，于 2021 年获得湖北省第十三届"挑战杯"大学生课外学术科技作品竞赛一等奖，团队也荣获"湖北省暑期社会实践活动优秀团队"称号。"健行"实践队于 2020 年 5 月在武汉轻工大学"健行"辅导员工作室指导下成立（武汉轻工大学"健行"辅导员工作室是湖北省高校首个以"劳动教育"为主题的辅导员工作室），"健行"辅导员工作室坚持将劳动教育融入社会实践活动，让同学们在参与实践的过程中将专业所学通过劳动实践的方式反馈社会、服务社会，并在这个过程中再次感受劳动的价值和奉献的意义。以探索构建"武汉样板"城市建设的新模式为实践平台和契机，将青年学生的思政教育、成长成才同城市发展相结合，构建"专业知识＋劳动实践＋思想引领"三结合的社会实践新模式。

资料来源：https://sxx.youth.cn/jxqc/sjjs/202107/t20210713_13093393.htm.

毛泽东在《实践论》中指出："实践、认识、再实践、再认识，这种形式，循环往复以至无穷，而实践和认识之每一循环的内容，都比较地进到了高一级的程度。这就是辩证唯物论的全部认识论，这就是辩证唯物论的知行统一观。"大学生社会实践劳动是马克思主义劳动观的重要落实，是教育与生产劳动相结合培养人才的重要途径，是大学生联系社会、认识社会的重要纽带，能够促进大学生树立正确的劳动观、掌握必备的技能和培育积极正向的劳动精神。

1. 社会劳动教育实践的概念

在《辞海》中，实践被定义为“人类能动改造自然和社会的全部活动”。马克思在《关于费尔巴哈的提纲》中提出，“全部社会生活在本质上是实践的。凡是把理论引向神秘主义的神秘东西，都能在人的实践中以及对这个实践的理解中得到合理的解决。”广义的社会实践是指人类认识世界、改造世界的各种活动的总和，即全人类或大多数人从事的各种活动。社会劳动教育实践是大学生利用课堂外的时间，参加由学校组织或个体自发进行的，通过劳动接触社会、认识社会、了解社会、适应社会的实践活动或环节，以获得间接或直接的社会经验，从而形成马克思主义社会观和劳动观的过程。从劳动内容与学校教学计划的关系来看，可分为与教学计划直接相关的社会劳动教育实践（如心理、教育类专业进行的问卷调查，测绘、地质、采矿、建筑等专业进行的实地观察等，艺术传媒类专业的实地写生等），以及与教学计划无直接关系的社会实践劳动（如社区志愿服务、应急救助、扶贫开发等社会性劳动，大学生的创新创业实践等）。从社会劳动教育实践组织形式来看，可以分为由学校组织的集体实践劳动（如由高校团委组织的社会实践小分队，每年假期都会在全国各地开展社会劳动教育实践）和由学生个体自己进行的社会实践劳动（其劳动方式丰富多样，内容涉及社会的方方面面，如厂矿实践、文化辅导、社会调查、生产劳动、文艺下乡等）。

在《习近平与大学生朋友们》中，习近平总书记曾深情寄语青年：“不要认为学校中学到的知识是高超、万能的，只有到社会中与群众打成一片、扭到一起后，产生了社会责任感，才能获得真知灼见。”社会实践劳动是大学生与社会的不断调适，是个体从“自然人”发展为“社会人”的过程，是了解社会、认识国情、增长才干、奉献社会的重要途径。

2. 社会劳动教育实践的意义

社会劳动教育实践的意义在于促进学生全面发展、增强社会适应能力、培养劳动意识和价值观、实现教育公平、促进综合素质教育，以及丰富学生的精神生活、提高精神境界。

社会劳动教育实践通过让学生参与各种劳动活动，旨在培养学生的动手能力、创造力和解决问题的能力，从而促进学生的全面发展。这种教育方式不仅增强了学生的社会适应能力，还帮助他们提高自主学习、解决困难和与他人合作的能力。通过劳动教育，学生能够体验到劳动的辛苦和价值，形成勤劳勇敢、尊重劳动的品质，这对于培养学生的劳动意识和价值观具有重要意义。

(1) 立德树人。通过劳动教育，学生可以树立劳动创造一切的观点，懂得劳动光荣，热爱劳动和劳动人民，从而培养良好的道德品质和坚强的意志。

(2) 育才培智。劳动在青少年的智力发展中起着重要作用，通过实际操作和解决问题，可以发展学生的创造思维和丰富知识，提升智力。

(3) 育美健体。组织学生参加一定的劳动，可以锻炼他们的身体，增强体质，提高对疾病的抵抗力。

(4) 增强社会适应能力。通过劳动教育，学生可以学习如何适应社会生活和工作环境，提高自主学习、解决困难和与他人合作的能力。

(5) 培养劳动意识和价值观。通过劳动教育，学生可以体验到劳动的辛苦和价值，形成勤劳勇敢、尊重劳动的品质。

(6) 促进综合素质教育。劳动教育有助于培养学生的实践经验、实际能力和创新思维，

为职业发展和社会参与打下基础。

(7) 实现教育公平。社会劳动教育实践还有助于实现教育公平，为成绩较差的学生提供展示自己优势和才能的机会。这种教育方式弥补了不同学生之间的差距，使每个学生都有机会在实践中学习和成长。同时，劳动教育促进了学生的实践经验、实际能力和创新思维的培养，为未来的职业发展和社会参与打下了坚实的基础。

在社会劳动教育实践中，学生不仅能够学到实用的生活技能，还能在参与过程中找到个人的兴趣所在，从而丰富学生的精神生活，提高精神境界。这种教育方式通过引导学生参与各种劳动活动，如手工、农业种植与养殖、工业生产等，不仅解决了个人生活中的问题，还从中发展出个人的兴趣爱好，找到属于个人的精神寄托。此外，社会劳动教育还有助于培养学生的责任感和担当精神，帮助他们树立正确的世界观、人生观和价值观，成为具有综合素质的人才。因此，社会劳动教育在学生的成长过程中扮演着不可或缺的角色，对于培养社会主义建设者和接班人具有重要意义。

综上所述，社会劳动教育实践通过培养学生的劳动技能和价值观，增强学生的社会适应能力，促进学生的全面发展，同时丰富学生的精神生活，提高精神境界，具有重要的意义和作用。

二、社会劳动教育实践的内容

案例导入

湖南师范大学：在田野间上好“行走的思政课”

日前，湖南师范大学马克思主义学院第十七届“关爱在行动”暑期社会实践团赴湖南省娄底市涟源市长郡蓝田中学青烟校区开展了为期15天的支教活动。

2024年是“关爱在行动”实践团赴长郡蓝田中学青烟校区支教的第三年。作为一支思政专业的老牌支教队伍，2024年实践团成员以“行走的思政课”为主题，带领学生们在常规课程学习之外，进行红色论坛、师生运动会、非遗系列手工等社会实践活动，开展了太极拳、葫芦丝、舞蹈课等特色系列课程，丰富学生暑期生活。同时，支教与调研双管齐下，成员们用心、用情、用力开展涟源红色文化调研实践活动，挖掘当地红色基因。

以红色资源赋能思政课教学。实践团围绕红色电影赏析、红色剧本杀、红色论坛讲座、红色情景剧及红色研学开展了五场红色论坛系列活动。实践团成员将红色电影融入思政教育，带领学生们观看红色电影，通过电影片段赏析引导学生体会建党时期的筚路蓝缕。以中共一大51号文件为线索，实践团成员带领学生探案推理，帮助学生了解抗战时期中国的困境，体会幸福生活的来之不易。为缅怀革命先辈，实践团成员开展红色讲座，带领学生们对林觉民、赵一曼、江竹筠三位革命烈士的家书进行解读。以革命烈士林觉民的绝笔家书《与妻书》为主题，实践团成员通过理论讲解与情景剧表演相结合的方式，带领学生们身临其境再现革命场景。以知促行，以行求知，实践团成员带领学生们开展红色研学活动，在实践中重温党史知识，感悟先辈不易。

在实地研究中上好“行走的思政课”。实践团多次进行实地调研访谈活动，分别前往当地青烟社区、板桥社区、井泉社区了解近年来社区服务中心在党建引领、社区治理等方面所取得的成就及遇到的难题。双方围绕关怀老人群体、留守儿童安全教育、当地红色基因挖掘三大核心议题展开多次交流，致力于将红色文化融入社区教育，深入挖掘当地红色资源。

“活”用非遗资源，上好“大思政课”。实践团围绕走马灯、扎染和漆器三种中国传统非遗开展系列手工活动。实践团成员向学生们介绍了“走马灯”的历史来源及特点，并引导学生们在完成走马灯制作的基础上进行创新尝试。扎染活动中，实践团成员带领学生了解扎染的历史和种类，并通过播放视频讲解扎染步骤，带领学生亲手体验扎染。由漆器引出漆扇，实践团成员从简介、历史渊源、制作工艺、传承价值四个方面向学生讲述漆扇的相关知识，带领学生从了解到亲手制作，感悟非遗手工艺品的魅力。

在思政教育中注入人文精神，落实“立德树人”的根本任务。在常规课程开展外，实践团还开展了禁毒、生理健康教育、防溺水等社会性教育活动。以“法治护航，青春无毒”为主题，实践团成员向学生科普新型毒品种类，讲述吸食毒品将给自身、家庭、社会带来巨大危害。针对留守儿童安全防范意识不足的普遍现象，实践团成员围绕溺水表现、溺水自救方法、预防溺水途径、课堂题目测试四个部分开展防溺水安全知识讲座。围绕预防性侵害与青春期健康知识普及两个课时，实践团开展生理健康教育系列主题讲座。

团队负责人表示，未来，实践团将牢记“以人为本”的教育理念，继续将生命教育、生态教育、生活教育三位一体的“三生”思政育人体系融入乡村支教活动，以实践促教育，在乡间田野中上好“行走的思政课”。

资料来源：https://sxx.youth.cn/sxx_sjjs/202409/t20240914_15518692.htm.

（一）社会劳动教育实践的要求与原则

1. 社会劳动教育实践的要求

大学生社会劳动教育实践的总体要求：全面贯彻党的劳动教育方针，遵循大学生成长规律和教育的规律，以接触社会、认识社会、了解社会、适应社会为主要内容，以形式多样的劳动形式为载体，通过社会劳动教育实践促进大学生的全面健康成长。除此之外，社会劳动教育实践在实施过程中还要坚持全员性、教育性、创新性、协同性和系统性原则，充分发挥社会劳动教育实践的教育功能，引导大学生牢固树立劳动创造人，劳动创造价值、创造财富、创造美好生活的思想观念。

微课：社会劳动教育实践的要求与原则

2. 社会劳动教育实践的原则

（1）全员性原则。社会劳动教育实践是大学生认识真实的生活世界和职业世界的重要途径，从微观的角度来说，它是学生认识社会、锻炼自己的一个平台和桥梁；从宏观的角度来看，它是学校用来检验办学水平和质量的途径，引导学生投身于社会、增强社会责任感的重要方式，这就决定了大学生参与社会劳动教育实践必须坚持全员性原则。目前我国高校社会劳动教育实践存在着“主题式”“特权式”“阶段式”等现象，有的高校根据各教育部门和各级共青团的相关政策文件，结合自身院校特色选定劳动实践主题，这样学生就不得不按照学校的主题进行劳动实践，不能按自身条件和兴趣选择对应的劳动实践内容；有的高校通过建立社会劳动教育实践“示范队”“先锋队”等，选拔出一部分大学生进行有针对性的培养，造成对其余大学生社会劳动教育实践管理和个性培养投入不够，效果就大打折扣；还有的高校只在假期开展社会劳动教育实践，一方面造成社会劳动教育实践不能持续开展，另一方面也进一步加剧社会劳动教育实践资源短缺的现状。因此，高校开展社会劳动教育实践要遵循全员性参与的原则，形成"全员参与、个性培养"的良好局面。一方面，高校要统筹开展校内校外社会劳动教育实践，学生在校期间可以充分利用学校的资源和平台，例如开展社团志愿活动、学生寝室文明评比、勤工助学等劳动，假期可以开展家乡调研、社会实习等，形成连续性、持续性社会劳动教育实践机制。另一方面，高校要建立科学的考核机制，充分调动学生在社会劳动教育实践中的积极性、创造性和主动性，鼓励学生根据自身的实际情况和兴趣爱好，自主选择劳动实践内容和方式，保证社会劳动教育实践的教育效果。

社会劳动教育实践的全员性原则，由社会发展规律所决定，也是市场经济对高校教育教学提出的必然要求。社会的市场经济要求人具有灵活多变的适应能力、承受能力，更要求人具有开拓进取不断创新的能力。市场经济是规范有序的经济，它要求把个体创造与社会需求有机结合起来，同时市场经济导致分配体制的变革，大学生的择业具有自身的特点，既有自由度，又有激烈的竞争性，毕业生必须根据人才市场需求自主择业，即基于各用人单位招收具有敬业精神、独立工作能力以及过硬的专业知识功底的用人目标和倾向来自主择业，而这正是社会劳动教育实践的培养目的。

(2) 教育性原则。马克思在《资本论》中指出："一切劳动，一方面是人类劳动力在生理学意义上的耗费；就相同的或抽象的人类劳动这个属性来说，它形成商品价值。一切劳动，另一方面是人类劳动力在特殊的有一定目的的形式上的耗费；就具体的有用的劳动这个属性来说，它生产使用价值。"社会劳动教育实践是劳动的一种形式，但决不能与"出力""出汗"完全画等号，不能简单地认为出汗越多，劳动教育的效果就越好，更不能认为只有"下苦力"才是劳动实践，不"下苦力"就不是劳动实践。在改革开放前，劳动实践主要是生产劳动实践，如下田间地头、进厂矿车间等。1950 年时任教育部副部长钱俊瑞就提出了"教育为工农服务，为生产建设服务"，1958 年颁布的《中共中央、国务院关于教育工作的指示》就明确指出贯彻落实"教育与生产劳动相结合"的方针，这个时期的实践劳动主要方式是生产劳动，以体力劳动为主，呈现"劳""教"分离的特点。改革开放以来，对劳动实践的要求慢慢由"体力劳动"转向"体脑结合"，劳动实践的教育性逐渐突显。特别是党的十八大以来，对劳动实践的教育作用更加重视，《关于深入推进义务教育均衡发展的意见》《教育部、共青团中央全国少工委关于加强中小学劳动教育的意见》《中共中央关于深化教育教学改革全面提高义务教育质量的意见》等一系列文件先后出台，尤其是中共中央、国务院颁布的《关于全面加强新时代大中小学劳动教育的意见》，明确要求要充分发挥劳动教育人、锻炼人、塑造人的功能，强调劳动教育具有突出的社会性，提出高校要加强与社会生活、生产实践的直接联系，发挥劳动在个人与社会之间的纽带作用，让学生体会社会主义社会平等、和谐的新型劳动关系，增强学生深入社会、了解社会、服务社会的责任感和使命感。

(3) 创新性原则。社会不断发展，社会劳动教育实践也必须不断改进，要根据新的社会情况进行创新，提升创造性劳动的能力，以适应新情况、新要求、新发展。

首先，创新社会劳动教育实践顶层设计。"锐始者必图其终，成功者先计于始。"高校作为大学生社会劳动教育实践的主要组织者与实施者，是培养大学生创新性思维、提升创造性劳动能力的基础保证。2013 年 9 月 30 日，习近平总书记在中共中央政治局第九次集体学习时强调，要深化教育改革，推进素质教育，创新教育方法，提高人才培养质量，努力形成有利于创新人才成长的育人环境。高校开展社会劳动教育实践要有使命感，更需要创新意识。就目前社会劳动教育实践实际情况看，还存在一些不足，包括认识上的误区、课程上的滞后性、师资力量不足、教育途径单一等。对此，高校必须以改革创新精神去推动给社会劳动教育实践工作，提高对社会劳动教育实践的认识，科学优化课程设置，加强师资培训，拓宽社会劳动教育实践实施途径，切实为学生社会劳动教育实践提供机会、创造条件、搭建平台。

其次，创新社会劳动教育实践实施途径。社会劳动教育实践要紧跟国家发展需要，早期的大学生社会劳动教育实践采取上山下乡、进厂矿、进农场等方式，随着社会发展的需要，新时期社会劳动教育实践要更注重结合新技术新产业新业态，尤其现在大学生主要是“00后”“10后”，这一代人是伴随着互联网长大的，作为“网络原住民”，除了继承传统社会劳动教育实践教育的做法，更要结合网络时代的特点，充分运用网络信息技术、模拟仿真实验、人工智能等形式拓展劳动方式方法，组织社会实践活动，让劳动教育活起来、实起来、动起来。切不可窄化社会劳动教育实践，一提到社会劳动教育实践，就只能想到去社会兼职打工。

最后，创新社会劳动教育实践培养的方式方法。当学生用汗水和劳累换来宿舍的干净整洁，用双手种下一棵棵树苗、一朵朵美丽的花，他们会切身体会到“劳动最美丽”；当学校把劳模请进课堂，面对面与学生沟通交流，聆听劳模工匠们的亲身讲述，学习护林员、快递员、邮政投递员、医生、环卫工人等社会各行各业的从业者，他们在平凡的岗位上取得了不平凡成就，学生会直观感受劳模精神，感受“劳动最光荣”，深刻领悟劳动创造美好生活的真实内涵。

(4) 协同性原则。由于社会劳动教育实践具有开放性、跨学科性、综合性等特点，不仅要求学校、教师、学生与家长及社会之间相互配合，家庭、学校、社会形成合力，协同完成任务，还要求学生自主参与设计劳动、协商选择主题、确定劳动内容、共同组织实施及评价。人才培养离不开教育，教育活动离不开资源。社会劳动教育实践体系的形成需要政府、社会、学校、家长和大学生的共同参与，而不能仅看作是政府或者高校的事，要通过社会的大力支持使得社会劳动教育实践成为一项社会性、系统性教育工作。教育部印发的《大中小学劳动教育指导纲要(试行)》对劳动的条件保障做了明确要求，指出要统筹规划配置实践资源，充分发挥高校实践基地和场所的作用，利用政府和社会资源，联合建立志愿服务劳动基地、劳动实践基地；此外，还进一步提出要建立协同实施机制。

社会劳动教育实践需要社会的大力支持，建立稳定基地。基地建设是大学生社会实践活动系统化、经常化、制度化的重要措施和发展趋势。建立社会劳动教育实践基地可实现高校和企业的“双赢”：一方面，可以为企业增强自身发展的活力和科技含量，通过双向沟通最终达到双赢；另一方面，高校可利用假期活动，发挥人才、技术、信息等方面的优势，尽可能结合经济建设和生产任务来安排劳动实践，与企业互惠互利。此外，高校还可充分调动社会各项资源，如安排学校附近的一批荒地、山林、草地等作为生态绿化实践基地；与相关专业厂矿企业合作，建立起作为社会调查实习实践活动基地；充分与政府相关部门合作，建立社区、福利院、医院、博物馆、科技馆、图书馆等志愿服务劳动基地，丰富社会劳动教育实践教育资源。同时，高校要注重加强师资队伍建设，根据各院校特色，采取专职与兼职相结合、固定编制与流动编制相结合、存量提升与适度招聘相结合，合理调整和配备队伍，提升社会劳动教育实践教师的专业素质和能力。

此外，社会劳动教育实践的开展也需要家长的理解和支持。中国历来有“万般皆下品，唯有读书高”的育人观，加上近年来经济的不断发展，家庭经济条件不断改善，家长们更愿意支持孩子参加各项考试取得直观成绩，而忽视社会劳动教育实践的重要性，甚至对社会劳动教育实践不以为然。家长是学生的第一任老师，要转变对孩子成长的片面性评价观念，更好地参与到孩子社会劳动教育实践中来。

(5) 系统性原则。如果说大学生劳动教育是一个大的系统工程，那么社会劳动教育实践就是其中一个子系统，要运用系统科学理论来指导大学生社会劳动教育实践，使之标准化、规范化、系统化。例如，《大中小学劳动教育指导纲要(试行)》规定了对不同学龄的学生进行递进式劳动教育的要求。对于中小学低年级学生，主要以简单手工、自己动手清洁整理为主，中高年级学生就提出要开展日常生活劳动和职业简单劳动；对于高校大学生的要求就更高，除了日常劳动卫生和公益服务，还要强调开展生产劳动和服务性劳动，强调劳动教育从简单劳动、原始劳动向复杂劳动、创造性劳动循序渐进发展的重要性。高校建立科学的大学生社会实践机制，不仅促进社会劳动教育实践的科学化与规范化，更切实推进社会劳动教育实践育人目标的实现。系统性的社会劳动教育实践，是了解和掌握学生参加劳动的情况和取得效果的有效保障。一方面，高校要结合开设劳动实践相关课程，提高学生社会劳动教育实践知识。例如，可以通过系统学习工匠精神、劳模精神等方面的内容，培养学生的马克思主义劳动观；通过学习劳动法律、法规，增强学生的社会劳动教育实践法律意识。另一方面，高校要将劳动实践与学科专业有机融合，不断深化产教融合。例如机械类专业的同学，根据教学计划，可在大学二年级开展创新创业实践、金工实习等，在此基础上大学三年级可以进行生产实习，在毕业前再开展毕业实习，循序渐进地培养学生的社会劳动教育实践能力和水平。

(二) 社会劳动教育实践的类型与特征

微课：社会劳动教育实践的类型与特征

1. 社会劳动教育实践的类型

大学生社会劳动教育实践是大学生接触社会、认识社会、了解社会、适应社会的重要方式和途径，是学生认识社会的第二课堂，也是理论和实践相结合的纽带。根据劳动内容的不同，大致可以分为三类：以社会了解研究为主的社会劳动教育实践、以社会生态治理为主的社会劳动教育实践和以社会服务为主的社会劳动教育实践。这三种劳动实践类型虽然具有不同的劳动目的、以不同的方式实现、占用不同的资源等特征，呈现出一定的独立性，但它们都是以大学生为主体、以高校为依托、以社会为基地、以劳动为途径，共同促成劳动育人目标，三种类型相互依托、紧密相连，构成大学生社会劳动教育实践体系。

(1) 社会了解研究类。这类社会劳动教育实践是指大学生有意识、有目的、有计划地对相关的社会事实和社会关系所进行的调查研究，了解和掌握社会生活本质和规律的过程，主要使用社会调查等研究方法。调查研究是了解社会本质的重要途径，但要想做好社会调查，需要科学合理地进行整体规划，按照一定程序进行调查：在选题阶段要注意结合国家形势和政策，并结合自身条件和资源，选定感兴趣的问题(如新农村建设、西部开发等)之后，要提前做好计划，预先做好保障措施和必要的物资准备，通过选择适当的调查方式和方法，最终完成调研目标。我们党历来重视调查工作，毛泽东同志提出没有调查就没有发言权，社会调查研究是大学生了解社会、认识社会的第一步，尤其是到农村地区进行社会劳动教育实践。2017 年 10 月 18 日，习近平同志在党的十九大报告中提出了乡村振兴战略，指出农业、农村、农民问题是关系国计民生的根本性问题。乡村振兴的重点在经济，难点在文化，关键在人才。大学生在社会实践的过程中走进基层，走进农村，了解农村，可对国家战略规划、方针政策等有更加深刻的了解，可在实践劳动中发现机遇、转变认识，充分利用自身学科专业优势，将所学专业知识转化为乡村发展的技术支撑条件，在为乡村振兴贡献力量的同时解决自身就业问题，实现人生价值。

(2) 社会生态环保类。纵观人类文明发展史，生态兴则文明兴，生态衰则文明衰。近年来，工业化进程得到了前所未有的发展，但也给生态环境带来了前所未有的压力和创伤。值得注意的是，生态问题正在成为人类社会发展道路上的新"掣肘"。毫不夸张地讲，生态问题不解决，构建人类命运共同体和实现人类幸福美好生活的目标就无从谈起。但全球生态治理现状并不乐观：一方面，大气质量的持续恶化、土壤沙化、可用淡水量和动植物种类减少等，使人类生存的条件不断恶化；另一方面，人口过度膨胀，资源的浪费进一步加剧，又使生态持续恶化。我国向来尊重自然、热爱自然、敬畏自然，一直都把生态环境作为民之福祉。习近平总书记强调，地球是全人类赖以生存的唯一家园，我们要像保护自己的眼睛一样保护生态环境，像对待生命一样对待生态环境。大学生作为新时代的主力军、我国未来建设发展壮大的力量，对于生态文明的建设和发展有着不可推卸的责任和历史重担，因而以生态环保为主的社会劳动教育实践必须作为重要实践内容来推行。以社会生态环保为主的社会劳动教育实践形式多种多样，例如在垃圾分类劳动实践中培养绿色生活意识，开展植树造林等活动，充分发挥校园资源，开展校园绿化、美化、清洁等活动，在劳动中增长大学生的生态知识，培养生态道德意识和习惯。

(3) 社会服务劳动类。大学生社会服务性劳动，是大学生在不追求物质回报的情况下，积极服务社会，促进社会进步而自愿进行的社会实践工作，包括社会志愿服务、公益劳动、社会帮扶等。志愿服务是社会文明进步的重要标志，起初源于19世纪初西方国家宗教性的慈善服务，后逐渐制度化、专业化，形成自愿、无私、奉献的公益精神。大学生社会服务性劳动有助于大学生学以致用，在志愿服务中了解社会、认识社会、回报社会，同时，也可以提高大学生志愿服务者的知识面，引发大学生积极思考，为毕业后进入社会做好准备。高校可以充分利用学校的平台和资源，为大学生提供服务岗位，例如图书馆志愿服务者。同时，也应该充分发挥社会力量，增加大学生服务劳动的途径和资源，例如可以就近就便与社区建立联系点，引导大学生向孤寡老人、残疾人等社会弱势群体送温暖，辅导和帮助留守儿童学习文化知识，参与社区的美化绿化建设等，以使大学生更加了解基层民情民意，增强大学生社会责任感；开展社区帮扶，有计划有目的地举行社会募捐和义卖等，可充分锻炼学生们与他人沟通交流的能力。此外，国内大型体育赛事、活动中，大学生也是志愿者主力，这是"双赢"的社会实践形式，大学生的高素质、高学历、高技能可以为比赛的顺利进行提供支持，同时大学生也可以从中锻炼专业能力、提高沟通能力，培养团队精神。

2. 社会劳动教育实践的特征

(1) 思想性与实践性相统一。思想性是劳动教育的灵魂，它注重强调劳动是一切财富、价值的源泉，劳动者是国家的主人，一切劳动和劳动者都应该得到鼓励和尊重，作为劳动教育手段的社会劳动教育实践同样具有这一特征。坚持社会劳动教育实践的思想性，要注意必须坚定不移地以马克思主义劳动观作为理论指南，坚持劳动教育者必须具有高尚道德情操，把深入劳动生活、了解人民群众作为现实根源。现阶段增强社会劳动教育实践的思想性就是要始终弘扬社会主义核心价值观，倡导通过诚实劳动创造美好生活、实现人生理想，反对一切不劳而获、崇尚暴富、贪图享乐的错误思想。

实践性是马克思主义的根本特征。社会劳动教育实践的主要目的是通过引导学生进行社会劳动教育实践，在认识世界的基础上，更好地改造世界和塑造自我，实现从认识世界到建设世界的过程，而这一过程是建立在社会实践基础上的。社会劳动教育实践的实践性从形式上指的是学生必须切切实实去社会上“劳”，而不能简单地停留在课堂上去“听”，或者停留在网络或电视上“看”，停留在脑袋里去“想”，突出强调了学生走进社会、面向真实的生活世界和职业社会的重要性，强调学生要通过实实在在的社会劳动教育实践，感受和体验劳动的不易，从而获得有积极意义的价值体验，而不能通过理论上的、表面上的、形式上的外部灌输。

社会劳动教育实践既符合一般劳动教育的特点，又具有自己不同于一般劳动的特征，相比其他劳动教育方式，社会劳动教育实践具有更突出的实践性，这就要求社会劳动教育实践过程中，不仅要对具体实践进行指导，更要关注这一过程中社会劳动教育实践对教育者和被教育者的改造作用，即体现其思想性与实践性的统一。

(2) 社会性与封闭性相统一。社会劳动教育实践的社会性体现在教育教学实施过程中的方方面面，如培养目标是为引导学生走进社会、了解社会和贡献社会，实践路径不仅需要在社会中推进实施，更是离不开社会各界的协助支持。从本质上讲，社会劳动教育实践就是为了充分发展学生的社会性，通过引导学生参加社会劳动教育实践，增强其社会责任感和使命感，即完成培养社会人的过程。实施社会劳动教育实践的重点，在于通过学校教育与社会生活、生产实践的直接联系，发挥劳动在个人与社会之间的纽带作用，引导学生形成正确的劳动价值观、良好的劳动品质并掌握高超的劳动技能。同时，在社会劳动教育实践过程中，注重强化集体意识、建立职业团体和伦理道德等方式，让学生学会分工合作，培养受教育者的劳动批判精神和开拓创新能力，体会社会主义社会平等、和谐的新型劳动关系，进一步推动社会的改革和进步。

社会劳动教育实践教育的封闭性是指高校要保证教育教学的主动权，坚持遵循教育的本质规律，坚持中国特色社会主义教育内容，坚持马克思主义劳动观，不能完全受市场经济规律的支配和社会需求的干涉，要坚定不移地坚持中国特色社会主义教育道路。社会劳动教育实践的教育本质决定了必须坚持社会性与封闭性相统一，在推动社会劳动教育实践教育的开展的同时，坚持社会主义办学方向。一方面，其社会性可以使高校更加与时俱进，更加开放灵活高效，通过主动接触社会，可以为实现整体教育目标提供物质基础和基本条件，通过服务社会，逐步形成高校的特色，通过满足社会需求，检验高校的教育质量和水平；另一方面，社会劳动教育实践教育必须遵循培养德智体美劳全面发展的社会主义建设者和接班人这一教育目标，这就需要社会劳动教育实践教育具有相对封闭性，能够排除来自外界的干扰，充分发挥教师和学生的主体精神，遵循人才成长的客观规律，为发展学生的个性特长创造必要的环境条件。

(3) 计划性与自主性相统一。社会实践劳动教育不能简单看成是大学生在社会中进行的具体劳动，而是在培养目标下，有计划、有组织地走入社会、了解社会和服务社会的教学活动。教育内容的设置要有计划性，社会劳动教育实践教育要反映德育教育的本质，必须坚持为人民服务的指导思想，这就要求在教学内容的设置上，坚持马克思主义劳动观和社会主义和谐劳动关系，围绕劳动精神、劳模精神、工匠精神等方面来设置课程内容。在劳动实践途径上，注重开展服务性社会劳动教育实践，如“三支一扶”“三下乡”“四进社区”“青年红色筑梦之旅”等，让学生积极参加到社会服务型劳动、公益志愿活动、生产劳动中去，培养学生主动作为的奉献精神。树立服务意识，将自己所学知识和技能转化到全心全意为人民服务的事业中。社会实践劳动教育的计划制订要科学有效，计划目标不可太低或者太高，太低无法调动学生的积极性，而太高又容易打击学生的自信心，要遵循学生的成长规律，结合专业特点、兴趣爱好、劳动基础、社会热点等来制订，进而保证社会劳动教育实践教育的效果。

同时，也应看到社会实践劳动教育不同于其他的理论课程，它需要让学生自己走进真实生活、生产和社会中去，亲历实际劳动，通过直接创造物质财富或劳动成果，体验劳动创造人、劳动创造价值、创造财富，这些都是需要学生的亲自参与才能完成的，也就意味着社会实践劳动教育的实施离不开学生主动积极的实践和各种亲自参与，即具有自主性特征。在社会实践劳动教育中，不能仅将学生视为受教育者或者“听众”，而要尊重学生在社会劳动教育实践中的主体地位，关注学生的兴趣爱好和需求，在劳动内容和方式的设置上给予学生一定的“自由空间”，可结合学生的成长环境和社会生活，设置有针对性的、个性化的劳动主题和方案，充分发挥学生在社会实践劳动教育中的主动性和积极性。

(4) 指导性与生成性相统一。推动社会劳动教育实践教育教学的改革创新，既要坚持指导性，又要注意生成性，既需要依靠教师的主导与落实，也离不开学生主动参与，两者相互依赖，缺一不可。

大学生社会劳动教育实践离不开劳动课教师的指导。劳动课教师是社会劳动教育实践教育的重要环节，国家、高校关于社会劳动教育实践的方针政策，最终都需要劳动课教师在指导学生社会劳动教育实践中落实。作为社会劳动教育实践的主体，劳动课教师的劳动意识、劳动观念、劳动素养可以直接影响教育的成效，学生基本的劳动知识和技能的掌握、正确的劳动观念的树立、积极正向劳动精神的塑造、良好的劳动习惯和品质的培养，都需要通过劳动课教师主导的教学活动来落实。因此，高校要建立健全社会劳动教育实践教师队伍考核机制，根据学校自身特点，建立社会劳动教育实践的规划、实施、考核、评价等；注重加强劳动课教师的培养，将社会劳动教育实践设置为培训内容，重视教师的知识更新，提高教师的劳动素养，提升教学创新能力；同时，作为社会劳动教育实践的教师，自身也要关注社会、了解社会、深入实践，这样不仅有助于教师巩固强化所学所教的理论知识，也可以保持实时了解行业发展动态和社会发展动向，反哺教学，为社会劳动教育实践的教育教学提供保障。在社会劳动教育实践中，教师要准确把握育人导向，密切联系培养学生新时代社会主义劳动观这一主题，全面促进学生成长成才这一目标，充分彰显树德、增智、强体、育美的育人功能，引导学生走进社会、了解社会、贡献社会。

美国心理学学者维特罗克在 20 世纪 70 年代提出生成性学习理论，该理论认为学习是一个主动的过程，学习者在学习中可以主动构建自己对信息的解释。社会劳动教育实践的生成性是指教师在开展教育教学过程中，要充分发挥社会劳动教育实践这一教育方式的社会性、开放性特点，注意发挥学生的主体性，充分开发学生潜能、培育学生的创新思维。

三、社会劳动教育实践的作用

微课：社会劳动教育实践的作用

1. 社会劳动实践是育人的重要手段

我国教育历来重视社会劳动教育实践的作用，一直把实践作为教育的重要内容和手段。"读万卷书"固然重要，"行万里路"更不可少。孔子曰："先行其言，而后从之。"强调实践的重要性；李时珍"远穷僻壤之产，险探山麓之华"，足迹踏遍湖南、湖北、江西、江苏、安徽等地，终于写成《本草纲目》这一巨著；地质学家李四光多次实地考察太行山、九华山、天目山、庐山等，纠正中国没有第四纪冰川的错误说法。我们党历来重视教育与社会劳动教育实践的结合，1954 年，中央在《关于改进和发展中学教育的指示》中指出，"应当配合着课堂教学，适当组织学生做一些力所能及的有教育意义的体力劳动"；1958 年，共青团中央在下发的《关于在学生中提倡勤工俭学的决定》中强调，开展勤工俭学活动，必须有计划有步骤地实施，要量力而行，注意在具体实施过程中做好对青年学生的思想政治工作。改革开放后，曾一度出现了"重理论、轻实践"的倾向，评价学生的标准出现唯成绩、唯奖项论，学生开始远离社会、远离劳动，更多的是坐在教室里、待在课堂上被动接受教育，学生脱离社会劳动教育实践的现象日益突出，因而造成部分学生出现社会责任感缺失、自我生存能力低、缺少感恩之心等问题。党的十八大以来，党和国家高度重视社会实践育人作用，将"教育为人民服务"写入党的文件，提出要构建德智体美劳五育全面发展的教育体系。大学生正处于身心趋近成熟而又未完全成熟的阶段，这一阶段也是一个人世界观、价值观、人生观初步形成的时期，他们通过走进社会倾听基层真实声音、观察社会万千现象、亲自参与真实生活和职业社会，可获得最直观的、最实际的感受，塑造政治品格、道德品质和社会行为，提升社会责任感和历史使命感，从而担负起青年的时代责任。

2. 社会劳动实践是德育的有效补充

2017 年 8 月，教育部发布的《中小学德育工作指南》指出，要坚持教育与生产劳动、社会实践相结合，坚持学校教育与家庭教育、社会教育相结合，不断完善中小学德育工作长效机制，全面提高中小学德育工作水平，为中国特色社会主义事业培养合格建设者和可靠接班人。社会劳动教育实践是落实实践育人的有效途径。开展社会了解研究类劳动实践有助于学生了解社会，促进知行合一，为学生自觉将个人理想融入国家发展、国家需求奠定基础，提高毕业后服务国家、服务社会的能力；开展社会生态环保类劳动实践，通过节粮节水节电教育活动、环境保护和绿色消费等劳动实践，有助于学生树立尊重自然、顺应自然、保护自然的环保理念，促进学生进一步了解我国的自然资源概况和地理地貌，增强国家认同；开展社会服务类劳动实践，学生在关注社会发展和满足社会需求的同时，自身通过服务社会、回报社会，可进一步了解社会、走进社会、融入社会，增强社会责任感和荣誉感。

中国共产党是工人阶级的先锋队，当代大学生只有通过深入参加社会劳动教育实践，才能增强大学生爱党、爱国、爱人民的深厚感情，才能深刻领悟党的宗旨，才能为共产主义的远大理想和中国特色社会主义的共同理想而努力。2021 年 7 月 15 日，习近平同志在庆祝中国共产党成立 100 周年大会上的讲话中指出，我们已经实现了第一个百年奋斗目标，正在向全面建成社会主义现代化强国的第二个百年奋斗目标迈进。这个目标的实现，需要广大有志青年的接续努力和不懈奋斗，大学生作为掌握先进知识技术和高质素青年群体，更要在社会劳动教育实践中培养奋斗精神、劳动精神和奉献精神。

3. 社会劳动实践是形成教育合力的重要途径

教育的有效实施需要高校、家庭和社会三者的合作已成为共识，学校通过教育教学让学生拥有扎实的基础知识、健康的心理和良好的行为品行，家庭中父母或者亲属通过潜移默化的影响，培养学生的道德品质和行为习惯，良好的社会教育增长学生的阅历见识，丰富学生的精神生活，学校、家庭、社会三者的有机结合，是落实立德树人根本任务的重要方式。但在学校、家庭和社会结合中，存在各种不平衡、不融合状态，如家庭虽然是学生教育的第一课堂，但由于家长的知识水平参差不齐，无法规范地、均衡地参与到学生的教育教学中来，社会教育也往往无法有效发挥作用。

社会劳动教育实践为学校、家庭和社会的教育融合提供契机。社会劳动教育实践的开展需要学校教师进行科学的设置和专业的指导，又需要社会提供资源和平台保障其顺利进行，同时家长相对丰富的社会经验阅历也可以参与到劳动实践中来，通过社会劳动教育实践这一“媒介”，学校、家庭和社会可以有效形成“三结合”整体育人体系。一是教育形式的协作。高校作为教育的主阵地和主渠道，可以为学生社会劳动教育实践提供“演练场”，例如组织植树造林，利用节假日开展公益志愿服务宣传等；家庭要发挥好“训练场”的重要作用，积极鼓励学生参加社会劳动教育实践；社会作为社会劳动教育实践教育效果的“检验场”，衡量教育成效的同时，又可以进一步改进改善教育方式。二是教育内容的丰富。高校要强化马克思主义劳动观的教育，培育学生社会劳动教育实践所需要的科学知识和劳动素养；家长要改变观念，摒弃唯分数、唯成绩衡量孩子的成长成才的错误观念，改变“学而优则仕”旧的传统观念，充分认识社会劳动教育实践对孩子发展的重要性，支持其走进社会、了解社会、服务社会，培养孩子到艰苦地区和行业工作的奋斗精神；大学生要通过社会劳动教育实践，形成对当今社会整体的、全面的、系统的认识，学会认清社会风气、社会舆论、社会价值取向中的消极方面，进而形成和确定社会主义核心价值观。三是教育方法的互补。高校教育方法以语言和图像传递为主，如教师讲授课程、指导谈话，学生之间的分组分类讨论，参观实习，演示教学等；情感传递是家庭教育的特点；社会提供丰富的劳动实践资源和平台，让学生自主进行体验、实践进而获得直接或间接经验。多种多样的教育方法，更能满足学生不同年龄、心理、兴趣特点的社会劳动教育实践需求。

4. 社会劳动实践是提升综合能力的重要过程

社会劳动教育实践对提升大学生的综合素质和专业技能具有重要作用：一是促进学生德才兼备。实践是检验真理的唯一标准，大学生在课堂所学到理论知识和技能，通过社会劳动教育实践得到检验和考核，从而推动和促进课堂理论的学习。如大学生通过亲自组织团队进行社会调查，能够进一步掌握调查研究的理论知识、方法、技巧和相关规定，能够更加认清自己、了解自我，了解社会、认识社会，在服务社会的过程中更加灵活、牢固地掌握知识。二是提升大学生的适应能力。大学生在开展社会劳动教育实践过程中，需要“半脱离”学校和家庭的单纯环境，独自面对社会劳动教育实践中的各种情况和突发状况，尤其是各种困境或难题，这时就需要大学生调动和发挥自己各方面的知识和能力，如发现处理问题能力、组织能力、合作能力、沟通交流能力、统筹协调能力，以及总结改进能力等，这一过程可以促进大学生自身智力、意志力和人格的塑造，充实完善自我，从而提高大学生的综合适应能力。三是促进学生形成健康乐观的积极心态。大学生在进入大学前，大部分的时间都用于课堂的学习，接触和了解的主要是老师、同学和家长，生活轨迹基本是学校—家庭—学校，生活经验单一。通过亲身参加各项社会劳动教育实践，如到医院、图书馆、社区、养老院、贫困山区等进行志愿服务，与社会各行各业进行广泛深入交流，可增加工作经历和人生经验，培养吃苦耐劳、独立自主的能力，促进学生以更平和、务实的心态看待学习、生活和工作，进而形成务实、感恩、乐观、积极的健康心态。

四、社会劳动与实践

微课：社会劳动与实践

(一) 社会调查

社会调查是社会“调查”和“研究”的简称。社会调查是指一种采用自填式问卷或者结构式访问的方法，系统、直接地从一个取自总体的样本那里收集材料，并通过对资料的统计分析来认识社会现象及其规律的社会研究方式。大学生参加社会调查活动有利于增强社会责任感，增加社会阅历、职业阅历，通过了解社会需求和实际职业需求，提高综合应变能力。

1. 确定主题

社会的丰富性和人类活动的多样性决定了调查研究的主题丰富多彩，选好研究课题是社会调查研究的起点。对一项社会调查的选题加以评判的主要标准包括选题的价值、时效性、前瞻性、可操作性及可行性等。大学生应根据当前国家经济形势和相关的方针政策，以及自己的专业、兴趣和爱好，结合社会调查的要素特征，选定一个值得研究的问题，并通过查阅必要的文献资料、咨询相关老师等方法最终确定调查主题。

确定调查主题之后，可按以下三类题材进行主题的细化：一是某一人群的社会背景，既包括人口统计的基本信息（如性别、年龄、职业等），又包括人们生活环境方面的内容（如家庭构成、居住形式等）。这类题材客观性很强，几乎所有社会调查都包括这一题材。二是某一人群的行为和活动，如大学生几点起床，每周运动几次，这类题材通常也是基于客观事实，构成大部分社会调查的主要内容。三是某一人群的意见和态度，如大学生怎么看待“慢就业”现象，大学生对人才引进有什么意见等，这类题材是主观性的。

2. 设计问卷

问卷是社会调查研究中用来收集资料的工具，它在形式上是一份精心设计的问题表格，其用途是用来测量人们的行为、态度和社会特征。它通常包含封面信、指导语、问题、答案等几个部分。

封面信，即一封致被调查者的短信。其作用在于向被调查者介绍和说明调查的目的、调查单位或者调查者的身份、调查的大概内容、调查对象的选取方式和对结果保密的措施。封面信的语言要简明、中肯，篇幅不宜长。举例如下。

农旅融合发展促进×××脱贫攻坚调查问卷

亲爱的×××居民：

您好！感谢您在百忙之中填写我们的问卷！我们是×××轻工大学管理学院旅游管理系的学生，为了解×××农旅融合发展促进脱贫攻坚的情况，从而为×××的脱贫攻坚工作和农旅融合高质量发展提供策略建议，特邀请您抽出10分钟左右的时间，根据自己的实际情况在适合的答案号码上画圈或者在空白处直接填写。本次问卷采用匿名调查的方式，仅供研究使用，不会泄露您的个人隐私，感谢您的支持和配合！

负责人：×××大学管理学院学生×××

联系方式：×××××××××××

指导语，即用来指导被调查者填写问卷的解释和说明。大学生在社会调查中问卷设计的填写方式比较简单，指导语很少，常常在封面信中用一两句话说明即可，例如，"根据自己的实际情况在适合的答案号码上画圈或者在空白处直接填写"。

问题和答案是问卷的主体，也是问卷设计的主要内容。从形式上看，问题可以分为开放式和封闭式两类。开放式问题是指提出问题，但不为回答者提供具体答案，由回答者根据自己的情况自由填答的问题。例如，"您对于农业旅游扶贫工作有什么好的想法与建议"。而封闭式问题，则是在提出问题的同时，还要给出若干个答案，要求回答者根据实际情况进行选择。例如，"您对农业旅游扶贫工作有哪些期待"就是一个开放式问题，但是，当在下面列出了若干个答案，要求回答者选择其中几项作为回答时，就变成封闭式问题。举例如下。

您对农业旅游扶贫工作有哪些期待？[多选题]

□ 经济补偿

□ 就业安置

□ 扶贫贷款

□ 旅游职业技能培训

□ 创业项目指导和资金支持

□ 其他

问卷设计中要注重语言形式，措辞要简短、明确、通俗、易懂，问题的语言要尽量简单，问题的陈述要尽可能简短，问题要避免歧义，问题不能有倾向性和诱导性，不要使用否定形式提问，不要设置回答者不知道的问题，不要直接询问敏感性问题。

问题的顺序要遵循一定的规律，要把简单易答的问题放在前面，把复杂难答的问题放在后面；把被调查者熟悉的问题放在前面，把被调查者感到生疏的问题放在后面；把能引起被调查者兴趣的问题放在前面，把容易引起紧张或者顾虑的问题放在后面；一般先问行为方面的问题，再问态度、意见、看法方面的问题；个人背景资料一般放在开头，若有开放式问题，则应该放在问卷最后。

3. 资料收集

社会调查的资料收集方法主要有两种：一种是自填问卷法；另一种是结构访问法。自填问卷法是指调查者将调查问卷发送给被调查者，由被调查者自己阅读和填写，然后由调查者回收。其中又细分为个别发送法、集中填写法、邮寄填写法和网络调查法。结构访问法是指调查者依据结构式的调查问卷，向被调查者逐一提出问题，并根据被调查者的回答进行记录。结构访问法也可细分为当面访谈法和电话访谈法。

4. 分析总结

资料收集后就进入分析阶段，本阶段的工作重点是审核、整理、统计、分析调查收集的资

料。通过调查所获得的数据资料往往并不能直接为研究者提供有效的信息，这时就需要借助统计方法和技术，对调查资料进行整理与分析。从统计方法的具体运用而言，对社会调查数据的分析可以从两个层面进行，即描述统计和推断统计。如果仅就某次调查的数据进行整理、概括，对该组数据的分布特征加以描述，或者对变量之间的关系加以探讨，则称为描述统计。推断统计是根据样本所提供的信息，运用概率的理论对总体的分布特征和变量关系进行估计、推测。社会调查研究在运用推断统计时，主要是对总体的参数进行估计和对研究假设进行检验。描述统计是推断统计的基础，推断统计是通过样本的描述统计信息来估计、推测总体，从已知情况推测、估计未来情况。

资料分析结束后，可以动笔撰写社会调查报告。社会调查报告是针对社会生活中的某一情况、某一事件、某一问题，进行深入细致的调查研究，然后把调查研究得来的情况真实地表述出来，以反映问题，揭露矛盾，揭示事物发展的规律，向人们提供经验教训和改进办法，为有关部门提供决策依据，并为科学研究和教学部门提供研究资料和社会信息的书面报告。大学生社会调查报告作为其中的一种，是高校学生对社会生活中的某一情况、某一事件、某一问题，进行深入细致的调查研究，然后把调查研究得来的情况真实地表述出来，用以反映问题，揭露矛盾，揭示事物发展的规律，向学校提供社会信息的书面报告。

对大学生而言，调查的过程和结论要通过完整的调查报告呈现出来。因此，调查报告是衡量一项调查研究整体水平的重要依据。社会调查研究报告的文字与写作风格应尽量采取客观的表述，语言要准确、朴实、简洁、生动，可以采用必要的图表和数据说明问题。

知识链接

城市留守儿童教育问题及对策研究

——以武汉市东西湖区××学校为例

目前城市留守儿童以及城市留守儿童衍生的相关问题已成为我国政府和社会各界高度关注和重视的问题。它的教育研究直接关系到未成年人思想道德建设方针的贯彻与落实，关系到和谐社会的构建，关系到学校办学目标的实现和教育教学质量的提高。因此×××大学经济与管理学院分团委书记××老师带领经管学院青年志愿者协会的六名志愿者在暑假期间对东西湖区××学校部分城市留守儿童及其家长进行了家访，以此了解城市留守儿童的生活学习以及心理情况。

(1) 总体现状。现阶段，我国的城市留守儿童是指由于各种条件限制不能长期与父母生活在一起，而交由他人代为抚养、教育和管理的、户籍在城市或城镇的 18 岁以下的未成年人。由于户籍性质、教育教导方式、生存和发展环境、家庭出身等方面的差异和不同，城市留守儿童相较于农村留守儿童，除拥有留守儿童的一般共性(即同样面临着缺乏亲情、监护不利、心理焦虑、学业失教和安保不得力等诸多问题)外，还具有自身的个性。在实际生活中，城市留守儿童典型的表现为家庭教育被忽略，处于真空状态。从生活环境来看，虽然城市留守儿童在物质生活条件上相对富有，但他们既缺乏父母的情感关爱和精神抚慰，又缺少家长的教育和监管，他们的生活存在着更多的诱惑，也存在更多“状况”发生的可能。

在武汉市东西湖区××学校 14 周岁以下留守儿童学生(一至九年级)共计 370 余名。本次我们的调查对象选取东西湖区××学校 12～14 岁的、父母外出打工的城市留守儿童，通过问卷调查、访谈、实地考察等方法展开研究，在全面收集整理城市留守儿童教育的相关概念和相关研究经验的基础上，分析城市留守儿童在家庭教育问题、心理问题、学习情况、道德行为和安全问题等方面的现状，然后针对问题进行成因分析，并提出相应的策略和解决办法。本次调查我们一共选取了××学校共计10名留守儿童，在7月10日和7月11日两天，分别前往其家中对孩子与家长进行相关访谈。

(2) 存在的问题如下。

① 监护人大多为老年人——爷爷、奶奶、外公、外婆。爷爷、奶奶、外公、外婆大多只注重满足孩子平时生活中物质上的需求，对孩子的教育方面缺乏经验，在教育方面大多只注重孩子的考试成绩，对孩子平时的校园生活以及心理活动了解较少。

② 父母缺少对孩子心理需求的关注。认为给予孩子一定的物质条件，让其吃饱穿暖即可，较少参与到孩子的心理成长发育之中。

③ 学校对于留守儿童的教育措施不足。××学校由于地理位置特殊，学校留守儿童所占比例很大。而大多数外出务工家长对孩子的教育依赖于老师和学校，面对如此多的孩子，老师和学校无法面面俱到。

④ 12～14岁孩子的心理发育加速，容易出现负面情绪。由于缺少家人和学校的帮助，在面对许多复杂的矛盾和困惑时，不知道如何正确处理。

⑤ 部分孩子的家庭收入情况较差，对于孩子日常生活的基本需求都难以满足。

(3) 建议与对策。

① 家访过程中，调查者发现多位家长对孩子的学习并不是特别重视。团队认为，留守儿童的监护人，要正确看待监护的对象，不能过于溺爱，不能只提供衣食住行等物质条件。要多沟通、多交流，加强对孩子的教育，给予其精神层面的关爱。

② 父母出门在外，如果不方便经常回家，可以利用现代移动通信工具(如微信)，经常与孩子视频交流。在与孩子的交流中，应以温情为主，少一点批评、指责，让孩子真真切切地感受到父母的爱，过多的批评、指责会使孩子产生逆反心理。父母不在身边是很难发现孩子的心理问题的。

③ 外出的父母要尽可能多地与孩子互动，做到缺位不缺职；还要与监护人、学校班主任保持经常性的联系；最好多与孩子团聚，增进相互感情。此外，被委托照管孩子的监护人要努力树立角色意识，真正担负起教养孩子的责任和义务，努力为其营造完整的家庭氛围。

④ 孩子父母不在家时，老师就是对孩子影响最大的人。因此在学校时，班主任应多关心班上留守儿童的交友情况，在与孩子日常聊天时，应多给予孩子正确的方向引导，给孩子灌输积极向上的生活理念。

⑤ 留守儿童的心理问题十分重要。学校可以建立留守儿童心理辅导室，聘请心理咨询师或心理辅导老师，专门针对学校的留守儿童心理问题进行疏导和教育，发现问题及时解决。学校的每位教师可与一名或几名留守儿童相互结对，定期访谈，对其加以积极引导。

（二）假期实习

实习是大学生积累社会经验的重要途径，它能够提高大学生的沟通能力、适应能力及解决问题的能力等。大学生应充分把握在校期间的实习机会，大胆尝试，广泛地接触社会，积累实践经验，增强自己未来求职的竞争力。

1. 假期实习指南

实习是学习与就业之间的一个重要环节，好的实习经历能为在校的学习交出一份满意的答卷，同时也可为将来的就业热身，打好“预备战”。

1）获取实习信息

（1）大学生可以从以下渠道获取实习信息。

① 学校公示栏。学校附近的企业或者公司通常会把招聘信息以纸质文稿的形式张贴在学校公示栏。希望在学校附近找实习单位的学生可在学校公示栏中获取实习信息，筛选出合适的实习单位。

② 各地方人社局。各地的人社局每年都会有相应的政策支持大学生假期实习。人社局提供的用人实习单位不仅类别丰富，还十分正规。

③ 各大企业官网。一般来说，各大企业会在寒暑假期间，在其官网上发布大学生实习招聘公告。有意向的学生可以多留意各大企业的官网，寻找适合自己的假期实习。

（2）为防止被骗，大学生在找实习机会时，应特别注意以下几个方面。

① 从可靠渠道获取职位信息。

② 通过多种渠道了解企业背景。

③ 认真确认面试地点。

④ 谨慎签订实习协议。实习协议中应当写明实习薪资、实习期限、终止协议的相关条款。如果用人单位违约或拖欠工资，可以将实习协议作为证据提起劳动仲裁，用于维护自身的合法权益。

⑤ 拒交任何名义的费用。

⑥ 求职前了解相关法规和劳动政策。

2）结合自身专业或兴趣选择实习岗位

在选择实习岗位时，应尽量选择与自己专业相匹配或者自己感兴趣的岗位，这样不仅可以学以致用，还可以挖掘自身蕴藏的潜力，为将来就业做好铺垫。

在具体做选择时，要摆正心态，客观分析自己的专业知识、沟通技能、思维能力及自身性格、兴趣等，分析实习机会是否能够提高自身能力和素质，进而选择适合自己的实习岗位。

（1）在实习单位方面，一般成熟的企业会有完备的管理流程和鲜明的企业文化，可以提升实习者的职业素养。而发展中的中小型公司虽然在管理方面不够成熟，但是实习者可以在职业能力上得到较大的提升。

（2）对于实习报酬要具体情况具体分析，如果实习机会难得，可考虑不要报酬。

3）在实习中探索个人职业定位

实习是探索个人职业定位的好机会。在实习过程中，除了要认真完成分配给自己的任务，还要主动总结对应岗位的核心能力要求、特性等，观察对应职位的上升空间，以及所处行业的发展前景，并以此为参照分析自己是否适合该岗位或行业，判断是否需要调整自己的职业定位。

知识链接

大学生选择实习　有人看平台有人注重机会

如今，很多大学生在选择实习时，不再只考虑薪资高低，兴趣、平台和经验等都是他们考虑的因素。

期待提高自我，坚持兴趣至上

在四川一所高校读硕士研究生二年级的潘微微本科专业是电子商务，硕士研究生所学专业是市场营销，她选择了一份与自己所学专业完全不对口的实习——人力资源。“我对人力资源比较感兴趣，希望在工作中接触到不同的人和事，所以在选择实习的时候，我就留意了有人力资源岗位的公司。”

从一开始的不熟悉到后来的熟能生巧，潘微微发现许多学科都是融会贯通的。在她看来，大学生可以根据自己的兴趣爱好选择实习岗位，积累不同领域的经验，确定自己与理想岗位的匹配度。在人力资源岗位实习之后，她总结出了自己的一些经验：“虽然以后我也不能确定自己是否从事这份职业，但是在这里实习让我对未来应聘有了一些经验，知道用人单位看重应聘人的哪些素质，我觉得这一点很重要。”

看重实习平台，注重资源与机会

在成都一所高校读大三的余婧文，目前已有过3次实习经历。从大一开始，她就决定毕业直接找工作，她对实习的选择也有着明确的目标。“我主要是根据自己未来的就业方向来选择实习岗位，比较看重公司的平台和行业的前景。大公司的实习比较有含金量，写在简历里比较好看，而且在大公司会拓宽整个人的视野和格局，能够接触更多更好的资源，可以为以后的工作打下良好的根基。”

余婧文在选择实习时首选世界500强企业，并且会根据行业的发展和公司的近况对实习的平台和岗位进行评估，再结合自身的情况最终敲定实习意向。

在多次实习中找寻方向

在上海一所高校读大三的沈月有过3次实习经历。大二寒假，她找到了自己的第一份实习，实习单位是一家传统媒体；大二暑假，她去了一家互联网初创企业，做亲子类社交平台的内容输出工作；大三期间，她换了一家有名的互联网公司做运营工作。从传统媒体到新媒体，选择的变化，得益于沈月自身在工作中的不断探索。

阶段不同，需求不同

浙江理工大学的辅导员侯霞表示，频繁换实习的同学比较多见。她将同学们在大学不同阶段对实习态度的转变，归于学生在知识掌握和未来道路选择上的变化。“我经常遇到一些大一同学，找实习的唯一要求就是‘兴趣’，只要是新奇的、有趣的工作，同学们都跃跃欲试，但他们对实习没有明确的认识。到了大二、大三，实习与学分挂钩，更多同学通过实习寻找适合自己的职业。大四的学生对实习的选择则与他们未来要从事的工作具有高度吻合性，他们会通过实习积累工作经验或在实习中寻找转正的机会。”侯霞说。

资料来源：http://www.zgnhzx.com/Item/151227_4.aspx.

4）在实习中提高自身综合能力

进入企业实习后，要尽快完成从学生到工作者的身份转变和思路转变，不断提高自己的综合能力。

首先，要清楚工作都是结果导向的。客户需要的是成果，工作评估的也是成果，过程中无论做了多少事，只要没有达成目标、交付成果都不算完成工作。如果没有产出成果，必须主动协调资源，推动问题解决。

其次，要分清事情的轻重缓急，对时间进行合理安排。不清楚手里的工作孰轻孰重时，要及时向上级领导反映或请示。

再次，对于工作内容切勿眼高手低，要以积极主动的态度认真对待接到的每一个任务，在规定的时间内保质保量地完成工作。

最后，还要注意如何进行有效沟通、与同事和谐相处等问题。

2. 假期实习实务

1）实习初期

（1）熟悉环境，不做局外人。实习开始后，尽快熟悉环境，除了自己部门的业务内容，还要大致了解其他部门的情况。学习使用打印机、扫描仪等办公设备。

（2）搞清业务关键词。对领导、同事提及的专业名词，做到心中不留疑，第一时间请教他人或查阅相关资料，明白其所指。

（3）多听、多想、多自学。凡事多留心，多问为什么，同时还要学会自学，特别是通过看报告、旁听会议等各种渠道尽快了解工作内容及业务流程。

2）实习中期

（1）以正式员工的标准要求自己。要把自己当成一个有工作责任感的职场人，积极尝试承担新工作。

（2）做事靠谱、有章法。搞清工作任务，及时汇报工作进度，遇问题先想解决办法再寻求帮助，按时保质保量完成工作。

（3）多总结，多反思。要学会回顾工作、总结经验、思考不足。认真思考这项工作的重点环节是什么，如何避免出错，如何改进，如何更好地应对突发状况等。

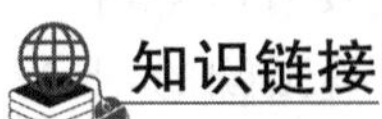

知识链接

如何成为优秀的实习生

让领导做选择题，而非解答题

如果领导要求你策划一场宣传活动，你最好不要让领导做解答题，活动的具体细节等琐碎东西不要麻烦领导来确定。领导都喜欢做选择题，你应提前做好活动的多个预案，向领导汇报各个预案的优缺点，让领导来选择执行哪一个。

不要找各种借口

刚开始实习时，因为不熟悉业务难免会出问题。但要注意，出现问题时不能找各种借口推脱责任。如果说完成不了工作是能力问题，那么找各种借口来推脱责任就是态度问题了。这样会给人留下一个特别糟糕的印象。

多做事，少说话

要时刻提醒自己来实习的主要目的是提升自我，明白公司招聘你的目的是希望你为公司作出一定贡献，做到在工作期间把精力放在做事上。

提高工作的主动性

对于实习生，公司一般不会安排太多事情。在完成自己的工作后，要主动观察或开口询问周围的人是否需要帮助，这样才能在实习中真正有所学、有所悟、有所提高。

3）实习结束

（1）请实习单位提供一份鉴定，并签字盖章。实习鉴定应写明实习岗位、岗位描述、实习过程中完成的工作或项目、工作评价等。

（2）总结实习，并更新自己的简历。总结实习中的问题和收获，反思自己在哪些方面仍需要提升。及时更新简历，为毕业求职做好准备。

（3）保持联络，获取有效信息。如果有意毕业后到实习单位求职，可根据自身情况申请适当延长实习时间。离开实习单位后，继续保持与单位同事的联络，及时了解业务发展，第一时间获得相关招聘信息。

（三）假期兼职

1. 假期兼职陷阱

寒暑假期间，多数大学生都会做兼职。假期兼职可以在锻炼自己、增加生活体验的同时挣一些生活费，是一种常见的社会实践形式。在假期兼职时，应擦亮眼睛，谨防落入各种“陷阱”。

1）传销陷阱

目前，不少传销组织打着“连锁销售”“特许经营”“直销”等幌子，或以“国家搞试点”“响应西部大开发号召”等名义诱骗大学生参与传销活动。在形式上，传销组织也由此前的发展“下线”改为“网上营销”方式，打着“电子商务”“网络直销”等旗号利用互联网进行传销，其违法活动更加隐蔽，传播范围也更为广泛。

（1）在找实习单位时，注意看对方是否有正规执业牌照。

（2）面试时，对公司的营业运作模式进行判断，看是否存在虚假状况；如果企业在面试过程中表现出对你的交友、家庭情况等比对职业技能、实习经历更感兴趣，就要有所警惕。

（3）一旦对方要求缴纳一笔入门费或者要求发展其他成员加入从而获得报酬的，要警惕其是否为传销组织。

（4）很多传销都是通过亲朋好友或同学进行的。如果有长期没有联系的亲友、同学突然联系你，邀请你去异地找工作，或者有其他异常行为，要提高警惕。

（5）面试时若感觉有异常，不要慌张。可以用上厕所、学校有事等借口先行离开，保证自身安全。

2）培训陷阱

一些骗子公司通常会和一些培训机构联手，招聘时以“先培训，拿证后上岗”为由骗取求职者培训费、考试费、证书费等各种费用。实际情况往往是，经过一段时间的培训、参加完考试后，公司便不知去向，或被告知“很遗憾，考试未通过，不能上岗”。

遇到需要培训上岗的公司时，要先了解培训机构是否正规，在网上查看之前参加培训的学员的评价，评估培训的质量，再决定是否参加培训。

3）“押金”陷阱

一些用人单位声称为了方便管理，向应聘者收取一定数额的押金或保证金，并承诺工作结束后退还，然而工作结束时，学生只能领到工资，保证金却不见了踪影。更有甚者，在学生交过钱后说职位暂时已满，或者说暂时没有工作可做，要学生回去等消息，接下来便再也没有消息了。

国家人事和劳动部门明文规定，用人单位不得以任何名义向应聘者收取报名费、考试费等，对于员工的培训费用，应当从企业成本中支出。很多学生求职时不了解相关规定，又求职心切，往往会落入陷阱。

(1) 收押金不合法，对方谈到押金时要提高警惕。

(2) 应聘时要注意看应聘单位的规模，再看负责招聘人员的素质。如果应聘单位只有一张写字台、两把老板椅，建议尽快找借口离开。此时可称自己没带多少钱，或者告诉对方"等我同学来后再商量"，让对方明白你不是孤身一人应聘。然后通过发微信、打电话等方式求助同学，以便在第一时间离开。

4)"黑中介"陷阱

一些黑中介，抓住大学生缺少社会经验且找工作心切的心理，收取高额中介费后，却不履行承诺，不及时为大学生找到合适的工作。

黑中介的套路往往是不停地拖延，让学生耐心等待，最后不了了之。更有一些中介"打一枪换一个地方"，骗取一定中介费后，就消失得无影无踪。

大学生找假期兼职时，最好咨询学校的劳动就业服务中心，或者请学校负责联系用人单位。如果必须自己寻找，也要找正规的企事业单位，或找正规的中介机构帮忙联系。

2. 兼职劳动关系

以前，对于劳动者的兼职行为，一些司法审判机关会以劳务关系对待，以至于一些劳动者在从事兼职活动时，无法享受社会保险、节假日、最低工资标准等应有的劳动保障待遇。

2008 年，《中华人民共和国劳动合同法》《中华人民共和国劳动争议调解仲裁法》施行以后，若兼职者与用人单位签订了合同，则认为该兼职属于劳动关系；若双方当事人未签订合同也未达成口头协议，则认为该兼职属于劳务关系。

因此，学生在从事兼职活动时，应仔细了解自己与兼职单位之间的各项权利义务，注重保护自己的合法权益。对于双方之间的法律关系及权利义务，最好能通过书面合同的形式予以确认。

（四）"三下乡"社会实践

"纸上得来终觉浅，绝知此事要躬行。"从书本上得来的知识终究是浅薄的，只有通过社会实践才能更了解社会，而"三下乡"暑期社会实践活动给生活在象牙塔的大学生提供了广泛接触社会、了解社会的机会。

1."三下乡"社会实践概述

1996 年 12 月，中央宣传部、国家科委、农业部(现为"农业农村部")、文化部(现为"文化和旅游部")等十部委联合下发《关于开展文化科技卫生"三下乡"活动的通知》。1997 年，"三下乡"活动在全国正式开展。

1)"三下乡"社会实践的内涵

大学生"三下乡"是指"文化、科技、卫生"下乡，是各高校在暑期开展的一项意在提高大学生综合素质的社会实践活动。活动主要内容是大学生将城市的科技、文化和卫生知识带到发展相对落后的偏远地区，向当地人传授知识。

文化下乡的内容包括图书、报刊下乡，开展群众性文化活动；科技下乡的内容包括科技人员下乡，科技信息下乡，开展科普活动；卫生下乡的内容包括医务人员下乡，扶持乡村卫生组织，培训农村卫生人员，参与和推动当地合作医疗事业发展。如今，大学生"三下乡"社会实践逐渐演化出走访、慰问、调研等多种形式。

2）"三下乡"社会实践的意义

开展"三下乡"社会实践活动，既能促进先进生产力的发展，又能帮助和引导大学生按先进生产力发展要求成长成才；既能传播先进文化，又能帮助和引导大学生接受先进文化的哺育；既服务了人民群众的根本利益，又服务了大学生的全面发展。

2."三下乡"社会实践方案策划

1）活动形式

大学生的"三下乡"社会实践活动涉及面广，内容丰富，形式多样。活动可以是单人形式，也可以是小组形式，一般来说，小组形式更有利于实践活动的展开，也更容易取得成功。各大高校的暑期"三下乡"社会实践活动基本以支教和调查为主。

随着社会发展，"三下乡"的形式也应有所创新和发展。例如，充分利用互联网创新活动形式，结合社会热点设计活动等。

2）活动流程

（1）确定主题。拟定实践主题对社会实践活动非常重要，它是整个实践活动的指导思想。好的实践主题必须联系实际，切忌空谈和夸张。

（2）拟定策划。确定实践主题后，必须根据主题思想拟定详细的活动策划方案，以书面或电子文档形式呈现。活动策划包括活动的具体内容、活动形式及各种注意事项，其优劣直接关系到整个活动的成败。

（3）提出申请。向所在学校或学院提出书面申请，同时上交活动策划并领取"三下乡"社会实践表格。

（4）活动进行过程。

（5）撰写总结。实践结束后，成员需要就实践活动做出总结，撰写实践总结报告并上交。实践总结报告应包括实践者对整个实践活动的基本描述、心得体会及自我评价。

3."三下乡"社会实践安全须知

1）实践活动中可能出现的问题

（1）活动过程中，个别同学因对当地气候和地区环境的不适应而导致晕厥，或者突发疾病，或者因被蛇、虫叮咬等原因导致的伤害。

（2）在活动期间不慎被盗被抢，以及可能遭受人身伤害。

（3）实践成员遭遇交通事故。

（4）活动时接近危险设施或到危险地段。

（5）实践成员与社会人员发生纠纷，身体受伤。

（6）因种种原因，无法与实践成员取得联系。

（7）参与大型社会活动时，人群发生拥挤、踩踏并可能由此产生伤害。

(8) 活动中发生火灾等突发事件。

2) 应对措施

(1) 外出活动时,实践成员应掌握基本的生理卫生常识和相应的急救知识,随身携带常用应急药物;在遭遇此类非人为性的突发事件时,保持冷静并进行适当的处理,如果情况严重及时送往医院诊治。另外,在实践期间,注意搞好个人卫生。

(2) 增强实践成员的安全自卫意识,保持一定的警惕心理,保管好个人贵重财物;同时在实践中减少单独活动和夜间活动,尽量采取小组活动的形式,活动行程应及时向团队报告,不单独到陌生或者荒僻的地方。遭遇偷窃、抢劫以及其他意外伤害时,应保持冷静,灵活应对,以保证自身安全,并及时报案。

(3) 加强实践成员的交通安全意识,交通事故发生后应尽快将伤者送往医院,并注意保护现场,及时向相关部门报告。

(4) 活动期间尽量远离危险设施或避开危险地段,如果需要接触时,必须有专业人士陪同,并做好安全防范措施。

(5) 在公共场合注意自身言行举止的得体,尽量避免与人争执,采取克制忍让的态度。如与社会人员发生争吵甚至斗殴,现场同学应及时制止,防止事态恶化;如不听劝阻,应迅速联系公安部门共同处理。

(6) 与所在学院或校团委实践部保持信息沟通渠道的通畅。

(7) 尽量避免到人群拥挤的地方,在公共场所或参加大型活动时保持秩序,注意自我保护,有成员在踩踏事故中受伤后应及时将其送往医院。

(8) 掌握基本安全常识,不到有安全隐患的场所。如发生火灾等灾害,一切以保障人员安全为第一位,及时组织人员疏散逃生,同时通知相关部门。

3) 团队责任

各实践团队必须严格遵照以下说明。

(1) 出发前,应再次与实践地联系,确保所有安排(如食宿交通)都已妥当。

(2) 出发前,应办理好在实践地活动所需的必要证件和证明。

(3) 出发之前充分考虑到可能出现的安全情况,组织学习基本安全问题的预防措施以及应对技巧,熟悉当地习俗和地理等情况,并根据自身的具体情况做出相应的应急准备。

(4) 实践过程中,强调组织纪律性,成员要听从领队老师或者负责人的指挥,负责人应与每名队员随时保持联系。

(5) 整个活动过程中,队员们应互相关心,互相帮助。遇到突发事件,应该沉着冷静,共同解决。

案例分析

大学生志愿者送科技下乡　助力脱贫攻坚

2020 年 5 月 3 日,在五四青年节来临之际,四川省广安市武胜县胜利镇吊井龙村这个贫困村,一大早迎来了一群“红马甲”——大学生志愿者。他们将新时代火热的爱国情怀投入伟大的脱贫攻坚事业中,为贫困户送去家禽饲养技术、蔬菜种子及其栽培技术,为贫困户复耕复产、脱贫增收增强信心。

在贫困户刘双桂家，来自西安理工大学电气学院的志愿者梁馨月第三次来到她家进行脱贫攻坚回头看、回头帮。在庭院养鸡场，志愿者把《庭院养鸡病害防治技术》送到刘双桂手中，并给她详细讲解如何防治禽流感等养鸡技术知识。志愿者们集思广益，为她家增添巩固脱贫帮扶措施，细算经济账，还专门把珍珠鸡养殖技术填写在她家的扶贫手册上，以助其发展庭院规模经济，养经济效益好的高产肉鸡增收稳脱贫。

在贫困户舒正光家，毕业于西安理工大学水电学院的志愿者毛朝轩为养殖能手脱贫致富女儿舒东梅指导家禽防病养殖知识和养鹅技术。在同组脱贫致富带头人陈杰明的养鸭场，志愿者们还给他讲授稻田规模养鸭技术，并送去《高效养鸭新技术》等 7 本专业养鸭防病高产技术书籍。陈杰明高兴地说："大学生志愿者送科技到田间地头，大大增强了我带头引领全村脱贫致富的信心和决心。"

在贫困户陈联才的蔬菜地里，志愿者们现场演示蔬菜种植技术、花椒高产防倒伏技术，并送上高产四季莴笋、香菜、茄子、冬瓜、西红柿等种子。

思考：

(1) 该团队开展的"三下乡"社会实践活动形式有什么？

(2) 该团队在"三下乡"社会实践活动过程中可能会遇到哪些问题？应该如何解决？

(1) 上述案例中，该团队开展社会实践活动的形式主要以小组为单位为村民提供技术讲解与指导、赠送物资、巩固脱贫帮扶等。

(2) 该团队在"三下乡"社会实践活动过程中可能会遇到个别同学因对当地气候和地区环境的不适应而导致晕厥，或者突发疾病，或者因被蛇、虫叮咬等原因导致的伤害、人身意外伤害、交通事故等。面对此类问题，在外出活动时，实践成员应掌握基本的生理卫生常识和相应的急救知识，随身携带常用应急药物；在遭遇非人为性的突发事件时，保持冷静并进行适当处理，如果情况严重及时送往医院诊治。另外，在实践期间，注意搞好个人卫生。团队成员应增强安全自卫意识，保持一定的警惕心理，保管好个人贵重财物；同时在实践中减少单独活动和夜间活动，尽量采取小组活动的形式，活动行程应及时向团队报告，不单独到陌生或者荒僻的地方。掌握基本安全常识，不到有安全隐患的场所。遭遇偷窃、抢劫以及其他意外伤害时，应保持冷静，灵活应对，以保证自身安全，并及时报案。

案例分析

因为热爱　所以努力

——来自笔者带队实践采访总结

七月炎热，而热情不减，为了解中华人民共和国成立 70 周年来各行各业发生的巨大变化，2019 年 7 月 15 日，我们"九人行程之时代变迁团队"在自己的家乡进行了"新中国成立 70 周年的变化"调研活动。

转眼间九天的调研活动已经结束，此次活动让我们本来不是很熟悉的九个人心连心地系在了一起，我们携手共进，分工明确，共同面对调研过程中出现的各种问题。"看着很容易的事，实际上做起来并不容易"，"如果想做一件事就要用心去做，只要付出了努力就一定会有收获"，这是我们在这次三下乡活动中所感悟到的。

此次三下乡活动让我们受益匪浅，我们接触了不同年龄及不同职业的人群，包括医护人员、退休的老教师、生活在农村的村民等。通过采访调研，我们懂得和不同人群沟通应该用

不同的方法，虽然我们面对的是素未谋面的陌生人，但是他们积极配合，尽自己所能解答我们所提出的问题，对此我们感动至深。

认真的心

采访医护人员时，我们一到医生办公室就被那种紧张的氛围感动了，有的医生双手不停地敲打着键盘，注意力高度集中；有的医生在为病人耐心解答疑惑。面对病人，他们脸上总是挂着祥和的微笑，此情此景，我们实在不愿打破。没想到当我们说明来意后，有位正在写病历报告的医生立刻停下了手中的工作，帮助我们填写调查问卷，耐心为我们讲解医院的历史成就及她来到医院这些年所目睹的医院的种种变化。

我们了解到，现在有很多医疗器械都是过去可望而不可即的，而这些机器的出现不仅提高了患者的治愈率，也让医生们轻松了很多。

和蔼的笑

"那时候我们还小，生活住房简直没法和现在比……"这是我们在农村采访时一位大叔说的话，他高兴地向我们诉说中华人民共和国成立后在农村发生的翻天覆地的变化。几十年前，许多家庭只有在过年的时候才能吃上白面馒头，每天吃得最多的东西就是红薯，甚至一日三餐都是红薯，我们不禁惊讶于祖国的变化之大、变化之快。短短几十年，祖国为我们创造了如此优越的成长环境，让我们可以不愁吃穿、无忧无虑地生活、学习。

之前没有网络、没有手机，在农村，人们几乎没有办法获取外面世界的信息。但现在，在农村，人们拿着手机，便尽知天下事。就拿我们这一代人来说，在我们还小的时候，人们用得最多的还是按键手机，但不知从什么时候起，满大街的人都用上了智能手机，变化之快让我们甚至都没有反应过来。

过去的日子很苦，但他们终究熬出来了，作为在新时代出生的我们，虽然没有亲身体验过那种艰苦的日子，但是，我们也亲身体会了从出生到现在这十几年身边发生的巨大变化，如高铁投入运行，网络、智能手机的普及等。我们不仅感受到了祖国的强大，也为能出生在这样一个国家而感到幸福。

思考：

(1) 该团队为什么能顺利完成这次社会实践活动？

(2) 从该团队的社会实践活动中，你能得到什么启示？

(1) 上述案例中，该团队之所以能顺利完成这次社会实践活动，有以下三点：一是团队协作良好，九人团队分工明确，携手共进，面对问题共同解决，让团队成员心连心地系在一起，为活动顺利开展提供了保障。二是准备充分用心，从"看着很容易的事，实际上做起来并不容易""如果想做一件事就要用心去做"等感悟可以看出，团队对待调研活动态度认真，用心准备，这是顺利完成活动的基础。三是沟通方法得当，团队成员懂得和不同人群沟通要用不同方法，面对医护人员、村民等不同群体，能根据其特点进行有效沟通，获得了被采访者的积极配合。

(2) 从该团队的社会实践活动中，能得出以下启示：①重视团队协作：一个团结协作、分工明确的团队能更好地应对各种问题，完成任务。在实践中要注重团队建设，发挥每个成员的优势。②用心对待工作：任何事情都需要用心去做，只有付出努力才会有收获。对待学习、工作和生活中的各项任务，都要保持认真的态度。③学会沟通技巧：与不同人群沟通需采用不同方法，要根据对方的身份、背景等特点调整沟通方式，以获得更好的沟通效果和他人的支持配合。④感受时代变迁：通过社会实践可以深刻感受到祖国的发展变化，应珍惜当下的美好生活，同时增强自身的使命感，为祖国的未来发展贡献力量。

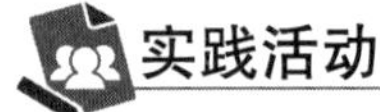

实践活动

“七彩假期”暑期社会实践活动

对在校大学生而言，暑期“三下乡”社会实践活动是连接学校与社会之间的桥梁。大学生参与其中，能走出象牙塔，走进广阔天地，关注“三农”问题，感受农村变化，激发爱国热情，牢记历史使命。

请以1～2个宿舍为单位(选择一名组长)，在暑假期间，面向贫困地区农村留守儿童和随迁子女，围绕学业辅导、亲情陪伴、素质拓展、自护教育、思想引领、心理辅导等内容，开展10天以上的“七彩假期”社会实践活动，记录活动过程(表3-1)，并撰写实践报告。

表3-1 “七彩假期”社会实践活动过程记录

活动要点	
活动难点及解决方案	
心得体会	

教师可参考表3-2对学生参与“七彩假期”暑期社会实践活动的情况进行评价。

表3-2 “七彩假期”暑期社会实践活动评价表

评价标准	分值	分数小计	教师评价
提前做好活动方案的策划	20分		
达到实践效果	20分		
撰写完整的社会实践报告	20分		
分工合理，各成员均积极参与	20分		
活动形式有创新，且达到一定效果	10分		
收获服务对象的“点赞”	10分		

“大学生兼职，体验还是浪费?”主题写作

有人认为，做兼职可以锻炼自己的能力，增加人生阅历，也可以解决一部分生活费，何乐而不为。也有人认为，学生的主要任务是学习，不能本末倒置，学生还是要以学业为主。如果单纯只是为了赚钱而去兼职，则是一种时间上的浪费。有这个时间，多看点书，拿到的奖学金及其他资源的回报远是兼职所不能比拟的。

你是如何看待兼职的?请以“大学生兼职，体验还是浪费?”为主题，写一篇800～1000字的作文(表3-3)。

表3-3 过程记录

写作题目	
写作思路	
写作框架	

教师或组长可参考表3-4对学生的作文进行评价。

表 3-4 "大学生兼职,体验还是浪费?"主题写作评价表

评价标准	分值	分数小计	教师/组长评价
完成作文,且字数符合要求	30分		
逻辑清晰,层次分明	20分		
重点突出,详略得当	20分		
语言流畅,不拖泥带水	10分		
过渡自然,文字有吸引力	10分		
体现自己的见识和理解	10分		

第三节 环境生态劳动实践

马克思指出,劳动作为人和自然之间的物质变换关系,是人类生活的一切社会形态所具有的普遍关系,是人类存在的永恒的自然基础。这种普遍关系和自然基础反映了劳动的自然生态属性。劳动是人塑造生态的根本方式,新时代劳动教育是面向自然、面向社会、面向未来的培育全面发展的人的教育。建设生态文明是关系人民福祉、关乎民族未来的长远大计。近年来,"绿水青山就是金山银山"的理念深入人心,各地高校深入开展环境生态劳动教育,引导广大学生努力成为美丽中国建设参与者和推动者。

一、环境生态劳动教育的意义

微课:环境生态劳动教育的意义

案例导入

环境生态劳动教育:促进学生全面发展

西安高新区通过举办生态环境宣传活动,将环境保护与艺术教育、劳动教育和智力教育相结合,通过常态化制度化开展生态文明主题教育活动,推动生态文明理念入眼入耳、入脑入心,引导学生深入了解生态学前沿知识与先进的环保理念。

浙江农林大学通过将劳动课程正式纳入学分体系,鼓励学生参与春耕夏耘、秋收冬藏等劳动活动,这不仅加强了学生对劳动教育的重视,还让学生在实际操作中学习和体验到劳动的价值和意义。这种教育方式有助于培养学生的责任感和创新精神,如学生在参与过程中设计垃圾分类项目并获得挑战杯大赛一等奖等成果,体现了环境生态劳动教育在促进学生全面发展方面的积极作用。

大学生环境生态劳动实践的意义在于教育和启迪、锻炼探究和解决问题的能力、推动环保发展、保护生态环境、改善人类健康、促进社会可持续发展、培养良好的生态文明观念。

环保社会实践活动的意义在于教育和启迪下一代,通过实践活动,参与者可以真实地感受到环保的重要性,从而唤醒人们的环保意识。这种实践活动不仅提供了实践性、能力培养性和创新性的机会,还让参与者不断学习和尝试,在实践中发现问题和解决问题的方法与技巧,从而加深对环保问题的理解和认识。

1. 保护生态环境

通过参与环保实践活动，大学生可以直接参与到环境保护的行动中，减少可回收材料的浪费，减轻工业生产对环境的损害，保护生物多样性，以及促进环境的可持续发展。这些活动有助于提升大学生对环境保护的认识和责任感，从而在日常生活中更加注重环保。通过减少可回收材料的浪费和减轻工业生产对环境的损害，保护生物多样性，促进环境可持续发展。同时，环保实践可以改善人类健康，提高生活质量，通过优化城市污染治理、改善人居环境，促进社会可持续发展。

2. 改善人类健康

环保实践不仅关注自然环境的保护，还关注人类健康。通过改善环境质量，可以提高人们的生活质量和健康水平。例如，减少空气和水污染，有助于降低因环境污染导致的健康风险。

3. 促进社会可持续发展

随着城市化进程的加速，城市面临的问题也逐渐多样化。通过参与环保实践，大学生可以优化城市污染治理、改善人居环境、提高生活质量，从而促进城市的可持续发展。

4. 培养良好的生态文明观念

环保实践有助于培养大学生的生态文明观念，提高环保意识。这种观念不仅影响大学生的日常生活习惯，还会影响他们未来的职业选择和社会责任。通过环境、人群、历史、文化、技术等因素的相互作用，形成生态文明观念，引导人们走向生态文明化。

5. 深刻认识生态环保的重要性

通过参与环保社会实践活动，大学生可以更准确地认识环保问题的重要性，深入了解环保工作的意义，同时培养探究和解决问题的能力。这些实践活动是推动环保发展的重要手段之一。

6. 带动家庭和社会参与

大学生的环保行动可以影响其家庭成员，进而影响到更广泛的社区。例如，通过家庭参与环保活动，可以增强家庭的环保意识和责任感，促进整个社会的环保行动。

7. 有效推动环保发展

通过实践活动，可以集思广益，发挥团队合作与协作精神，共同寻求有创意、实用、可行的环保方案，用以解决当前的环保问题或适应未来的情况。

综上所述，大学生环境生态劳动实践不仅在教育和实践方面具有重要意义，还在推动环保发展、保护生态环境、改善人类健康、促进社会可持续发展以及培养良好的生态文明观念等方面都具有不可替代的价值和作用。

二、环境生态劳动教育的内涵与内容

微课：环境生态劳动教育的内涵与内容

案例导入

生态文明教育与劳动教育的融合实践

整合实施体现“两山”理念的新劳动教育：湖州市结合地域特色，将“两山”理念融入劳动教育和综合实践活动中，通过组建生态劳动教育行动小组、召开研究会议、

设计特色生态劳动项目等方式,架构生态劳动课程体系,让“两山”理念进课程、进校园。

景宁县鹤溪小学的劳动课程:以“绿色教育”为核心理念,积极探索劳动教育在小学教育中的作用,优化学校育人模式,构建劳动课程体系,保证每周劳动教育必修课不少于1课时。同时,开辟多个劳动基地,如“鹤茗茶香园”“四季果甜园”等,为学生提供更多的劳动实践场所,创设绿色、生态、自然的劳动教育环境。

达川区的探索:将生态文明教育与中小学劳动教育有机融合,积极探索生态劳动教育新路径,构建课程丰富、资源多样、彰显地域特色的中小学生态劳动教育体系,让学生在劳动实践中不断增强生态文明意识。

1. 环境生态劳动教育的内涵

环境生态劳动教育的内涵主要涉及将生态学思想、理念、原理、原则与方法融入现代全民性教育的生态学过程中,以实现可持续发展和创建生态文明社会的需要。这种教育方式强调顺应自然的人性,是全社会自觉形成的一种人生态度,旨在通过教育价值观的彻底改变,培养符合生态原则的行为和思维方式。环境生态劳动教育的对象包括全社会的决策者、管理者、企业家、科技工作者、工人、农民、军人、普通公民以及大中小学校学生。教育方法包括课堂教育、实验证明、媒介宣传、野外体验、典型示范、公众参与等多种形式,旨在涵盖各个教育层面,从不同角度和层面促进生态文明的建设和发展。

环境生态劳动教育的实施,不仅是对传统劳动教育的一种革新,也是对现代教育理念的一种深化。它强调人与自然的和谐共生,通过劳动实践来培养学生的生态意识和环保行为,使学生能够在实践中理解和掌握生态平衡的重要性,从而在日常生活中自觉地保护环境,促进生态系统的健康和可持续发展。此外,环境生态劳动教育还注重培养学生的劳动情怀,通过劳动体验来深化对劳动价值的认识,提升对劳动的尊重和热爱,进而促进个人的全面发展和社会的进步。

2. 环境生态劳动教育的内容

环境生态劳动教育的形式和内容具体体现在校园保洁、绿色环保、文明宿舍和文明教室的创建上。

(1) 校园保洁。这包括组织学生参与教室、走廊、操场等公共区域的清洁工作,通过制定专门的负责人和任务细则,确保每位志愿者在遇到问题时能够及时、准确地找到相关负责人进行解决。活动实施期间,每位志愿者根据自己的值班表进行劳动活动,活动为期一个月,通过拍照片或录视频的方式记录每日的值日情况,并进行考核评价,以督促每位志愿者的工作。

(2) 绿色环保。学生参与校园的绿化美化活动,如植树造林、花坛修剪等,以维护校园的环境卫生和美观。这些活动旨在提高学生的环保意识和责任感,培养他们对环境的爱护。

(3) 文明宿舍。通过开展宿舍内务整理活动,宣传“宿舍为家”的理念,让学生参与到宿舍的卫生清洁和美化中,培养学生的责任心和团队协作精神,营造干净整洁、温馨舒适的休息环境。

(4) 文明教室。学生参与教室卫生的维护,通过清扫教室、擦拭桌椅、整理书籍等方式,提高学生的动手能力和协作精神,同时培养学生的责任心和爱护环境的意识。

这些活动不仅有助于提高学生的实践能力和创新思维,还促进了学生综合素质的提高,同时也增强了学生的安全意识和防范能力，培养了他们的社会责任感和团队合作精神。

三、环境生态劳动与实践

微课：环境生态劳动与实践

案例导入

各地各校深入开展生态文明教育，引导广大学生——努力成为美丽中国建设参与者和推动者

生态文明教育不只是课程教育，更是生活教育和行动能力的培养，校园之外的社会大课堂则成为重要资源。当前，不少地区和学校支持引导学生开展生态文明社会实践，培养参与生态文明建设的行动能力。

“什么是生态廊道”“谈谈重金属污染”“鱼儿去哪儿了——带你认识水污染”……近日，华东师范大学生态与环境科学学院“生环小课堂”实践团队走进上海市闵行区马桥镇，送课进社区的同时，增强专业认同感、提升专业能力。

2023 年 4 月起，该学院“生环小课堂”学生讲师团面向马桥镇居民开展了 10 余场科普活动。“我将自己所学专业知识运用到宣讲中，帮助大家掌握环保技能，培养绿色生活习惯。”2022 级硕士研究生王汐说。

据介绍，从吉林长白山野外站，到内蒙古额尔古纳野外站，学院还探索开展“丈量美丽中国”野外考察实践，开辟丈量青山、绿水、海疆等路线，带领学生前往最具生态特色的地区和国家重大生态工程开展野外调查、测量和研究。“我们为学生提供参与生态文明建设的历练平台，希望他们开阔视野，提升能力。”该项目指导老师路葵表示。

资料来源：http://www.moe.gov.cn/jyb_xwfb/s5147/202312/t20231218_1095011.html.

美好的校园靠劳动来创造。劳动与校园活动是密不可分的，不存在也不应该存在不含有劳动因素的教育。因此，劳动教育不是孤立存在的，是要和德育、智育、体育、美育互相交织、有机联系形成促进人的全面发展的现代人才培养体系。学生的成长成才不仅需要依靠知识和智慧，还需要具有深厚的劳动情怀和正确的劳动价值观。所以学校的劳动实践非常重要，它可以培养大学生的集体荣誉感和高度的责任感，培养其热爱劳动、珍惜劳动成果的优良品质和良好的卫生习惯；可以帮助大学生积极有效地适应未来社会的挑战，增强他们学会生存、学会生活、学会学习的实际本领。

（一）做环境美化的维护者

“环境是塑造人的摇篮。”整洁优雅的校园环境能让人心情舒畅，青年学生应主动参与校园环境维护建设。

校园道路、草地、广场、园廊、运动场所、宣传设施、标识指示设施、二课堂活动场所等室外区域，教室、实验实训室、图书馆、办公室、教师休息室、食堂、餐厅、宿舍等室内区域，都是学生开展劳动实践的场所。

1. 清洁劳动基本操作流程

（1）检查处理。先查看是否有异常现象、有无损坏的物品，如发现异常，应先向学校有关部门或老师报告，然后进行保洁作业。

（2）除尘清扫。室内除尘要按照先里后外、先上后下、先窗后门、先桌面后地面的顺序进行，先清扫天花板、墙角上的蛛网和灰尘，接着抹窗户、玻璃门面的灰尘，实验器材等设备挪动后要原位摆好，室外清扫的重点是地面的烟头、纸屑等。

（3）清洁处理。室内清洁应从门口开始，由左至右或由右至左，依次擦抹室内桌椅、柜子、讲台和墙壁等。抹布应拧干，擦拭每一件物品时，应由高到低、先里后外。用拖布清洁地面，也要按照先里后外，先边角、桌下，后地面进行作业。

（4）整理归置。清洁结束后把桌椅、柜子等物品恢复原位摆好。讲台、桌面、实验台上的主要用品，如粉笔盒、粉笔擦、实验器具等抹净后，按照原位摆放整齐。

（5）垃圾清倒。按照垃圾分类方法，收集垃圾，并清理室内的纸篓、垃圾桶，及时更换垃圾袋。

（6）清洁结束后的处理。参与清洁的人员退至门口，环视室内，确认清扫质量，然后关窗、关电、锁门。

2. 清洁质量标准

（1）室外区域。道路、草坪、建筑物外观等无烟头、无痰迹、无果皮纸屑、无积水积雪积冰、无乱张贴悬挂物、无其他垃圾、无卫生死角、单车停放整齐，公告栏、指示牌、宣传栏等设施干净整洁，无乱涂乱画、无小广告。

（2）室内区域。办公室、教室、宿舍、餐厅、实验实训室、楼道等卫生整洁，墙面无污垢、无蜘蛛网，地面无杂物、无痰迹、无烟蒂、无纸屑，课桌、橱柜内无垃圾，清洁整齐，窗户无灰尘、无污迹。

知识链接

参与校园“厕所革命”，干净你我他

厕所是学校建设管理中一个不容忽视的方面，也是师生经常使用的公共场所，事关师生身心健康，可以说是体现了学校办学管理水平的细节。为使学校厕所实现净化、美化，目前，国内外很多学校都把厕所的保洁列入学生劳动教育课程之中，采用“招标”的形式让学生们积极参与，推进“厕所革命”，变“为我用”为“我管理、我劳动、我保洁、我使用”。

3. 个人卫生和宿舍内务卫生规范

近年来出现的突发公共卫生事件给全球人民上了一堂全方位的卫生教育课，个人卫生意识得到空前提升。作为大学生，养成良好的卫生习惯和维护宿舍卫生至关重要，在保持好个人卫生的同时，也要和室友一起维护好宿舍卫生。

（1）养成良好的个人卫生习惯，按时休息、早晚刷牙，勤洗澡、勤洗衣，个人床铺整洁、卫生。

（2）不随地吐痰，不乱扔果皮、纸屑、饮料盒、食品袋等垃圾杂物；不向窗外倒水和乱扔杂物。

（3）宿舍的地面、墙壁、门窗整洁干净，保证无灰尘、痰迹、蜘蛛网等。

（4）室内空气新鲜无异味，寝室垃圾每日清除。

（5）床、桌、凳、书架等家具摆放整齐、干净。

（6）灯具、墙壁、顶棚、暖气设备无尘土，无蜘蛛网。

4. 校园就餐文明规范

食堂是大学生活的重要场所，营造清洁舒适的就餐环境，需要全体学生共同努力。文明用餐是大学生个人素质的体现，当代大学生的健康成长事无巨细，要从自身做起，从点滴做起，共同营造一个良好的就餐环境，文明就餐要做到以下几点。

（1）爱惜粮食，杜绝浪费。节约粮食是尊重他人劳动的表现，也是每个人高尚人格的体现。

（2）保持良好的就餐秩序，自觉排队就餐，讲文明、讲礼貌、守公德，言语文明、举止得体。让整齐有序的队伍成为餐厅里一道亮丽的风景线。

（3）自觉回收餐具。吃完饭后把餐具和杂物带到餐具回收处，这样既减轻了餐厅人员的工作强度，更方便了其他就餐的同学。

（4）不要随地吐痰、乱扔餐巾纸和食物残渣，注意自己的仪容和行为，给自己留下美好的回忆，也为他人创造干净整洁的就餐环境。

（5）爱护餐厅的设施，不蹬踏桌凳，不乱涂，不乱刻，不损坏电器、照明等设备，维护公共卫生安全。

（6）尊重餐厅工作人员，不侮辱谩骂工作人员，发现问题，不吵不闹，逐级反映，妥善解决。

5. 环境卫生基本操作流程

1）教室保洁的基本操作

（1）玻璃、门窗清洁。用湿抹布进行擦拭，然后用玻璃刮从上至下的顺序，依次擦拭，直至玻璃、门窗无水渍、污物等，保持光洁明亮。

（2）天花板及墙面清理。用长柄扫把清扫天花板、墙面、墙角等的蜘蛛网和灰尘。

（3）进行推尘处理。推尘要按照先里后外、先上后下、先窗后门、先桌面后地面的顺序，先清扫天花板、墙角上的蜘蛛网和灰尘，再抹窗户玻璃门面的灰尘，实验器材等设备挪动后要原位摆好。

（4）进行整理归置。讲台、桌面、实验台上的主要用品，如粉笔盒、粉笔擦、实验器具等抹净后按照原位摆放整齐。

（5）垃圾清倒处理。按照垃圾分类方法，收集垃圾，并清倒室内的纸篓、垃圾桶，及时更换垃圾袋。

（6）清洁结束后的处理。参与保洁的人员退至门口，环视室内，确认清扫质量，然后关窗、关电、锁门。

2）走廊保洁的基本操作

（1）进行检查处理。先查看是否有异常现象、有无已损坏的物品。如果发现异常，应先向有关部门或老师报告，然后进行保洁作业。

（2）地面清扫处理。先用扫把对地面进行清洁，捡去纸屑等杂物。

（3）墙面擦抹处理。用湿抹布由高到低擦拭墙面。用长柄扫把清扫走廊顶部，做到无尘、无蜘蛛网等。

（4）走廊灭火器材处理。用干净的潮湿抹布，清洁灭火器材的箱体，保证外观干净整洁。

(5) 垃圾清倒处理。按照垃圾分类方法,收集垃圾,及时更换垃圾袋。

(6) 清洁完毕后,应将楼道内的设施摆放整齐。

3) 卫生间保洁的基本操作

(1) 天花板的清洁。用长柄扫把清扫天花板、墙面、墙角等的蜘蛛网和灰尘。

(2) 隔板的清洁。用湿抹布擦拭隔板和顶部、里外两侧、隔板横梁,保证不留水痕、灰尘。

(3) 蹲便池和小便池的清洁。先用夹子夹纸屑等杂物,然后冲水,再倒入洁厕剂,用便池刷刷干净便池内侧污垢。蹲便池、小便池内四周表面及外部表面均要清洗,检查冲水是否正常,有无堵塞。

(4) 地面清洁。用干净的拖把浸入适量的水,从里至外,包括便池台面,地面全部拖一遍,拖干净积水,检查墙面是否有污垢、污渍。

(5) 洗手盆的清洁。用抹布擦拭水龙头、洗手台台面,保持洗手盆内无污渍,不锈钢水龙头无水痕。

(6) 倾倒垃圾篓。按照垃圾分类方法收集垃圾,清洁垃圾篓里侧和外观,更换垃圾袋。

4) 包干区保洁的基本操作

包干区是为增强学生的劳动意识,培养学生的劳动精神,保持校园优美环境,特将学校卫生区域包干到班。包干区主要清扫各种垃圾、灰尘、树叶、废弃物,清除路沿石缝杂草、清除人行道边上绿化带的树叶杂草。

(1) 工具准备。按包干区打扫要求准备打扫工具,如扫把、拖把、簸箕等。然后进行分组、分路段、分区域明确清扫范围。

(2) 合理安排。定期以班级为单位,合理安排清理垃圾、灰尘、树叶、杂草等任务。

(3) 路面清洁。用扫把等工具,对包干区路面进行全面清扫,要做到"六不""三净"。"六不"即不花扫、漏扫;不见积水(无法排除的积水除外);不见树叶、纸屑、烟头;不漏收堆;不乱倒垃圾;不随便焚烧垃圾。"三净"为路面干净、路尾干净、人行道干净。

(4) 绿化带清洁。定期用工具清除杂草,清理绿化带树叶、废弃物等垃圾。

(5) 清理垃圾桶。按照垃圾分类方法收集垃圾,更换垃圾袋。

(二) 做生态绿化的推进者

微课:做生态绿化的推进者

1. 义务植树

1) 政策背景

植树造林不仅可以绿化和美化家园,同时,还可以起到扩大山林资源、防止水土流失、保护农田、调节气候、促进经济发展等作用,是一项有利于当代、造福子孙的宏伟工程。第五届全国人民代表大会常务委员会第六次会议于1979年2月决定,每年3月12日为植树节;1984年9月,第六届全国人大常委会第七次会议通过修改的《中华人民共和国森林法》总则中规定,"植树造林、保护森林是公民应尽的义务"。从而把植树造林纳入了法律范畴。

根据邓小平同志的倡议,1981年12月,第五届全国人民代表大会第四次会议审议通过了《关于开展全民义务植树运动的决议》。《关于开展全民义务植树运动的决议》指出,凡是条件具备的地方,年满11岁的中华人民共和国公民,除老弱病残者外,应因地制宜,每人每年义务植树3棵至5棵，或者完成相应劳动量的育苗、管护和其他绿化任务。会议责成国务院根据决议精神制定关于开展全民义务植树运动的实施办法，并公布施行。会议号召，勤劳智慧的全国各族人民，在中国共产党和各级人民政府的领导下，以高度的爱国热忱，人人动手，年年植树，愚公移山，坚持不懈，为建设我们伟大的社会主义祖国而共同奋斗。1982年的植树节，邓小平同志率先垂范，在北京玉泉山上种下了义务植树运动的第一棵树。

从此，义务植树作为一项公民必须履行的法律义务被付诸实施，一场世界上规模最大、参与人数最多、成效最为显著的义务植树运动在中国持续开展。全民义务植树运动开展以来，党和国家领导人不论工作有多忙，不论是在北京还是在外地，都认真履行公民应尽的植树义务。统计显示，自1982年开展全民义务植树运动以来，中国参加义务植树的人数达104亿多人次，累计义务植树492亿多株。1990年3月12日，中华人民共和国邮电部为宣传植树造林，强化全民族的绿化意识，发行了一套4枚"绿化祖国"邮票，第一枚为"全民义务植树"。

2）尽责参与

2017年6月13日，全国绿化委员会印发《全民义务植树尽责形式管理办法（试行）》，根据办法规定，义务植树尽责形式分为造林绿化、抚育管护、自然保护、认种认养、设施修建、捐资捐物、志愿服务、其他形式八类。各种尽责形式及折算标准如下。

（1）造林绿化类。这是指直接参与乔、灌、草植被育苗、栽植全部或者部分过程劳动的尽责形式。

折算标准：栽植乔木1株，栽植灌木1丛，培育苗木10株，栽植容器苗10株，栽植绿篱3平方米，种植或者铺设草坪3平方米，对屋顶、墙体、阳台等进行绿化1平方米，在单位、街道等公共场所节日摆花10株（盆），完成其中一项折算1株植树任务。参加整地、挖穴等造林绿化劳动半个工作日，折算完成3株植树任务。

（2）抚育管护类。这是指直接参加对现有乔、灌、草植被除草除杂、浇水、松土施肥、有害生物防治、整枝修剪、间伐等抚育管护活动全部或者部分过程的劳动的尽责形式。

折算标准：抚育幼树5株，抚育密植灌木5株（丛），管护绿篱或者草坪6平方米，管护屋顶、墙体、阳台或者其他公共场所绿化面积2平方米，完成其中一项折算1株植树任务。参加抚育管护劳动半个工作日，折算完成3株植树任务。

（3）自然保护类。这是指按有关规范要求，身体力行地参加保护生物多样性、野生动物栖息地，修复退化或者受损土地自然生态功能的全部或者部分过程的劳动的尽责形式。

折算标准：繁育珍贵树种苗木5株，主动向管理部门报告需要救护的保护级别陆生野生动物情况，清理、拆除非法设置的毒饵、猎夹、猎套等非法猎捕工具1个（件、套），林中悬挂人工鸟巢1个，完成其中一项折算1株植树任务。参加野生动物栖息地修复、荒漠化防治、退耕还林（草）、退耕还湿、山体或者废弃地生态修复等劳动半个工作日，折算完成3株植树任务。

（4）认种认养类。这是指通过直接投工投劳或者捐资代劳，在指定地点新建乔、灌、草植被，或者对指定乔、灌、草植被进行冠名或者非冠名养护的尽责形式。

折算标准：认建城市绿地或者屋顶、墙体等立体绿化1平方米；认养其他乔灌木3株（丛），认养密植灌木、绿篱、草坪10平方米，完成其中一项折算1株植树任务。认养和保护古树名木1株，折算完成3株植树任务。

(5) 设施修建类。这是指在技术人员指导下，修建森林作业道、森林防火带、森林公园步道、绿地灌溉（排涝）渠道，以及各类绿地游憩、服务、管理设施等全部或者部分过程的劳动的尽责形式。

折算标准：修建森林作业道、森林公园、湿地公园、沙漠公园步道 5 米（宽 1 米以上），森林防火带 10 平方米，参加修建绿化设施劳动半个工作日，完成其中一项折算 3 株植树任务。

(6) 捐资捐物类。这是指自愿向合法公募组织捐赠资金用于国土绿化，或者捐献当地国土绿化急需物资的尽责形式。

折算标准：按一类地区（北京、天津、上海、江苏、浙江）20 元、二类地区（内蒙古、辽宁、福建、山东、广东、湖南）15 元、三类地区（其他省、自治区、直辖市，新疆生产建设兵团）10 元的标准，折算完成 1 株植树任务。捐献当地国土绿化急需物资按时价折算植树株数。

(7) 志愿服务类。这是指自愿参加国土绿化公益宣传活动，或者按有关要求提供与国土绿化相关的普及推广、培训指导、公益活动组织管理等志愿服务的尽责形式。

折算标准：自愿参加宣传报道、信息化建设、科学或者法规普及、技术推广、教育培训、专业指导、国土绿化公益活动组织管理等半个工作日，折算完成 3 株植树任务。主动报告违反国土绿化法律、法规行为或者初发林业灾情，折算完成 3 株植树任务。

(8) 其他形式类。这是指其他与国土绿化相关的劳动或者贡献，折算标准由省级绿化委员会结合当地实际，依法自行规定。

当前，公众可在全民义务植树网选择“劳动尽责”或“捐资尽责”项目，参与全民义务植树。

全民义务植树网站上发放的证书有两类：义务植树尽责证书和国土绿化荣誉证书。中华人民共和国适龄公民（男性 11 岁至 60 岁，女性 11 岁至 55 岁），每年完成义务植树 3～5 棵，可获得义务植树尽责证书。适龄公民植树超出 5 棵的，超出部分可获得国土绿化荣誉证书。非适龄公民参与植树，可获得国土绿化荣誉证书。一个适龄公民一个自然年度最多获得一张义务植树尽责证书。超出尽责部分的，每次植树可以获得一张国土绿化荣誉证书。

近年来，义务植树的尽责形式不断丰富拓展，各级各类义务植树基地体系逐步完善，“互联网＋全民义务植树”持续推开，“云端植树”“码上尽责”让广大公众足不出户就能履行植树义务。

绿水青山就是金山银山。开展全民义务植树是推进国土绿化的有效途径，是传播生态文明理念的重要载体。植树造林、保护森林，是每一位适龄公民应尽的法定义务。让我们从自己做起、从现在做起，一起来为祖国大地绿起来、美起来尽一分力量！

知识链接

塞罕坝从一棵松到百万亩林海

塞罕坝位于河北省承德市围场满族蒙古族自治县境内，20 世纪 50 年代，因过度采伐，土地日渐贫瘠，变成了一片“黄沙遮天日，飞鸟无栖树”的荒漠地。1962 年，为改善自然环境、修复生态，中华人民共和国林业部决定在此建设大型国有机械林场。从此，几代塞罕坝人发扬牢记使命、艰苦创业、绿色发展的塞罕坝精神，他们用青春、汗水和智慧，将荒山沙地变成了绿水青山，再将绿水青山变成了金山银山。

由于塞罕坝在环境保护方面有着特殊的贡献和突出的成绩，中国塞罕坝机械林场建设者在2017年荣获联合国环境规划署(UNEP)颁发的“地球卫士奖”，联合国环境规划署前执行主任埃里克·索尔海姆说：“他们筑起的‘绿色长城’，帮助数以百万计的人远离空气污染，并保障了清洁水供应。”

资料来源：https://news.cctv.com/2017/12/05/ARTI3cYv5MTlbpOs1BoYMvL6171205.shtml.

2. 垃圾分类

1）政策背景

垃圾分类是指按一定规定或标准将垃圾分类储存、投放和搬运，从而转变成公共资源的一系列活动的总称。垃圾分类的目的是提高垃圾的资源价值和经济价值，减少垃圾处理量和处理设备的使用，降低处理成本，减少土地资源的消耗，具有社会、经济、生态等多方面的效益。

2023年，我国城市生活垃圾清运量25407.8万吨。如果不进行有效的垃圾分类，那么垃圾会堆积成山，剧毒的腐烂物和脏水渗透地下，污染水源和土壤，侵蚀身体，个别地区甚至会因此成为“癌症村”。如果将所有垃圾未经分类就进行燃烧处理，那么随之会产生二噁英污染物，这是地球上最致命的有毒物质之一。垃圾还会影响海洋生物环境，每年约有1300万吨塑料垃圾进入海洋，超过50种鱼类被发现正在食用塑料垃圾。近年来，人类体内也发现有塑料微粒的存在。随手扔掉的塑料垃圾，最终会伤害人类自己。通过有效的垃圾分类，可以将垃圾处理导致的垃圾污染、水源污染、空气污染降到最低。垃圾分类是每个大学生都必须参与的一项“全民行动”。

2017年3月，国务院办公厅转发国家发展和改革委员会、住房和城乡建设部发布的《生活垃圾分类制度实施方案》，部署推动生活垃圾分类，完善城市管理和服务，创造优良人居环境。2019年6月25日，《中华人民共和国固体废物污染环境防治法(修订草案)》初次提请全国人大常委会审议。草案对“生活垃圾污染环境的防治”进行了专章规定。2019年9月，中华人民共和国国务院机关事务管理局印发《关于进一步推动公共机构生活垃圾分类工作的通知》，发布公共机构生活垃圾分类工作评价参考标准(表3-5)，就进一步推进有关工作提出要求。

表3-5　公共机构生活垃圾分类工作评价参考标准

项　目	评价内容
组织管理	1　制订垃圾分类工作实施方案
	1.1　明确管理部门和管理职责
	1.2　设定垃圾分类工作目标
	1.3　提出垃圾减量化措施
	2　制订年度工作计划，定期召开垃圾分类工作推进会议
	3　实行垃圾分类激励约束机制
	4　开展垃圾分类日常监督检查
	4.1　机构人员掌握垃圾分类投放方法
	4.2　垃圾容器的收集物与分类标识相符
	4.3　容器内的垃圾及时分类清运

续表

项　目	评价内容
宣传教育	5　经常性开展垃圾分类宣传活动
	6　开展垃圾分类制度、知识教育培训
	7　开展垃圾分类志愿者活动
	8　选树先进典型,总结经验做法
投放收运	9　分类投放设施配置
	9.1　按分类标准合理配置垃圾分类容器设施
	9.2　垃圾集中投放点张贴垃圾分类投放指南
	10　分类收运要求
	10.1　有害垃圾单独存放,与具备处理资质的企业签订收运处置协议
	10.2　可回收物统一回收,与具备回收资质的企业签订收运处置协议
	10.3　餐厨垃圾按国家及属地要求规范处置
	10.4　建立垃圾分类清运台账,定期公示垃圾清运量,按要求报送垃圾分类统计数据

2）尽责参与

2019 年 11 月 27 日,北京市十五届人大常委会第十六次会议表决通过北京市人大常委会关于修改《北京市生活垃圾管理条例》的决定。这是我国第一部生活垃圾管理方面的地方性法规。修改后的《北京市生活垃圾管理条例》对生活垃圾分类提出了更高的要求,并于 2020 年 5 月 1 日起正式开始施行。北京的垃圾分类标准,也是目前我国对生活垃圾的一般分类标准,采用"四分法",即厨余垃圾、可回收物、有害垃圾和其他垃圾,对应的垃圾桶颜色为绿色、蓝色、红色和灰色。

厨余垃圾是指家庭中产生的菜帮菜叶、瓜果皮核、剩菜剩饭、废弃食物等易腐性垃圾;从事餐饮经营活动的企业和机关、部队、学校、企业事业等单位集体食堂,在食品加工、饮食服务、单位供餐等活动中产生的食物残渣、食品加工废料和废弃食用油脂;农贸市场、农产品批发市场产生的蔬菜瓜果垃圾、腐肉、肉碎骨、水产品、畜禽内脏等。其中,废弃食用油脂是指不可再食用的动植物油脂和油水混合物。

可回收物是指在日常生活中或者为日常生活提供服务的活动中产生的,已经失去原有全部或者部分使用价值,回收后经过再加工可以成为生产原料或者经过整理可以再利用的物品,主要包括废纸类、塑料类、玻璃类、金属类、电子废弃物类、织物类等。

有害垃圾是指生活垃圾中的有毒有害物质,主要包括废电池(镉镍电池、氧化汞电池、铅蓄电池等),废荧光灯管(日光灯管、节能灯等),废温度计,废血压计,废药品及其包装物,废油漆、溶剂及其包装物,废杀虫剂、消毒剂及其包装物,废胶片及废相纸等。

其他垃圾是指除厨余垃圾、可回收物、有害垃圾之外的生活垃圾,以及难以辨识类别的生活垃圾。

垃圾分类,人人有责。大学生应该树立生活垃圾分类意识,主动学习生活垃圾分类知识,养成垃圾分类的文明习惯,人人动手,人人受益。

知识链接

上海市生活垃圾标准分类

（1）可回收物是指废纸张、废塑料、废玻璃制品、废金属、废织物等适宜回收、可循环利用的生活废弃物。

（2）有害垃圾是指废电池、废灯管、废药品、废油漆及其容器等对人体健康或者自然环境造成直接或者潜在危害的生活废弃物。

（3）湿垃圾即易腐垃圾，是指食材废料、剩菜剩饭、过期食品、瓜皮果核、花卉绿植、中药药渣等易腐的生物质生活废弃物。

（4）干垃圾即其他垃圾，是指除可回收物、有害垃圾、湿垃圾以外的其他生活废弃物。

几种复合垃圾处理法

（1）中药药渣是湿垃圾。

（2）用过的餐巾纸、卫生纸或者厨房专用清洁纸属于干垃圾。

（3）尿不湿，虽然含水但仍然属于干垃圾。

（4）喝剩半瓶的可乐怎么处理？先把剩下的可乐倒入下水道，然后把瓶子用清水冲洗，接着把瓶子压扁，最后投放到可回收物垃圾桶中。

（5）吃剩的外卖，剩饭剩菜倒进湿垃圾桶，餐盒扔进干垃圾桶。

（6）单独打包的湿垃圾，先破袋，然后把湿垃圾倒进湿垃圾桶，最后把垃圾袋扔进干垃圾桶。

（7）鼓励将可回收物卖入废品回收系统，或交投至两网融合服务点，或投放至可回收物收集容器。

（三）做绿色环保的践行者

1. 建设无烟校园

学校是学生健康成长的场所。中华民族的伟大复兴需要我们拥有健康的体魄，而吸烟会导致各种疾病，包括肺癌、支气管炎、肺气肿、肺心病、缺血性心脏病和其他血管疾病、胃和十二指肠溃疡，吸烟者的死亡率高于不吸烟者。有体检表明吸烟学生的身高胸围、肺活量都比不吸烟的同年龄学生低。另据长期观察证实，吸烟学生的灵活性、耐力、运动成绩、学习成绩和组织纪律性都比不吸烟的学生差。

所以每个人都应从自身做起，自觉远离香烟，营造无烟校园环境。

（1）不在宿舍、教室、卫生间、餐厅、操场等校园公众场所吸烟，自觉远离烟草，追求健康生活。

（2）增强自我控制能力，自觉抵制诱惑，坚决不接受敬烟，提倡互不敬烟，自觉维护自身良好形象。

（3）积极参与禁烟宣传，如果看到他人吸烟，为了自己和大家的健康，请对其进行友好的提醒和劝诫，让更多的人远离烟草。

（4）树立社会责任感和使命感，为无烟的和谐社会贡献力量。

2. 建设低碳校园

"节能减排"不仅是当今社会的流行语,更是关系到人类未来的战略选择。在校园里提倡"无纸化教学",即减少教学过程中对纸质书本的使用,加大电子化教学的力度,从而达到环保的目的。为了创建"节能减排"的绿色校园,可以从校园中的以下小事做起。

(1) 少用纸巾,重拾手帕,保护森林,低碳生活。

(2) 每张纸都双面打印,相当于保留下半片原本将被砍掉的森林。

(3) 随手关灯、拔插头,这是节电第一步,也是个人修养的表现。

(4) 少坐电梯,多爬楼梯,省下大家的电,换回自己的健康。

(5) 绿化不仅是去郊区种树,也可以在校园种些花草。

(6) 少用塑料袋,一只塑料袋 0.5 元,但它造成的污染可能是 0.5 元的 50 倍。

(7) 养成按时在餐厅用餐的习惯,杜绝浪费,餐后将餐余垃圾主动送到指定分类的垃圾桶。

(8) 从我做起,拒绝零食外卖。

总之,低碳生活不仅是一种生活态度、一种生活方式,更反映着一个人、一个民族的品质追求。

实践活动

校园清洁我行动

1. 活动目标

培养吃苦耐劳精神和团队合作意识,提升个人劳动技能。

2. 活动时间

建议 4～6 小时。

3. 活动流程

(1) 教师将学生按照 8～10 人划分小组,每组选出 2 名同学分别担任正、副组长。

(2) 教师针对本次活动开展动员,并与各小组组长共同确定本次清洁目标和各小组具体负责的清洁场地。

(3) 小组正、副组长带领本小组成员实施劳动清洁行动,可根据具体工作内容进行合理分工和网上搜索清洁的流程和技巧。

(4) 每组选派一名代表与教师一起对劳动场所进行核查评比。

(5) 各组组长分别跟全班同学进行劳动总结分享。

(6) 教师根据评比结果和总结分享进行点评和分析。

守护绿色家园,践行生态劳动

1. 活动目的

通过环境生态劳动实践,增强大学生的环保意识,培养其生态责任感和劳动技能,促进大学生全面发展,同时为校园及周边环境改善贡献力量。

2. 活动主体

全体在校大学生。

3. 活动地点

校园内、校园周边公园或自然保护区。

4. 活动内容与安排

1）活动准备阶段

(1) 成立活动组织小组，负责活动策划、组织协调和安全保障。

(2) 联系相关场地负责人，获取活动许可。

(3) 准备劳动工具，如垃圾袋、手套、铲子、树苗（若有植树环节）等。

(4) 开展宣传活动，通过校园广播、海报、班级群等途径向学生宣传活动意义和报名方式。

2）活动实施阶段

(1) 校园周边生态调研与保护。

① 带领学生前往校园周边公园或自然保护区，在专业老师指导下进行生态环境调研，包括水质检测、土壤分析、动植物种类记录等。

② 根据调研结果，开展针对性的保护行动，如清理河道垃圾、设置保护动植物的提示牌等。

(2) 环保知识学习与交流。

① 收集整合生态环保相关资料，分组介绍环境生态保护的现状、问题和解决方案。

② 分享本次实践活动的心得和体会，促进相互学习。

(3) 生态劳动成果展示与巩固。

① 在校园内设置展示区，展示学生在实践活动中的照片、调研数据、心得体会等。

② 组织学生对本次活动区域进行最后的检查和清理，确保活动效果的巩固。

5. 评价标准等级表格

大学生参与环境生态劳动实践评价标准见表3-6。

表3-6 大学生参与环境生态劳动实践评价标准

评价项目	评价标准	等级
参与度(30分)	积极参加所有活动环节，无缺勤情况	A(25～30分)、B(20～24分)、C(15～19分)、D(10～14分)、E(0～9分)
劳动表现(30分)	认真完成分配的劳动任务，劳动效率高，质量好	A(25～30分)、B(20～24分)、C(15～19分)、D(10～14分)、E(0～9分)
团队协作(20分)	积极与团队成员沟通合作，能够协调解决团队问题	A(18～20分)、B(15～17分)、C(12～14分)、D(9～11分)、E(0～8分)
环保知识掌握(10分)	在实践活动中掌握了较多环保知识，能准确回答相关问题	A(9～10分)、B(7～8分)、C(5～6分)、D(3～4分)、E(0～2分)
实践成果展示(10分)	在成果展示环节表现出色，有独特的见解和丰富的内容	A(9～10分)、B(7～8分)、C(5～6分)、D(3～4分)、E(0～2分)

6. 注意事项

(1) 确保活动安全，在使用劳动工具和进行调研时，要有专业人员指导，避免发生意外事故。

(2) 教育学生尊重自然环境，不破坏当地的生态平衡，不损害动植物。

(3) 活动期间，要求学生遵守纪律，听从组织小组的安排。

(4) 注意环保，活动产生的垃圾要妥善处理。

第四节　家庭劳动教育实践

家庭是学生接受教育的第一所学校，父母是孩子的第一任老师，家庭处处是劳动的"训练场"，家庭劳动教育对大学生的成长成才具有举足轻重的作用。家庭劳动教育是通过家务劳动树立大学生正确的劳动观念，养成劳动习惯，成为具有独立生存能力的、有责任感的社会人的过程。就家庭劳动教育而言，家庭是主阵地，家长是最好的老师，要给大学生讲好"人生第一课"，帮助扣好"人生第一粒扣子"。只有从一根线、一粒米的小事做起，由近及远，由小及大，成长的基石才能一层层夯实，人生的扣子才能一粒粒扣紧。

一、家庭劳动教育的意义

微课：家庭劳动教育的意义

案例导入

一屋不扫，何以扫天下

东汉时期，有一少年名为陈蕃，此人自命不凡，一心只想干大事业。一天，陈蕃父亲的好友薛勤来访，见其独居的院内龌龊不堪，便问他："孺子何不洒扫以待宾客？"他答道："大丈夫处世，当扫除天下，安事一室乎？"薛勤当即反问道："一屋不扫，何以扫天下？"陈蕃无言以对。

家庭劳动教育的意义在于培养学生的劳动习惯、塑造健康的人格、锻炼意志品质，并促进学生的全面发展。

大学生家庭劳动教育的意义主要体现在以下几个方面。

1. 树立正确的劳动观念和价值观

通过参与家庭劳动，大学生可以亲身体验劳动的艰辛和创造的乐趣，从而认识到劳动是人类赖以生存和发展的基础，是创造财富和实现个人价值的重要途径。这种体验有助于大学生形成正确的劳动观念和价值观。

家庭劳动教育对于大学生的成长和发展具有深远的影响。首先，通过参与家务劳动，大学生可以从小树立劳动观念，养成劳动习惯，这对他们一生的成长具有积极的影响。实践证明，热爱劳动的学生通常能吃苦、有才干，对生活充满自信，人际交往能力强于不爱劳动的学生。此外，家庭劳动教育还有助于学生形成健康的人格，包括独立自主、坚毅和自信等意志品质，这些品质是所有成就者必备的。

2. 培养责任感和担当精神

在家庭劳动中，大学生需要承担一定的责任和义务，这有助于培养他们的责任感和担当精神。通过参与家庭劳动，大学生可以意识到自己是社会的一分子，有责任为社会作出贡献，这种责任感和担当精神对于他们的成长和发展至关重要。

3. 提高实践能力和培养创新精神

家庭劳动教育可以帮助大学生提高实践能力和培养创新精神。在劳动过程中，大学生需要不断探索和实践，不断提高自己的技能和能力。通过参与各种劳动活动，大学生可以接触到不同的工作领域和实践场景，从而拓宽自己的视野和思维方式，培养创新精神。

4. 增强社会适应能力

现代社会中，大学生需要具备较高的社会适应能力，以适应不断变化的工作环境和市场需求。通过家庭劳动教育，大学生可以了解社会的发展和变化，掌握一些基本的劳动技能和职业素养，从而更好地适应社会和市场需求。

5. 促进个人全面发展

家庭劳动教育不仅能增强学生的社会责任感，培养学生的公民意识和社会关怀，还能激发学生对社会发展的责任感和担当。这为学生未来成为有责任感的公民打下坚实基础，同时促进学生个人素养、实践能力和社会责任感的全面提升。家庭劳动教育不仅有助于学生形成良好的品德和价值观，还能促进学生的智力发展。劳动可以改善呼吸，促进血液循环，促进生理的新陈代谢，调节大脑疲劳，有利于大脑发育。在劳动中，双手的活动有益于左右脑的开发，促进逻辑思维和形象思维的发展。

综上所述，大学生家庭劳动教育对于培养学生的个人素养、实践能力和社会责任感具有重要意义，有助于学生成为德智体美劳全面发展的社会主义建设者和接班人。家庭劳动教育通过培养学生的劳动习惯和技能，不仅有助于学生的个人成长和发展，还能够在德育、智育等方面发挥重要作用，为学生的全面发展和未来的幸福生活奠定坚实的基础。

二、家庭劳动教育的内涵

微课：家庭劳动教育的内涵

案例导入

让孩子做家务，就像小鸟要学习展翅一样

2020 年 1 月，湖北襄阳一位刘女士在朋友圈招聘保姆照顾自己上大一的女儿，引发网友热议。刘女士称自己平时很忙，没有时间照顾女儿，而女儿虽然上大学了，但是从小没有做过家务，所以想找一个保姆照顾她。

其实，一般钟点工的小时工资在 20～50 元不等，算不上奢侈。假设刘女士是给自己家里请保姆，绝不会有人说三道四。那么，刘女士的做法到底哪里不对，才会惹来争议？其实，比较容易引发反感的关键词是“大学生”和“从小没做过家务”。

大学生过的是集体生活，属于自己的“一亩三分地”也就是宿舍里的书桌和床，所谓家务活无非就是生活自理罢了。如果这些事都不会做、不愿做，称为“低能”也不为过。而“从小没做过家务”的说法，更说明这个家庭对何为教育完全懵懂。

家务劳动和各种学校课程一样，都应当属于从小就得学习的必修课。哈佛大学曾进行过一项历时 70 多年的“格兰特研究”，探讨一个人的成功因素究竟是什么。结论是，如果我们关心孩子们的职业成功，那么就要为孩子们提供两个基础——爱和家务活。刘女士可能觉得，她的女儿不需要“成功”，一辈子躺在父母的羽翼下无忧无虑即可。

如果你不想成为“废柴”，就应该学做家务，就像小鸟学习飞翔一样自然。

资料来源：https://society.huanqiu.com/article/9CaKrnKoJAt.

马克思认为劳动是人类的本质活动，是人类生存和发展的基础。在家庭劳动教育实践中，这一观点得到了体现。家庭中的劳动教育让孩子参与日常家务等劳动，如扫地、洗碗，这是对人类基本生存能力的培养。孩子通过这些劳动实践，了解到劳动是满足生活需求的必要途径，就像人类社会发展中劳动创造物质财富一样，家庭劳动是创造家庭整洁舒适环境的手段。

家庭劳动教育实践是一种通过日常家务活动进行的教育活动，主要是通过家长引导孩子学习基本的家务劳动，旨在培养孩子的劳动意识、日常生活技能和良好劳动习惯，这对于培养孩子的动手能力和独立生活能力具有重要作用。家庭劳动教育实践丰富多样，除了体力劳动，还有如家庭理财、制定家务清单和家庭公约等脑力劳动相关内容。通过这些措施，家长可以与孩子一同体验劳动的过程，同时以身作则，教会孩子劳动的最佳方法。这种家庭劳动教育方式有助于孩子在劳动中树立正确的价值观、世界观和人生观，激发创新性和思辨性思维，孩子的体力、智力、情感等多方面得到发展。例如，孩子在参与家庭购物计划的制订过程中，学会了计算、比较，锻炼了思维能力，也懂得了节约等价值观念，促进了自身全面发展。因此，这种教育不仅教授生活技能，如洗衣、做饭、打扫卫生，还包括团队协作、责任感和感恩之心的培养。

劳动教育仅依靠学校课程实施远远不够，还要在家庭、学校、社会各方面实现协同，尤其要发挥家庭生活在劳动教育中的基础作用，才能真正实现劳动教育对个体全面发展的意义。

三、家庭劳动与实践

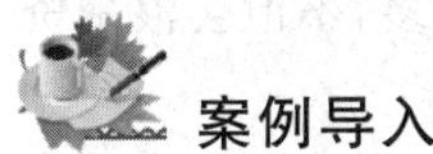

案例导入

在劳动中成长

来自武汉科技大学文法学院的秦天慧承担起了照顾家里的重任，为父母分担家务，帮妈妈做饭，给弟弟辅导作业。

秦天慧的爸爸妈妈因工作经常很晚回家，她就承担了做饭的任务。有时候煮一锅浓浓的小米粥，做几个小菜；有时候给家人煎鸡蛋，蒸几个馒头。秦天慧的妈妈说："每次回家能吃上闺女做的热腾腾的饭菜，顿时就不觉得累了。"

"之前远在学校读书，并不知道爸妈是怎么照顾弟弟的。现在知道他们白天要上班，晚上回来要照顾弟弟，还要做饭做家务。在家的几个月，我深切感受到了父母养儿育女的辛苦。"秦天慧说。

武汉科技大学能源工程专业的黎莹，是重庆忠县人。为了分担父母家务劳动的压力，她不但主动揽下每日三餐和洗碗的任务，还带着初中的弟弟一起参与家庭劳动。

弟弟抱着好奇的心态，跟着她做了几天，就想"罢工"。她对弟弟说："我们长大了，应该主动做一些力所能及的事，减轻父母工作之余的家务负担。"在她的带动下，弟弟坚持了下来。

对黎莹来说，难度最大的就是做午饭。因为周一到周五，每天上午的网课接近十二点才结束。为不耽误父母下午的工作，她需要有规划地提前做饭，还要预先想好当天炒什么菜，才不会出现手足无措的情况。

"做家务是最基本的劳动，即使是做饭洗碗，我觉得自己在其中也有很多收获。"她说，"我想学习和劳动应该是一样的，需要提前做好规划，再进行多次的实践和练习，才能有进步。"

（一）衣之有形

千里之行，始于足下。“不会”“我有更重要的事情做”不该是我们拒绝家务劳动的借口，而应是我们学习、践行家务劳动的动力。我们应该从洗衣、熨烫、针线活、收纳等方面学起，在日常生活中养成好的劳动习惯，做到“衣之有形”。

1. 洗衣必备常识

（1）洗衣要分类。洗衣服时，不仅要按颜色分类，还要看衣服的材质、种类。衣物按颜色可分为纯白色、浅色（包括带白色条纹的衣物）、深色（黑、蓝、褐等）、艳色（红、黄、橙等）四类进行清洗；材质方面，一定要将毛绒多的衣物（毛巾、毛衣、灯芯绒衣物等）和容易起球的衣服分开洗，避免把衣服洗坏；贴身衣物，如内裤、秋衣裤等，要单独洗涤。

（2）水温应合适。通常来说，水的温度越高，去污效果越好。但要注意，并不是所有衣服都适合用热水洗，洗衣服的时候要先看下衣服上面的标签再洗。一般情况下，内衣、床单等要用 60℃以上的热水洗，丝质、羊毛织物等物品应用冷水洗。

（3）先放洗衣液，后放衣物。洗衣服时，应先放水和洗衣液，并进行搅动，待洗衣液充分溶解后再放入衣物。这样洗衣服，不仅能让洗衣液更好地发挥作用，还能避免衣物上留下洗衣液的印记。

（4）洗衣液的用量应适度。在使用洗衣液前，应先阅读洗衣液的使用说明，明确洗衣液与水的比例。洗衣液的用量过少，将无法达到去污效果；洗衣液的用量过多，不但会浪费资源，还会产生残留。一般来说，洗衣液的用量稍低于说明书的推荐值即可。

（5）洗衣机不能塞太满。有人喜欢凑一堆脏衣服，把洗衣机填满再洗，以为可以省水省电，殊不知，这样不但容易洗不干净，还会缩短洗衣机的使用寿命。衣物体积最多只占洗衣机滚筒体积的 2/3。

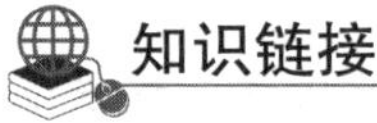

内衣清洗小贴士

1. 手洗更健康

首先，洗衣机的内壁和滚筒里藏有许多污垢和细菌。内衣在机洗过程中容易受到污染。其次，内衣一般相对较小，手洗会洗得更加干净、彻底。

2. 肥皂更安全

肥皂具有良好的杀菌去污效果，且不伤皮肤，是手洗内衣的首选。如果有条件，还可以选购超市中专门用于清洗内衣的内衣皂，这种肥皂的抑菌效果更好，性质更温和。

3. 禁用消毒液

消毒液虽然具有很强的杀菌消毒能力，但对皮肤的损害很大，在清洗贴身衣物时，应尽量避免使用消毒液。

2. 熨烫实用技巧

1）熨烫步骤

（1）熨烫机内注水。注水时应往熨烫机内灌注冷开水，以减少水垢的产生，避免喷气孔

堵塞。

(2) 选择温度。熨烫机上一般会有调节温度的旋钮,使用时可根据衣物的材质选用不同的温度,也可根据衣物上的熨烫标识选用合适的温度。

(3) 熨烫。熨烫过程中应保持衣物平整,以免熨烫过后衣物再次留下褶皱。同时,应在水温达到所调温度后再开始熨烫,因为在温度条件不够时,无法形成水蒸气。

(4) 熨烫完的衣服不要马上挂入衣柜,而应先挂在通风处,待衣服完全干透之后再挂进衣柜,以免衣物发霉。

2) 不同布料衣物的熨烫方法

(1) 棉麻衣物的熨烫方法。

熨烫温度:160～200℃。

熨烫手法:①动作敏捷,但不能过快;②往返不宜过多;③用力不宜过猛;④熨烫淡色棉麻织品时应保持匀速,以免衣料发黄。

(2) 丝质衣物的熨烫方法。

熨烫温度:110～120℃。丝质衣物需低温熨烫,过高的温度容易导致衣物褪色、收缩、软化、变形,严重时还会损坏衣物。

熨烫手法:①垫布熨烫,或熨烫衣物反面;②熨烫时熨烫机要不断移动位置,不能在一个地方停留时间过久,以免产生烙印水渍,影响衣物的美观。

(3) 皮衣的熨烫方法。

熨烫温度:80℃以下。

熨烫手法:①垫干燥的薄棉布进行熨烫;②熨烫时用力要轻,防止烫损皮革。

(4) 毛织衣物的熨烫方法。

熨烫温度:薄款150℃以下,厚款200℃以下。

熨烫手法:①将湿布盖在布料上,再熨烫;②熨烫时,熨烫机应平稳地在衣服上移动,不宜移动过快。

(5) 合成纤维衣物的熨烫方法。合成纤维种类繁多,不同的合成纤维衣物的耐热程度各不相同。初次熨烫前,可先找衣物里面不明显的部位试熨,在掌握了适合的熨烫温度后,再进行大面积熨烫。

3. 针线拿手绝活

做好针线活的前提是要学会常用的针法。缝制衣物常用的针法有平针法、锁边缝、藏针法、包边缝、缩缝法等。

(1) 平针法是最基础的针法,也是最常用的针法。这种针法主要用于拼接布料和缝制布料的轮廓。缝制时要注意针脚间隔均匀,间隔一般为3毫米左右,也可根据实际情况调整。

(2) 锁边缝一般用于缝制织物的毛边,防止织物的毛边散开。

(3) 藏针法一般用于两块布料的缝合。这是一种很实用的针法,能够有效隐匿线迹,常用于衣服上不易在反面缝合的区域。

(4) 包边缝与锁边缝的用途相同,但前者的装饰性和实用性更强。

(5) 缩缝法可以在缝制过程中拉出松紧度,一般用于缝制缩口。

4. 收纳操作指南

各式各样的衣服随意堆放在衣柜里，既不美观，也不便于拿取。那么，应如何合理使用衣柜空间收纳衣服呢？

首先，应将衣物按照样式进行分类，如分为裤子、裙子、衬衫、短袖、毛衣、外套、内衣、内裤、袜子等类别。

其次，将分类好的衣服一一折叠。

最后，将折叠好的衣服按季节进行分类。属于当季的衣服，可放在衣柜中易于拿取的位置；属于其他季节的衣服，可放在衣柜顶层或收纳盒、收纳袋中。另外，内衣裤、袜子等小衣物可放于抽屉中收纳。

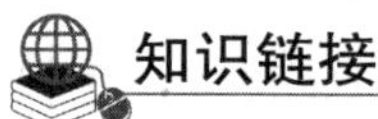

知识链接

爱做家务的大学生更有创业热情，动手能力更强

创业和家务有关联吗？这个问题也许很多人都没想过。一则《上海大学生创业现状调研报告》显示，上海大学生的创业热衷程度和参与家务的主动性有显著关联。

研究发现，造成这种关联的主要因素是主动参与家务的大学生往往更有责任感，并且经常做家务劳动的大学生动手能力更强，而这两种能力是创业者必须具备的关键能力。同时，在家务劳动的过程中，大学生获得了解决问题的思考模式和实践方法，这种思考模式和实践方法将使他们受用一生。

（二）食之有味

微课：食之有味

案例导入

留学生锻炼独立生活能力　就从做饭这件小事入手

出国后才发现自己还是“中国胃”！许多留学生念念不忘的，是家乡菜的味道。

独立生活的起点——学会每天记录开销

“在澳大利亚最难的，就是‘吃’的问题。”就读于澳大利亚西悉尼大学的周筱雅如是说，“澳大利亚是一个‘进口国家’，当地市场上的许多产品都是进口的，食品的物价较高。另外，我所在的学校没有学生餐厅，而外面的餐厅一顿普通的饭菜都要 15 澳元左右，折合人民币大约 73 元，这样的价格对于我们这些留学生来说有点高。”

依靠父母的资助在澳大利亚生活，周筱雅在很短的时间内就学会了精打细算。“澳大利亚当地的餐厅，点餐分量很大，吃不完浪费掉可不是一个好习惯。”

“出国后才发现，自己是‘中国胃’。”周筱雅调侃道，“澳大利亚当地人的饮食习惯就是‘三明治拯救一切，两片面包夹起一个宇宙’。”在经历过起初的新奇后，周筱雅开始琢磨如何维持自己的健康饮食习惯。

“国外的饮食比较油腻，即使找到亚洲餐厅，能吃到的大部分也是热量很高的咖喱之类的菜品；而中餐的烹饪方法非常丰富，炒、烤、烩、蒸、煮，选择余地更大。”比较以后，她做出决定：要关注学业，也要兼顾好自己的生活品质。

必须学会独立生活的一个重要技能——做饭

陈梦晓(化名)刚到韩国留学一年,她说:“我以前从不记账。来到韩国之后,发现餐厅的价格格外高,街边普通小店里,一份水煮肉片的价格都能高出国内餐厅两倍。来韩国前,我不会做饭,即使父母催促我学习,我也会找借口推脱掉。”陈梦晓回忆道:“以前的我从来不进厨房,在家连天然气炉都不敢开。但是来到韩国之后,我发现必须要学做饭,因为它的确是生活的必备技能。”

“当然,我得到了朋友的帮助。在和朋友们一起做出一顿饭的过程中,我发现做饭原来是一件很快乐的事情。”陈梦晓说。

从“十指不沾阳春水”到“越来越喜欢探索做饭的技巧”,陈梦晓有许多难忘的经历:“刚开始学做饭的时候,鸡蛋被炒成黑色。但我想,如果学会几道拿手菜,就可以请认识的韩国朋友和同学到家里来聚餐,于是就有动力坚持下来了。”回想起刚开始学做饭时的场景,陈梦晓笑道:“我特别害怕青菜在锅里‘噼噼啪啪’地油汁四溅,所以每次把菜放进锅后都赶紧跑出厨房,等锅冷静下来,我再赶紧跑回去。”

资料来源:https://baijiahao.baidu.com/s?id=1615256036570848035&wfr=spider&for=pc.

做饭这样的“小事”,对于即将迈入社会的大学生,常常也是考验其独立生活能力的“大事”。从“家常菜”到“营养均衡、色味俱佳的佳肴”,做饭不仅是一项生活技能,更能让我们享受烹饪的乐趣,用美食调剂生活。

1. 中国饮食文化

学做饭,首先要了解我国源远流长的饮食文化。我国地大物博,在饮食上总体呈现出风味多样、讲究美感、食医结合等特点。

(1) 风味多样。我国幅员辽阔,物产丰富,各地区由于气候、物产、习俗、生活环境等的不同,发展出了各式各样、具有地方风味和特色的菜系,其中最著名的有川菜、鲁菜、粤菜、闽菜、苏菜、浙菜、湘菜和徽菜八大菜系。各个菜系在原料选用、烹调技艺、口味等方面特点鲜明。

(2) 讲究美感。我国菜系众多、菜品多样,但无论哪种菜系,都追求色、香、味俱全。“色”即菜的色彩、卖相,在食物不再仅是饱腹之物时,运用各种食材、配料和烹调方法,调配好一道菜肴的色彩,是一种让食物赏心悦目的艺术。

(3) 食医结合。我国烹饪讲究食医结合,认为食物与医疗保健有着密切的联系,在几千年前就有“医食同源”“药膳同功”的说法。许多食物原料都具有药用价值,利用这些原料做成的美味佳肴,不仅美味,还能达到防治疾病的目的。例如,绿豆具有清热解暑、止渴利尿的功效,苦瓜具有清热解暑、明目解毒的功效,胡萝卜具有补肝明目、清热解毒的功效,梨具有清热镇静、化痰止咳的功效等。

2. 饮食营养与健康

烹饪不仅应关注美味,更应该做到营养均衡。均衡的膳食、合理的营养搭配,不仅可以保证人体正常生理功能的需要,还可以提高机体的抵抗力和免疫力,有利于预防和控制某些疾病的发生与发展。根据中国营养学会编制的《中国居民膳食指南(2022)》,一般人群的膳食可遵循以下六个原则:①食物多样,谷类为主;②吃动平衡,健康体重;③多吃蔬果、奶类、大豆;④适量吃鱼、禽、蛋、瘦肉;⑤少盐少油,控糖限酒;⑥杜绝浪费,兴新食尚。

3. 烹饪基础

1）原料篇

烹饪的原材料可分为蔬菜、水产品、畜禽、粮食作物和果品五类。

（1）蔬菜是人体维生素、矿物质和膳食纤维的主要来源。

（2）水产品富含蛋白质、脂肪、矿物质和维生素。

（3）畜禽是人体优质蛋白、脂类、脂溶性维生素和B族维生素的主要来源。

（4）粮食作物是对谷类作物、薯类作物和豆类作物的总称。谷类作物主要为人体提供淀粉、植物蛋白、维生素等；薯类作物主要为人体提供淀粉、维生素等；豆类作物主要为人体提供蛋白质、脂肪等。

（5）果品主要为人体提供维生素、矿物质和人体所需的微量元素。

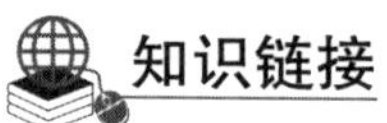

各种营养物质的作用

维生素：具有调节代谢的作用。在维生素充足的情况下，人体的代谢会更加完全。例如，维生素D能够促进钙质吸收，维生素C能够促进铁质吸收等。

蛋白质：可以为人体提供能量和热量，不但有利于骨骼健康、预防骨质疏松，还可以提高肌肉质量和力量，这也是所有的健身房教练将它视为“增肌神器”的最主要原因。

脂肪：具有储存和供给能量的作用，还有保持人体体温、固定内脏的作用。

矿物质：包含铁、钙、镁、锌等，是构成人体骨骼、牙齿等部位的重要元素。需要注意的是，矿物质只能从膳食中获取，不能由身体自行合成。

淀粉：在人体内会被分解成葡萄糖，葡萄糖可以为人体肌肉运动和其他器官的活动提供能量，用以保证人生活的正常进行。

膳食纤维：能够促进肠道蠕动，具有预防超重和肥胖的作用。

2）调料篇

烹饪常用的调料有油、盐、酱油、醋、料酒等。

（1）油具有导热、增加菜肴色泽的作用，常见的有花生油、菜籽油、大豆油等。

（2）盐可调节菜肴的咸淡，不宜多吃。

（3）酱油分为生抽和老抽两种，生抽一般用来调味，味道鲜、咸；老抽一般用来上色，颜色重、味道咸。

（4）醋较酸，可使菜的味道变得丰富，吃起来更加爽口。

（5）料酒能够去除菜的膻味和腥味，还具有解油腻的作用。

3）火候篇

烹饪时的火候一般根据两种方式确定。

（1）根据原料的质地确定。原料质地较软、嫩、脆的，多用旺火速成；原料质地较硬、老、韧的，多用小火长时间烹调。

（2）根据烹调的技法确定。炒、爆、烹、炸等技法多用旺火速成；烧、炖、煮、焖等技法多用小火长时间烹调。

4. 烹饪安全

1）用火安全

在利用燃气灶等明火烹饪食物时，应注意以下四点。

（1）烹饪过程中不要远离厨房，防止汤水溢出浇灭燃气灶火苗，造成燃气泄漏事故。

（2）厨房内禁止存放酒精、汽油等易燃危险物品，以免引起意外失火。

（3）保持燃气灶周围空气流通。

（4）若闻到煤气味，怀疑燃气泄漏，应立即关闭燃气阀门和附近的火源，同时打开门窗进行通风，注意不要开关任何电器，包括手机。若煤气味强烈，则应立即外出打电话报警，并通知邻居疏散。

2）用电安全

在用电饭煲、电磁炉等电器烹饪食物时，应注意以下两点。

（1）湿手不得接触电器及电器装置，以防触电。

（2）电器用完后，应关掉开关，并拔下插头，防止电器因长时间通电而损坏。

3）烹饪工具使用安全

在使用烹饪工具的过程中，应注意以下三点。

（1）玻璃器皿、瓷器不能摆放在台面边缘，以免摔破伤人。

（2）在使用刀具前，应检查其是否存在裂纹、松柄、锈蚀等现象，避免在使用过程中发生意外。

（3）刀具在使用完后，应插入刀套或刀架内，不得放在操作台边缘及过高处，以免坠落伤人。

4）其他注意事项

除上述注意事项外，在烹饪时，还应注意以下三点。

（1）烧制饭菜时，锅内的液体不宜过多，以免溢出引发意外。

（2）在拿刚蒸好或烤好的食物时，应戴隔热手套。没有隔热手套的，可用干毛巾代替。

（3）为减少烹饪过程中高温油飞溅，应提前滤干食材的水分。

（三）起居有序

微课：起居有序

案例导入

学生化身父母的小帮手

手工制作、营养烹饪、农业劳动、社区志愿服务、防疫知识宣讲……在延迟开学期间，安庆师范大学的同学们在线上学习之余，纷纷化身居家劳动小能手，成为父母的小帮手。

做厨房小能手

该校舞蹈表演专业学生唐卉妮平时喜欢研究美食，疫情期间她几乎包揽了家中的早饭和午饭。“学院开展的居家劳动活动，让我有机会帮妈妈分担家务，也让我能够向同学们展示厨艺，同时也督促大家用行动去孝顺爸妈。”唐卉妮说。

嫩藕切片、猪肉切丝、葱蒜炒好……该校自动化专业学生张宣在家做“作业”的架势也有模有样。做完一桌饭菜后，她在朋友圈写下一段感悟："我之前常想，父母为何将生活过得这样索然无味，现在觉得，当我独自面对生活中的这些'命题'时，也许解得并不比他们好。"

各种家务样样行

假期在家，不少学生承担了各种家务和农活。该校英语专业学生董洁就是其中之一，她常常在闲暇时帮外公外婆做家务和农活。"陪外婆去河边洗衣服，陪外公种果树，插苗、浇水、育肥，这些事情我都感觉很有意义。外公外婆年纪大了，能陪他们干活我很开心。"董洁说。

该校广播电视学专业学生赵维俊在家除了上网课，每天还多了一些"任务"，即扫地、做饭等家务。"我们都长大了，有义务为家里人分担家务劳动，而且做家务劳动也能锻炼自己的耐心和细心。"赵维俊说。

资料来源：https://www.ahwx.gov.cn/wlcb/kah/202005/t20200501_4569819.html.

在日常生活中养成做家务的习惯，保持屋舍整洁，物品井然有序，过一种"有序"的生活，能让我们容光焕发、心情舒畅，对我们的学习和工作有很大的促进作用。

1. 作息规律

研究表明，科学、合理、规律的作息能提高人体的免疫力，降低疾病发生的概率。在安排作息时间时，可参考表 3-7。

表 3-7 作息时间表

时间段	作息安排
6:30—7:30	起床伸展腰肢，呼吸新鲜空气，喝杯温水，为一天的工作做好准备
7:30—9:00	吃早餐。这个时候时间再紧也要吃早餐，因为它可以帮助我们维持血糖水平的稳定，为上午的工作补充能量
9:00—11:00	这个时间段是工作和学习的第一个黄金时期。大部分人在这两小时内头脑最清醒、思路最清晰，因此可以开展工作和学习中较困难的部分
11:00—12:00	吃点水果。在经过一上午的工作和学习后，血糖会有一些下降，可能导致无法专心工作。此时可以吃点水果，及时补充血糖
12:00—13:00	吃午餐。丰富的午餐能为身体增添能量，以保证身体的能量所需
13:00—14:00	午休。每天保证 30 分钟的午休会使人精力充沛，还能起到保护心脏的作用
15:00—17:00	这个时间段是工作和学习的第二个黄金时期。此时身体和大脑都处于一天的巅峰状态，应该做细致而密集的工作
17:00—18:00	体育锻炼
18:00—19:00	吃晚餐。晚餐应该多吃蔬菜，少吃富含卡路里和蛋白质的食物。同时要注意，晚餐应少吃，吃太多会引起血糖升高，并增加消化系统的负担，影响睡眠
19:00—21:00	可根据个人需要适当锻炼，还可以看电视或做家务
21:00—22:00	看书或休息
22:30	上床睡觉。每天应尽量保证 8 小时的充足睡眠

2. 设施整洁

1）扫地拖地

（1）扫地小技巧。清扫室内地面宜用按扫的方式，即扫地时扫帚尽量不离地面；挥动扫把时，可稍用力向下压，这样既能把灰尘、垃圾扫净，又能防止灰尘扬起；清扫时一般采用从狭窄处扫向宽广处、从边角处扫向中央处、从屋里扫向门口的清扫顺序。

地上头发多时，可将废弃的旧丝袜套在扫把上扫地。由于丝袜会和地面产生静电效应，很容易就能吸附起地上的毛发和灰尘。如果没有丝袜，塑料袋也可以起到同样的效果。

清扫楼梯时，可以站在下一阶，将垃圾从左右两端扫至中央再往下扫。这样能有效防止垃圾、灰尘从楼梯旁掉下去。

清扫室外区域时，应顺着风向扫，以免扫好的区域被再次刮脏。

（2）拖地小技巧。

① 巧用食盐。用温水加上食盐拖地，不仅能加快地上水分的蒸发速度，还不留水渍。另外，用盐水拖地还能杀菌、抑菌。

② 巧用洗洁精、醋和小苏打。在擦洗地板的水中加入少量洗洁精、醋或小苏打，擦洗地板时，不仅能轻松除尘，还能有效去油污。

③ 巧用柠檬汁。柠檬汁中的烟酸和有机酸具有杀菌作用。拖地的时候，在水里加少量柠檬汁或柠檬精油，既能有效杀菌，还能保持空气清新。

2）门窗除垢

① 清洁门窗边框。清洁时，应先用废旧牙刷或专用的小刷子清理缝隙里的污渍，再整体擦拭门窗边框。

② 清洁玻璃。清洁玻璃时，第一遍用湿布擦拭，第二遍用干报纸擦拭。用干报纸擦拭不仅可以擦干玻璃上的水分，还能避免在玻璃上留下痕迹，让玻璃更加干净明亮。

对于有纱窗的窗户，可不定时用湿布擦拭纱窗，避免纱窗上堆积灰尘。

3）玻璃清洁

（1）有些玻璃用久了会有发黑的现象，对于这种玻璃，可用细布蘸取适量的牙膏擦拭。

（2）沾染了油漆的玻璃可用绒布蘸取适量食醋擦拭。

（3）玻璃上的陈迹可用湿布蘸取适量白酒擦去。

（4）鲜蛋壳用水洗刷后得到的蛋白与水的混合溶液，可有效增加玻璃的光泽。

（5）沾染了石灰水的玻璃，可用湿布蘸取适量细沙擦拭。

3. 物品井然

（1）按照使用频率分类收纳物品，即常用的物品放在显眼处，不常用的物品收纳在柜子内。例如，厨房内台面上放置油、盐、酱、醋等常用物品，备用油、盐等放在橱柜中；将每天使用的拖鞋置于易拿取处，换季的鞋子放在不易拿取处；将每天出门需要换的衣服、帽子等挂在随手可拿的地方，换季的衣服放在柜子里或收纳箱中。

（2）借助收纳盒。厨房的抽屉内，可配置大小合适的分餐盒，将筷子、勺子等分别置于其中；书桌的抽屉内，可以借助不同的小盒子划分区域，使小物件井然有序。

（3）垂直收纳，即利用家或寝室内空着的墙面收纳物品。例如，在书桌的上方放置两层或者三层的隔板架，在厨房墙面悬挂收纳篮等。

(4) 利用好角落空间。沙发、餐厅、卧室等地的角落是很好的收纳空间，好好利用这些角落空间（如放置移动的收纳架），不仅不会使住处显得拥挤，还会营造出一种特别的美感。

4. 起居其他常识

(1) 冰箱清洁。在使用冰箱的过程中，应定期对冰箱进行清洁（每年至少两次）。清洁冰箱时，要先切断电源，然后再用软布蘸上清水或洗洁精沿着冰箱内壁轻轻擦拭。为防止损坏冰箱涂层和塑料零件，请勿使用洗衣粉、去污粉、开水、刷子等清洗冰箱。

对于冰箱内可拆卸的部件，应拆下后用清水或洗洁精清洗。

清洗完冰箱主体和各种部件后，不要着急关闭冰箱门，应待冰箱内彻底干燥后，再关闭冰箱门，并插上电源。

(2) 床上用品清洁。床上用品会与皮肤直接接触，平时要注意床上用品的清洁。一般来说，床上用品的清洗间隔应根据季节来判断。夏季建议一周清洗一次，冬季建议两周清洗一次。清洗时，最好挑一个晴朗的天气，以便清洗完的床上用品能够接受紫外线的照射，从而有效清除细菌和螨虫。

（四）家政娴熟

微课：家政娴熟

除了学习基础的家务劳动，还应该适当掌握一些家庭保健相关知识和家居日常维修技能，以备不时之需。

1. 家庭保健

1）家庭常用消毒方法

在家庭生活中，可利用以下三种方法消毒杀菌，减少疾病的发生。

(1) 天然消毒法。阳光中的紫外线和红外线具有一定的杀菌作用，把书籍、床垫、被褥、衣物等放在阳光下暴晒 4～6 小时即可起到很好的杀菌效果。

(2) 物理消毒法。物理消毒法是利用物理因素作用于病原微生物，将其清除或杀灭的方法。常见的物理消毒法有热力消毒，像用煮沸法消毒餐具，通过高温使微生物的蛋白质凝固变性，从而杀死细菌、病毒等病原体。另外，过滤也是物理消毒法的一种，比如在一些实验室或者净水设备中，使用特殊的过滤器，把细菌等病原体过滤掉，使液体或者空气得到净化。

(3) 化学消毒法。利用消毒液、消毒剂等可杀灭大多数的细菌和病毒，但这种消毒方法不宜用于食物、碗筷等物品的消毒。

2）家庭常备药品

药师介绍，根据家庭成员的构成，家庭药箱应主要覆盖内服药、外用药、特殊人群用药和辅助用品四大类别。

(1) 内服药：常见的有感冒药、解热镇痛药、止咳化痰药、止泻药、通便药、抗过敏药、助消化药七大类，一般不推荐储备抗菌类药物。

① 感冒药：可备酚麻美敏片、维 C 银翘片。感冒是自限性疾病，一般不用药物治疗，但服药可缓解症状。需要注意的是，很多感冒药都含有相同成分，为避免重复用药，应严格按推荐的剂量和用法服用。

② 解热镇痛药：常见的有布洛芬混悬液、对乙酰氨基芬片。该类药物主要用于缓解感冒后发热、头痛、关节痛等症状。

③ 止咳化痰药：止咳药物可备氢溴酸右美沙芬片、蛇胆川贝枇杷膏；化痰药物可以选择盐酸氨溴索片、乙酰半胱氨酸颗粒等。

④ 止泻药：可备口服补液盐散、蒙脱石散。前者能预防和纠正腹泻导致的脱水；后者是高效消化道黏膜保护剂，具有改善肠道吸收和分泌的功能。

⑤ 通便药：可选乳果糖。它不被人体吸收，通过刺激结肠蠕动，缓解便秘，尤其适宜老年人、孕产妇、儿童及术后便秘者。

⑥ 抗过敏药：如氯雷他定，属于抗组胺类抗过敏药，适用于皮肤过敏、食物及药物过敏等。氯雷他定除了有片剂外，还有儿童使用的糖浆剂和滴剂。

⑦ 助消化药：如多酶片、健胃消食片等。

(2) 外用药：主要有外用消毒药，如75%乙醇(酒精)、碘伏等；其他外用药，如云南白药、风油精等。另外，创可贴、灭菌医用棉签、纱布、绷带等卫生材料也要备齐。

(3) 特殊人群用药：根据家庭成员实际需求准备。

(4) 辅助用品：主要包括小药箱、方便小药盒、定时药盒、切药器、研磨器等。

知识链接

家庭备药须知

1. 家庭备药四大原则

(1) 根据家庭人员的组成和健康状况备药，注意老人、小孩与孕妇的用药；严禁混入家庭成员过敏的药物。

(2) 选择不良反应较少的非处方药(OTC药)。

(3) 选择疗效稳定、用法简单的药物，如口服药、外用药等。

(4) 选择常见病、多发病用药。家庭备药一般只是作为应急或方便，无须面面俱到。

2. 家庭备药如何储存

药师提醒，家庭备药要保留药品包装，注意有效期、储藏条件，分门别类存放药品。在春季潮湿的环境下，药品常常会受潮变质，定期检查药箱很有必要。

如家有儿童，最好使用带锁小药箱，固定放置在小孩不能触及的地方；经常教育孩子不得自行使用药物；不可随意在孩子面前服药，避免孩子效仿。

3. 还应该要知道的药品小常识

(1) 非处方药标记的红底白字和绿底白字有什么区别？

医师介绍，非处方药标记红底白字的是甲类，绿底白字的是乙类。乙类非处方药安全性更高。

(2) 怎么辨别药品的真假？

药品批准文号是药品生产企业依法生产药品的合法标志，千万不要购买和使用无批准文号标注的“药品”。

(3) 药品和保健品分不清？

分清药品与保健品，可关注它们的批准文号。药品批准文号为“国药准字”；保健品批准文号为“国食健字”。

(4) 有效期和生产日期是一回事吗？

药品包装上标注的生产日期指的是药品的出厂日期；有效期则是药品在规定的储藏条件下质量能够符合规定要求的期限，一般是指药品未开封时的使用期限。需要注意的是，一旦打开外包装，药品的使用期限会明显缩短，特别是瓶装药、袋装药、液体制剂。

资料来源：https://www.gzhe.net/portal/zixun/detail/shjk/12179.html.

2. 家居日常维修技能

家用电器、家具等常常会随着使用频率、使用时间的增加而出现这样那样的问题，对于其中的一些小问题，完全可以自行修理解决，不必找专门的维修工人上门维修。

(1) 冰箱不制冷。冰箱出现不制冷的情况时，应首先检查冰箱的电源插头是否牢固，若电源插头没问题，则可能是冰箱的内出水口堵塞或冰冻造成了冰箱不制冷。此时，可以使用一根有一定硬度的细棍疏通冷藏室的后壁出水口。

(2) 实木家具出现裂缝。实木家具如因热胀冷缩出现裂缝，可采用以下补救措施：①将旧棉布或破麻袋烧成灰，然后与生桐油搅拌成糊状，嵌补到木器的裂缝中，阴干后即可补平裂缝；②将撕碎的报纸加些明矾和清水煮成稠糊状，冷却后涂于木器的裂缝中，即可将其补平。

(3) 家用燃气灶打不着火。家用燃气灶打不着火很可能是火盖、火孔被堵塞或燃气灶电池没电造成的。遇到燃气灶打不着火的情况时，可以先用牙签、抹布等清理火盖和火孔，清理完仍打不着火的情况下，可尝试更换燃气灶的电池。

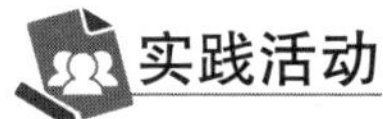

争做家务小能手

“一屋不扫，何以扫天下？”做家务似乎只是简单的重复性动作，是一件“小事”，但其实好处很多。我们不仅能通过做家务从喧嚣的网络世界中剥离出来，体验劳动的乐趣，还能深入体验专注的力量。

请根据自己家庭的具体情况制订家务劳动计划，并严格执行计划。要求用 PPT 或短视频的形式记录劳动过程，并在班级内展示、比拼。

1. 过程记录

学生可参考表 3-8 制作并记录家务劳动过程。

表 3-8 “争做家务小能手”家务劳动记录表

具体计划	
计划实施情况	
计划实施难点及解决方案	
家长点评	

2. 结果评价

教师可参考表 3-9 对学生制订的家务劳动计划及实施情况进行评价。

表 3-9 “争做家务小能手”家务劳动计划及实施情况评价表

评价标准	分值	分数小计	教师评价
计划切实可行	10 分		
计划有层次,目标有阶梯	10 分		
积极主动,能够按计划做家务劳动	25 分		
做家务时认真细致	25 分		
家务完成出色	30 分		

为××做一顿美味营养餐

中国饮食文化博大精深、源远流长。做饭既是一种基本生活需求,又是一门学问、一种艺术。一道色香味俱佳的菜肴,不仅令人赏心悦目,还能让人胃口大增,提升生活的幸福感。

请以“为××做一顿美味营养餐”为主题开展一次实践活动。学生可以根据某一家人或朋友的喜好,为他/她准备一顿美味营养餐。要求用 PPT 或短视频的形式记录过程。

1. 过程记录

学生可参考表 3-10 制作并记录做饭活动。

表 3-10 “为××做一顿美味营养餐”活动记录表

拟制菜单	
获取菜谱	
实施难点及解决方案	
心得体会	

2. 结果评价

教师可参考表 3-11 对学生制作的美味营养餐进行评价。

表 3-11 “为××做一顿美味营养餐”活动评价表

评价标准	分值	分数小计	教师评价
菜肴营养、健康	20 分		
搭配均衡	20 分		
菜式好看、色泽明亮	20 分		
味道较好	20 分		
PPT 制作精美/视频剪辑精美	20 分		

好习惯养成记

俗话说:“播种一种行为,收获一种习惯;播种一种习惯,收获一种性格;播种一种性格,收获一种命运。”习惯会对人产生很大的影响,一个人要想成功,就要先养成好的习惯。有了好的习惯,才能以更好的精力和状态去面对人生的挑战。

请列举你认为值得养成的好习惯和对应的习惯养成计划，并按计划坚持21天。以PPT或短视频的形式记录自己养成习惯的过程，总结因为坚持这些习惯所发生的变化。

1. 过程记录

学生可参考表3-12制作并记录养成习惯活动。

表3-12 “好习惯养成记”活动记录表

好习惯列举	
习惯养成计划	
总结发生的变化	

2. 结果评价

教师可参考表3-13对学生的“好习惯养成记”活动进行评价。

表3-13 “好习惯养成记”活动评价表

评价标准	分值	分数小计	教师评价
计划合理	10分		
每天坚持“打卡”	30分		
自身精神状态变化显著	30分		
总结“走心”	15分		
PPT制作精美/视频剪辑精美	15分		

课后思考

1. 高等学校开展劳动教育实践的形式有哪些？
2. 大学生开展创新创业的优势有哪些？应如何利用好自身优势？
3. 开展社会劳动教育实践应遵循哪些要求和原则？
4. 参加高等学校劳动教育活动，对大学生劳动素养的提升体现在哪些方面？
5. 试述我国坚持劳动教育实践活动应该从哪几个方面不断优化？
6. 试述服务性劳动的社会价值和意义是什么？
7. 高等学校组织服务性劳动，需要注意的问题有哪些？

第四章

劳动教育·育人保障

中共中央、国务院《关于全面加强新时代大中小学劳动教育的意见》明确提出，“把劳动教育纳入人才培养全过程”。劳动教育是人才培养的重要环节，在高等教育的发展中发挥着重要的作用，引导大学生树立正确的劳动价值取向，充分发挥新时代大学生的创造力，提升劳动育人效果，实现人的全面自由发展是高校落实立德树人的有效举措。

知识能力目标

- 熟悉与劳动和就业相关的劳动法律知识，提高对法律知识的认识和实践能力。
- 了解劳动保障的相关知识，提高劳动权益保护意识。
- 熟悉劳动争议的概念、特征、内容、处理原则和处理方式，能有效解决工作中遇到的劳动争议问题。
- 熟悉劳动法律的基本原理，促进就业的法律原则，劳动合同的订立、履行和变更等内容，了解劳动条件。
- 了解劳动安全卫生的概念、风险因素，掌握劳动者在劳动安全卫生方面的权利和用人单位在劳动安全卫生方面的义务，了解女职工和未成年工享受的特殊保护，能够在实际工作中运用所学的法律知识维护自身权益。

职业素养目标

- 提高劳动法律问题的分析和解决能力。
- 提高劳动安全卫生意识和自我保护的劳动意识。
- 增强政治认同和法治意识。
- 培养法治精神和职业精神。
- 树立正确的职业理想，做好个人职业规划。

第一节 劳动法律

1802 年，英国颁布《学徒健康与道德法》，标志着现代意义上的第一部真正的劳动法律产生，该法律自产生之日起就以保护劳动者的权利和利益为其根本宗旨和主要原则。劳动法自产生以来，以其对劳动关系的稳定和社会经济的促进等特殊作用已被世界各国普遍认同，在世界范围内得到了迅速发展。了解劳动法律的基本原理，关注和掌握劳动法律的主要内容，有助于劳动者准确把握法律精神，切实维护自身合法的劳动权益，真正地分享经济社会发展的成果。

一、劳动法律基本原理

微课：劳动法律基本原理

案例导入

残疾人求职遭歧视：他们是法律意义上的“劳动者”吗

“‘影响企业形象，影响员工观感’‘现在正常人找工作都难，别说你这种情况了’……这些年，这些话像针一样，扎得我心都麻木了。”2018 年 9 月 18 日，海安县一位因脊柱畸形而被确定为二等残疾的 24 岁女青年马丽娟在接受记者采访时这样讲述她的求职遭遇。马丽娟懂会计，会计算机和平面设计，然而 8 年来，她跑了 4 个城市几十家单位，这些单位都以她“相貌不佳”影响企业形象等理由拒绝了她。

那么，残疾人是否是法律意义上的“劳动者”呢？

（一）劳动法律的含义

劳动法律是调整劳动关系以及与劳动关系密切联系的某些其他关系的法律规范的总称。

1. 劳动法律中的行为——劳动

劳动法律意义上的劳动不同于一般意义上的对劳动的理解，它首先要求从事劳动的人具备作为劳动者的法定条件，而且是由劳动者从事的，能够得到劳动报酬，从而用于满足自身及家庭成员生活需求的劳动；这种劳动的对象必须是除了劳动者本人和家人外的人，具有明显的社会性；这种劳动还必须建立在劳动合同或者雇佣关系基础上，是从属于一定的用人单位或者雇主的，从事劳动的人须服从用人单位或者雇主的管理。

2. 劳动法律中的行为人——劳动者和用人单位

所谓劳动法律中的行为人，是指劳动关系的当事人，具体来说，就是劳动者和用人单位。

(1) 劳动者。在我国，劳动者是为用人单位提供劳动力，并获取劳动报酬的自然人，也常常被称为职工、员工、工人或雇员。作为特定的自然人，劳动者必须具备相应的条件。

① 年龄条件。《中华人民共和国劳动法》(简称《劳动法》)规定，公民的最低就业年龄是 16 周岁，不满 16 周岁的不能就业，不能与用人单位发生劳动法律关系。中国法律禁止用人单位招用未满 16 周岁的公民就业，否则将承担相应的法律责任。对有可能危害未成年人健康、安全或道德的职业或工作，劳动法规定最低就业年龄不应低于 18 周岁。

② 劳动能力条件。由于劳动行为只能由劳动者本人行使，所以劳动者必须具有劳动能力，也就是独立行使自己的劳动权利和行为权利的能力。例如，完全丧失行为能力的公民就不具备劳动能力条件。此外，劳动能力还包括必须具备行为自由，因为劳动者只有具备自由行为的能力，才能以自己的行为去参加劳动。被劳动教养和判处有期徒刑的人，尽管心智健全，但他们是被依法剥夺人身自由的公民，其劳动行为同样不能称为法律意义上的“劳动”。

上述案例中，残疾人只要符合法定的年龄条件，具有求职意愿，在没有完全丧失劳动能力的条件下，同样具有劳动就业的权利。

(2) 用人单位。用人单位是指依法招用和管理劳动者，对劳动者承担有关义务者，在现实生活中常常被称为雇主、企业主、资方、雇佣人等，在中国法律上统一称为“用人单位”，具体包括在中国境内依法核准登记的各种所有制性质、各种组织形式的企业，以及个体经济组织、事业单位、国家机关和社会团体等。

（二）劳动法律的调整对象

案例导入

退休人员再就业纠纷

孙某出生于1951年5月23日，已从某研究总院办理了退休手续。2024年4月29日与智能公司签订劳动合同书，约定孙某在智能公司负责总工工作，每月基本工资为2800元，岗位工资为5200元。孙某于2024年4月29日到智能公司工作，同年6月，智能公司向孙某发放了7000元工资。2024年7月26日，智能公司发出内部调整通知，孙某改任公司技术顾问。7月底，孙某离开智能公司，智能公司没有向孙某发放2024年5月和7月的工资。孙某向劳动争议仲裁委员会提出仲裁申请，要求智能公司发放工资及补偿金。

孙某能实现自己的要求吗？为什么？

劳动法律的调整对象包括劳动关系和与劳动关系密切联系的其他社会关系。劳动关系是指劳动者与用人单位之间在实现社会劳动过程中产生的社会关系，而与劳动关系密切联系的关系是指基于劳动关系产生的劳动权利与义务关系。

上述案例中，劳动者在超出法定劳动年龄达到退休年龄的情况下，已经不具备法律意义上的就业资格，无法和用人单位建立劳动关系，但孙某与智能公司存在劳务关系，其工作仍受法律保护，孙某能实现自己的要求。

（三）劳动法律的适用范围及调整内容

1. 适用范围

劳动法律的适用范围，通常指劳动法律发生作用的范围，包括主体适用范围和地域适用范围。

（1）主体适用范围。它以法定用工主体为标准确定，具体适用范围包括：在中华人民共和国境内的企业、个体经济组织和与之形成劳动关系的劳动者；国家机关、事业组织、社会团体和与之建立劳动合同关系的劳动者。其中需要特别注意的是，我国事业单位在实行聘用制用工制度改革后，聘用制工作人员与事业单位所产生的聘用劳动关系，属于劳动法律的适用范围；国家机关在《中华人民共和国公务员法》适用范围之外采取劳动合同制方式招聘工勤人员或与非公务员岗位劳动者所建立的劳动关系，同样属于劳动法律的适用范围。

（2）地域适用范围。凡是在中华人民共和国境内与劳动法确认的用工主体之间产生的劳动关系均适用我国劳动法律，包括外国企业在中国境内设立的外商投资企业和中国企业派往外国的劳动者。

2. 调整内容

劳动法律调整的核心内容是指劳动关系双方当事人即劳动者与用人单位的权利与义务。

（1）劳动者的权利与义务。根据我国现有劳动法律的规定，劳动者通常享有劳动就业权、劳动报酬权、休息休假权、劳动安全卫生权、社会保险福利权、接受职业培训的权利、提请劳动争议处理权、参加和组织工会的权利，以及与用人单位进行集体协商、谈判的权利。在享有和行使劳动权利的同时，劳动者必须依法履行相应的义务，即完成劳动任务、提高职业技能、执行劳动安全卫生规程、遵守劳动纪律和讲究职业道德。

（2）用人单位的权利与义务。用人单位的权利与义务和劳动者的权利与义务具有对偶性，即劳动者应当履行的义务就是用人单位应当享受的权利，劳动者应当享受的权利就是用人单位应当履行的义务。当然，除此之外，用人单位还享有三项特殊的权利，即用工自主权、组织管理权和奖惩权。

案例分析

家政服务纠纷

徐某经私人介绍，到王家担任“家政服务员”。双方口头约定，徐某须工作6个月，工作期间无双休日及法定节假日。6个月后，徐某向王家提出，要求王家支付双休日及法定节假日加班费。双方协商未果，起诉到法院，但法院没有支持徐某的诉讼请求。

思考：徐某的要求为什么不被支持？

上述案例中，根据法律规定，劳动法的主体范围不包括自然人。徐某提供劳动的对象为“王家”，即自然人主体，所以王家无法成为劳动法上的“用人单位”，双方也就不存在法律意义上的“劳动关系”。

案例分析

代打卡引发的劳动纠纷：公司处罚与员工诉求谁有理

今年28岁的应小姐家住浦东，在浦西一家外资企业工作，单位规定员工进出都要打卡。2014年3月，应小姐所在公司检查员工2014年2月的考勤卡，发现其考勤卡打卡时间有10天与另一名员工完全一致。该公司员工手册中规定，代人或托人打卡“属严重过错，予以解除劳动合同的处罚”。2014年3月23日，公司通知应小姐移交工作，当天下午，应小姐收到公司与之解除劳动合同的通知。应小姐不服，向劳动仲裁委员会提起上诉，要求公司撤销解除劳动合同的处理决定，支付自己解除劳动合同经济补偿金4个月的工资（每月3010元），支付未提前通知解除劳动合同替代金1个月工资。

思考：该公司的处罚合理吗？应小姐有没有履行自己应尽的义务？

上述案例中，遵守用人单位的规章制度和劳动纪律是劳动者必须履行的基本义务，应小姐弄虚作假，没有遵守规定，属于过错方。

二、劳动就业

微课：劳动就业

案例导入

家教是就业行为吗

小芳是某大学二年级的学生，经常在课余时间做家教，每次1小时，1小时80元，1周2次，一年下来也能赚不少零花钱。

小芳的家教活动属于就业行为吗？为什么？

就业是民生之本、财富之基，只有实现了就业，公民的劳动权才能够实现，国家经济社会的可持续发展才能获得匹配的人力资源支持。从世界范围来看，促进就业是各国政府的重要任务。在社会主义市场经济条件下，如何依法构建适合我国国情的就业促进机制，促进平等就业，反对就业歧视，实现充分就业目标等，都是我国劳动就业促进法律迫切需要解决的问题。

（一）劳动就业概述

案例导入

关于"人才拍卖"的争议

这几年，人才招聘市场上开始流行所谓的"人才拍卖"。"人才拍卖"也称为"报价招聘"，就是要求求职者登台演讲，自报身价，然后由用人单位举牌还价进行竞聘。有评论说，国内人才市场出现的"人才拍卖"的用人机制，能够让更多的人才以"自报身价"的方式脱颖而出，也能让求贤若渴的用人单位靠高薪和待遇寻觅到"千里马"，这是人才市场化的必然趋势。也有反对声说，人才不是商品货物，不能简单地待价而沽，这是侵犯求职者的人格尊严。

1. 劳动就业的概念及特征

劳动就业从劳动法律的角度来解释，就是具有劳动能力的公民在法定劳动年龄内自愿从事有一定劳动报酬或经营收入的社会劳动，它具有以下特征。

（1）劳动就业的主体具有特定性。劳动就业的主体必须是法定劳动年龄范围内具有劳动能力的公民。根据我国现行劳动法律规定，除国家另有规定外，年满 16 周岁的公民才具有劳动就业的资格。

（2）劳动就业必须出于公民的自愿。劳动就业是公民的一种权利，行使或放弃这种权利，必须完全取决于公民自己的意愿。

（3）劳动就业必须是一种能够为社会创造财富或有益于社会的劳动。这是劳动者的劳动是否得到社会承认和法律保护的前提。

（4）劳动就业必须使劳动者能够获得一定的劳动报酬或经营收入。这是劳动者实现劳动力再生产的物质保障。

上述案例中，小芳虽然具备年龄条件，但是作为在校学生，不具备职业劳动的资格，因此，不能算作就业。

2. 劳动就业的形式

劳动就业的形式实质上是劳动资源配置的方式，从市场配置方式来看，针对我国的劳动力资源配置，目前主要有四种就业形式。

（1）劳动者与用人单位直接洽谈就业。这实际上是劳动者竞争就业，即劳动者之间为获得就业岗位而参与公平竞争，常见的方式是参加用人单位的考试考核，考试考核合格者获得就业岗位，实现就业，劳动者竞争就业的程序通常为：①由用人单位在劳动力市场发布招工或招聘广告，求职者报名登记。②用人单位进行报名资格、学历资格、表现等审查。③求职者参加文化考试,通过后进行体检。④用人单位和劳动者面谈、面试。⑤用人单位决定是否录用或聘用,决定录用或聘用后通知求职者。⑥双方协商签订劳动合同,办理劳动关系手续。

(2) 职业介绍机构介绍就业。由职业介绍机构为劳动力供求双方沟通联系和进行职业指导,由双方订立劳动合同实现就业。

职业介绍机构是指依法设立的从事职业介绍工作的专门机构。我国法律规定,职业介绍机构应有常年固定的服务场所、专职从事就业服务工作的工作人员和相应的工作设施,为求职者和用人单位沟通联系,提供就业服务,促进求职者和用人单位相互选择,为充分开发和利用劳动力资源服务。我国职业介绍机构包括劳动部门开办的职业介绍机构、非劳动部门开办的职业介绍机构和公民个人开办的职业介绍机构三类。2000 年 12 月,劳动和社会保障部颁布实施的《劳动力市场管理规定》第四章"职业介绍"第十五条规定:"职业介绍机构分为非营利性职业介绍机构和营利性职业介绍机构。其中,非营利性职业介绍机构包括公共职业介绍机构和其他非营利性职业介绍机构。"公共职业介绍机构是指由各级劳动保障行政部门举办,承担公共就业服务职能的公益性服务机构。非营利性职业介绍机构是指由劳动保障行政部门以外的其他政府部门、企事业单位、社会团体和其他社会力量举办,从事非营利性职业介绍活动的服务机构。营利性职业介绍机构是指由法人、其他组织和公民个人举办,从事营利性职业介绍活动的服务机构。该规定还明确了职业介绍机构可以从事的业务范围。

(3) 劳动者自己组织起来就业。劳动者自己组织起来就业又称劳动者自愿组织起来就业,指劳动者在国家的扶持下,自愿组织起来,通过各种集体经济组织实现就业,国家在资金、税收、场地等方面都给予政策照顾。随着我国市场经济体制建设的不断深入和国家保障民生就业力度的持续加强,在鼓励大众创业、万众创新的社会氛围下,国家自 2015 年以来陆续出台了一系列的政策措施。例如,针对鼓励大学生创业的相关优惠政策主要有以下五点。

① 可选择多种市场主体类型进行创业。多种市场主体包括个人独资企业、个体工商户、有限责任公司、合伙企业、农民专业合作社等。

② 税收优惠。持人力资源和社会保障部门发放的就业创业证的毕业生在毕业年度内创办个体工商户、个人独资企业的,3 年内按每户每年 8000 元为限额,依次扣减其当年实际应缴纳的营业税、城市维护建设税、教育费附加和个人所得税。

③ 创业担保贷款和贴息。对符合条件的高校毕业生自主创业的,可在创业地按规定申请小额担保贷款,贷款额度为 10 万元;对个人发放的创业担保贷款,在贷款基础利率基础上上浮 3 个百分点以内的,由财政给予贴息。

④ 免收有关行政事业性收费。毕业 2 年以内的普通高校毕业生从事个体经营(除国家限制的行业外)的,自其在工商部门首次注册登记之日起 3 年内,免收管理类、登记类和证照类等有关行政事业性收费。

⑤ 享受培训补贴。对高校毕业生在毕业学年(即从毕业前一年 7 月 1 日起的 12 个月)内参加创业培训的,根据其获得创业培训合格证书或就业、创业情况,按规定给予培训补贴。

(4) 自谋职业。自谋职业是我国劳动者实现就业的重要途径,它是指劳动者通过从事个体工商经营、开办私营企业和进行合伙经营而实现就业的行为。随着市场经济的发展,自谋职业越来越受到重视,国家大力支持和鼓励失业人员通过自谋职业实现再就业的主要政策有税收减免、减免工伤管理收费、资金支持、培训补贴、免费服务等。当前市面上流行的网约车、代驾司机、网络直播、微商带货相当一部分都属于劳动者通过自谋职业的方式来实现

就业。可以说，随着社会分工方式的专业化、精细化，社会需求的多样化、差异化，就业方式的灵活化、弹性化，以及劳动力自主意识的增强，自谋职业将会被越来越多的劳动者选择。

案例分析

身边的同龄人——“90后”女大学生白手创业故事

说起彭丽，大部分人肯定没有听说过这个名字，但是在南京很多高校里，大量的演出活动都要依赖她的公司提供的服装道具产品来进行。这个外形瘦小、一脸朴实的女孩，竟然是“垄断”了南京大部分高校服装租赁生意市场的“大佬”级人物，实在让人是不敢相信。1993年出生的彭丽是徐州人，她是南京信息工程学院电子信息工程专业的学生。她的创业之路始于大一，创业的理由很简单，就是家里条件不好：“缺钱”。当时她觉得学校里的服装租赁生意有市场，便开始尝试，但是，买服装需要钱，而她没有，只能退而求其次，从外面租来服装再转租给客户使用。就这样，生意不温不火地持续了几个月，彭丽没有赚到什么钱，却积累了不少经验。大二时，彭丽的创业道路迎来了转机。当时学校举办了一场创业大赛，希望从中发现有潜质的学生进行创业扶持，彭丽和另一名同学结伴，一道成功入围了大赛，获得了学校免费提供的创业场地支持，她的创业之路开始走上正轨。2013年，南京信息工程学院举行60周年庆，当时领导大胆决定，要把这次活动的所有演出道具交给彭丽简陋到近乎寒碜的公司来做。“那场活动太大了，各种服装道具加起来有300多件，而我们当时的服装很少，2/3的服装都是从外面租来的。”顶住压力，成功承办了学校的周年庆活动之后，彭丽的公司业务量突然井喷。很快，她的公司规模扩大了，不仅招募了一批团队成员辅佐自己，还在仙林地区的其他高校陆续开了分公司。经过一年的发展，公司面貌发生了翻天覆地的变化，仓库里的服装数量已超过了1万件，独立支撑一场大型演出游刃有余。顺理成章地，彭丽公司的市场也在逐步扩张，从早期的专注学校内部业务到后来的覆盖整个仙林地区，再到现在已经可以辐射南京的所有高校了，几乎南京的每所高校，她的公司都有服务点。

如今，彭丽的公司早已经不是昔日单纯做二手服装租赁生意的小公司了，在经营服装租赁生意的同时，彭丽也开始尝试做一些文化创意和演出方面的业务，希望推动公司走多元化发展之路。具体来说，彭丽的公司除做服装租赁之外，还涉足舞台灯光、文化衫定制、特色服装定制、广告制作、展会承办等各种领域。

资料来源：https://m.haiwainet.cn/middle/352345/2015/0429/content_28685955_1.html.

思考：彭丽在创业过程中能享受哪些政策优惠？

上述案例中，彭丽在创业过程中能享受税收优惠、创业担保贷款和贴息、免收有关行政事业性收费、培训补贴、创业成功奖励、带动就业补贴、创业场地保障、项目遴选资助等政策优惠。

（二）促进就业的法律原则

案例导入

如何看待就业歧视

2014年6月，黄某在网站上看到杭州某公司招聘两名文案人员的消息，觉得自己的各项条件都符合岗位要求，便在网上向该公司投了简历，然而没有得到任何回复，心急之下，她打电话到人事处询问应聘情况，得到的答复是该职位“仅限男性”。

促进就业就是指国家采取的帮助公民实现劳动就业的一系列措施的总称。促进就业不仅是保障劳动者就业权实现的内在要求，也是国家保障公民生存权的重要举措。我国在2007年颁布《中华人民共和国就业促进法》，实施积极的就业政策，充分调动劳动者的积极性和主动性，保障公平就业和促进充分就业是我国政府在今后很长一段时期内需要坚持和努力的方向。《中华人民共和国就业促进法》的基本职责表现为以下几个方面。

1. 扩大就业职责

国家通过促进经济社会发展，创造就业条件，扩大就业机会。《中华人民共和国就业促进法》规定，一方面，各级政府要把扩大就业作为经济回升发展的重要目标，纳入国民经济和社会发展规划，制订促进就业的中长期规划和年度工作计划，通过发展经济和调整产业结构、规范人力资源市场、完善就业服务、提供就业援助等措施，创造就业条件，扩大就业；另一方面，国家要倡导劳动者树立正确的择业观念，提高就业和创业能力，通过采取积极的财政政策、税收政策和金融政策为劳动者自主创业、自谋职业提供便利。

2. 发展职业教育和职业培训职责

职业教育是指根据现代社会职业需求及劳动者的从业意愿和条件，旨在培养和提高在职劳动者专业技术知识和职业技能的教育和训练活动。根据我国《中华人民共和国职业教育法》第二条的规定，职业教育由职业学校教育和职业培训两部分组成。其中职业学校教育是指以职业技能培训、提升劳动力就业水平为主的学校，包括初等职业技术学校、中等职业技术学校（中职）、高等职业技术学院（高职），通过技术培训可以增强市场就业竞争力，通过技能考核后可以得到国家认可的职业资格证书。职业培训是以就业、转业、创业或提高职业技能水平为目的的培训，包括从业前培训、转业培训、学徒培训、在岗培训、转岗培训及其他职业培训。近年来，党和国家高度重视职业教育和培训，颁布了一系列重要规定，如《中华人民共和国职业教育法》《技工教育“十四五”规划》《关于深化现代职业教育体系建设改革的意见》等，对加快构建现代职业教育体系、提升职业发展水平产生了重要作用。

3. 完善就业援助制度职责

就业援助制度是由政府建立的，以就业困难人员为主要对象，制定各类特殊扶持政策，多渠道开发公益性就业岗位，有针对性地提供援助措施，帮助就业困难人员尽快就业再就业的一项制度。目前，国家一方面采取间接的政策激励，如税收、信贷、社保补贴等方面的优惠来提供就业援助服务；另一方面由政府作为出资主体或通过社会筹集资金，开发符合社会公共利益需要的服务岗位和协助管理岗位等公益岗位，以安置就业困难人员。

4. 反对就业歧视职责

平等就业，反对就业歧视是党和政府的一贯立场和原则。根据歧视的原因，《中华人民共和国劳动法》规定了民族歧视、种族歧视、性别歧视、宗教歧视四种类型，《中华人民共和国就业促进法》则在上述四种歧视基础上增加了健康歧视和户籍歧视。从现实来看，我国的就业歧视主要表现为以下几种。

（1）性别歧视。性别歧视是指用人单位在招聘、任用、晋升和待遇上对女性实施不合理的差别对待。

（2）户籍与地域歧视。户籍与地域歧视是指用人单位在招聘、任用、晋升和待遇上对待

特定户籍或地域的劳动者实施不合理的差别对待。如限制外地户籍劳动者就业，给予外地劳动者较差的工资报酬、福利待遇等。

(3) 年龄歧视。年龄歧视是指用人单位在招聘、任用、晋升和待遇上对待特定年龄的劳动者实施不合理差别对待。表现在以一定的年龄作为招收、录用、晋升、培训以及解雇、裁员或退休的决定性依据。例如，在招聘广告上明确表明只招收 35 周岁以下的劳动者。

(4) 健康歧视。健康歧视是指用人单位针对一些足以胜任工作条件、不会危害公共安全卫生的劳动者，在聘用和待遇上实行差别对待。这些劳动者包括病毒性肝炎、艾滋病等传染病群体，糖尿病、高血压等非传染性疾病群体，精神疾病群体等。

(5) 残疾歧视。残疾歧视是指用人单位直接拒绝录用残疾人，或通过建立一定的体检标准来排除那些实际完全具备工作岗位胜任能力的残疾人。

(6) 身体歧视。身体歧视是指用人单位设定一些与工作岗位所需能力无关的身高、相貌上的规定，对求职者进行歧视，如常见的“男性某高度以上”“女性某高度以上”等。

案例分析

身高也会影响就业吗

某银行招聘网络管理员，徐某，男，因为身高低于 170 厘米被淘汰。事后，徐某认为银行招聘过程中存在身体歧视，诉诸法律。

思考：银行的行为构成就业歧视吗？如何应对就业歧视？

上述案例中，银行作为金融服务业，可以在某些需要和客户直接打交道的岗位上对求职者进行形象要求，但是网络管理员不属于直接面向客户的岗位，所以身高限定构成就业歧视。

《中华人民共和国劳动法》第三条规定，“劳动者享有平等就业和选择职业的权利”；第十二条规定，“劳动者就业，不因民族、种族、性别、宗教信仰不同而受歧视”；第十三条明确规定，“妇女享有与男子平等的就业权利”。《中华人民共和国就业促进法》中专门设置“公平就业”这一章，明确“禁止就业歧视”，“用人单位招用人员、职业中介机构从事职业中介活动，应当向劳动者提供平等的就业机会和公平的就业条件，不得实施就业歧视”，强调“违反法律规定，实施就业歧视的，劳动者可向人民法院提起诉讼”。

三、劳动合同

微课：劳动合同

劳动合同是劳动力市场中用来规范和调整个别劳动关系的最基本手段。在劳动纠纷频发、劳动者权益受损的情况下，依法签订劳动合同，合理维护自身权益至关重要。

(一) 劳动合同概述

案例导入

学历造假被辞退，劳动合同是否仍具有效力

2009 年 4 月 27 日，A 员工入职华冠公司。2016 年 5 月 24 日，华冠公司发现 A 员工存在伪造学历、填写虚假资料的行为，而公司 2015 年版员工手册中规定，提供虚假身份证件、学历证件、健康证、离职证明等，欺骗公司者，用人单位可以解除劳动合同。同时在2007年版员工手册、2009年员工入职时新人训练计划表及新人考核试卷中，也有同样规定。因此，公司根据这些规定与A员工解除了劳动合同。A员工不服，提出上诉，认为公司对学历要求并未尽告知义务，也存在入职时失察的问题，且公司并未因员工学历造假而遭受损失，员工也未出现不胜任工作的情况，公司录用A员工本质上是基于能力而非学历，不能以此解除劳动合同。

A员工与公司签订的劳动合同具有法律效力吗？为什么？

1. 劳动合同的内涵

劳动合同又名劳动契约、劳动协议，是劳动者与用人单位之间确立劳动关系，明确双方权利和义务的协议。

2. 劳动合同的特点

（1）主体具有特定性。一方是劳动者，即具有劳动权利能力和劳动行为能力的中国人、外国人和无国籍人；另一方是用人单位，即具有使用劳动能力的权利能力和行为能力的企业个体经济组织、事业组织、国家机关、社会团体等。

（2）劳动合同内容具有劳动权利与义务的统一性和对应性。没有只享受劳动权利而不履行劳动义务的，也没有只履行劳动义务而不享受劳动权利的。

（3）劳动合同双方主体地位平等，又具有一定的隶属性。劳动合同签订后，其主体之间具有行政隶属性，劳动者必须依法服从用人单位的行政管理。

上述案例中，劳动合同的订立必须符合合法原则，也就是说，采用欺诈手段订立的合同是无效的。A员工没有提供真实学历，构成欺诈。

（二）劳动合同的内容

案例导入

关于合同变更的条件

胡某是上海某造纸厂的工程师，月薪8000元。2019年5月10日，公司人事部门告知他，因业务发展需要，需将胡某派往宿迁分厂工作，担任总工程师，月薪15000元。胡某思考数日后，表示同意前往分厂工作，双方于2019年5月15日变更合同内容。

胡某和造纸厂的合同变更需要具备什么前提条件？

1. 必备条款

劳动合同期限、工作内容、劳动保护和劳动条件、劳动报酬、劳动纪律、合同终止条件和违约责任一般是一份规范的劳动合同中必不可少的内容。

（1）劳动合同期限。

① 固定期限劳动合同。固定期限劳动合同是指用人单位与劳动者约定合同终止时间的劳动合同。用人单位与劳动者协商一致，可以订立固定期限劳动合同。这是目前最为常见的一种合同形式。大多数初入职场的年轻劳动者签订的就是此类合同。

② 无固定期限劳动合同。无固定期限劳动合同是指用人单位与劳动者约定无确定终止时间的劳动合同。这种合同主要出于避免用人单位只使用劳动者的黄金年龄段而签订，

也是为了保证劳动关系的持续稳定。

③ 单项劳动合同。单项劳动合同是指没有固定期限，用人单位与劳动者约定以某项工作的完成为合同期限的劳动合同。此类合同多于工程项目等无法明确固定项目结束或终止时间的情况下所采用。例如，地铁修建过程中，建设工程公司与一线员工签订的劳动合同期限以工程完工而解除或终止。用人单位与劳动者在协商选择合同期限时，应根据双方的实际情况和需要来定。

(2) 工作内容。在这一必备条款中，双方可以约定工作数量、质量，劳动者的工作岗位等内容。在约定工作岗位时，可以约定较宽泛的岗位概念，也可以另外签一个短期的岗位协议作为劳动合同的附件，还可以约定在何种条件下变更岗位条款等。

(3) 劳动保护和劳动条件。在这方面可以约定工作时间和休息休假的内容，各项劳动安全与卫生的措施，对女工和未成年工的劳动保护措施与制度，以及用人单位为不同岗位劳动者提供的劳动、工作的必要条件等。

(4) 劳动报酬。此必备条款可以约定劳动者的标准工资、加班加点工资、奖金、津贴、补贴的数额及支付时间、支付方式等。

(5) 劳动纪律。此条款应当将用人单位制定的规章制度约定进来，可将内部规章制度作为合同的附件。

(6) 合同终止。期限届满、法定情形(如养老、死亡、单位破产等)、单项工作完成及其他法定情形。

(7) 违约责任。双方违约担责，单位违约赔薪或补救，劳动者违约赔损或付违约金，双方对违约责任另有约定的，从其约定，不得违法。

2. 协商条款

协商条款分为法定协商条款和补充协商约定条款。前者一般指试用期、竞业限制、保密协议和服务期等问题，后者主要指保险福利待遇等。这些都要依据用人单位与劳动者的平等协商来确定。例如，关于试用期的规定，无论合同期限长短，法律明确试用期最长不得超过6个月，试用期的工资不得低于当地最低工资的80%。又如，竞业限制最长不得超过2年。

(三) 劳动合同的订立、履行和变更

案例导入

签订合同须谨慎

某软件公司与邢某签订劳动合同书，约定了1年的合同期限及1个月的试用期。合同约定公司每月5日前以货币形式支付邢某工资，月工资为7500元，在试用期的工资为4500元。

邢某的这份合同有什么问题吗?

劳动合同订立通常必须采取书面形式，但是自2020年开始，劳动合同进入“无纸化”时代，延续30多年的纸质劳动合同将逐步被淘汰。电子劳动合同与纸质劳动合同具有同等法律效力。

1. 劳动合同的订立原则

(1) 平等自愿。劳动合同的订立过程中，当事人双方的法律地位是平等的。劳动者与用人单位不因为各自性质的不同而处于不平等地位，任何一方不得对他方进行胁迫或强制

命令。严禁用人单位对劳动者横加限制或强迫命令的情况。

(2) 协商一致。在合法的前提下,劳动合同的订立必须是劳动者与用人单位双方协商一致的结果,是双方“合意”的表现,不能是单方意思表示的结果。

(3) 合法。劳动合同必须依法以书面形式订立,做到主体合法、内容合法、形式合法、程序合法。只有合法的劳动合同才能产生相应的法律效力。任何一方面不合法的劳动合同,都是无效合同,不受法律承认和保护。例如,口头约定的合同,欺诈、胁迫签订的合同,责任自负的生死合同等都属于无效的劳动合同。

《中华人民共和国劳动合同法》第二十条明确规定:“劳动者在试用期的工资不得低于本单位相同岗位最低档工资或者劳动合同约定工资的百分之八十,并不得低于用人单位所在地的最低工资标准。”上述案例中,邢某月工资为7500元,根据法律规定,邢某试用期内的月工资收入应当不得低于6000元。劳动合同书中有关公司向邢某支付的工资明显低于法律规定。

2. 劳动合同的履行

所谓履行,是指用人单位和劳动者应当按照劳动合同的约定,全面履行各自的义务。劳动者本人应当秉承诚实信用原则,根据合同约定的地点、方式实际从事劳动合同约定的工作,履行合同约定的全部义务,不能随意改变。如果用人单位变更名称、法定代表人、主要负责人或者投资人等事项,不影响劳动合同的履行。

3. 劳动合同的变更

劳动合同的变更是指在合同成立以后,尚未履行或未完全履行以前,当事人就合同的内容达成的修改和补充。《中华人民共和国劳动合同法》第三十五条规定:“用人单位与劳动者协商一致,可以变更劳动合同约定的内容。”需要注意的是,变更劳动合同,应当采用书面形式,并且:①合同的变更必须经当事人协商一致,是在原来合同的基础上达成变更协议;②合同内容的变更是指合同内容的局部变化,不是合同内容的全部变更;③合同变更后,原合同的变更的部分依变更后的内容履行,原合同没有变更的部分依然有效。

(四) 劳动合同的解除、终止和法律责任

案例导入

单方解除劳动合同能否获得赔偿

王某与某有限责任公司签订为期3年的劳动合同,自2015年2月1日起至2018年2月,试用期为6个月。2015年6月8日,王某向公司提出解除劳动合同,并要求支付经济补偿金。公司认为王某解除劳动合同无正当理由,且未经公司同意,因而不同意解除劳动合同。如果王某一定要解除劳动合同,那么责任自负,公司也不会支付经济补偿金。

王某能否单方解除劳动合同?为什么?

1. 劳动合同的解除

劳动合同解除是劳动者在职场中遇到纠纷和争议最多的领域,了解劳动合同解除的法律规定,有助于劳动者在职场生涯中穿上“保护甲”,避免陷入不利局面。

劳动合同的解除是指在劳动合同订立后,尚未履行完毕前,由于某种因素导致双方当事

人提前终止合同效力的法律行为，分为双方协议解除和单方解除。双方协议解除是当事人双方协商一致后解除合同，单方解除是指当事人一方通过行使法定解除权或者约定解除权而使合同的效力消灭。由于双方协议解除是基于双方协商一致的结果，争议纠纷较少，所以单方解除是关注重点。

1）劳动者单方解除劳动合同

《中华人民共和国劳动合同法实施条例》第十八条规定，具有下列情形之一的，劳动者可以单方提出解除合同：①劳动者与用人单位协商一致的；②劳动者提前30日以书面形式通知用人单位的；③劳动者在试用期内提前3日通知用人单位的；④用人单位未按照劳动合同约定提供劳动保护或者劳动条件的；⑤用人单位未及时足额支付劳动报酬的；⑥用人单位未依法为劳动者缴纳社会保险费的；⑦用人单位的规章制度违反法律、法规的规定，损害劳动者权益的；⑧用人单位以欺诈、胁迫的手段或者乘人之危，使劳动者在违背真实意思的情况下订立或者变更劳动合同的；⑨用人单位在劳动合同中免除自己的法定责任、排除劳动者权利的；⑩用人单位违反法律、行政法规强制性规定的；⑪用人单位以暴力、威胁或者非法限制人身自由的手段强迫劳动者劳动的；⑫用人单位违章指挥、强令冒险作业危及劳动者人身安全的；⑬法律、行政法规规定劳动者可以解除劳动合同的其他情形。

可见，劳动者在试用期内提前3日通知用人单位，可以解除劳动合同。上述案例中，由于还处在试用期内，王某可以单方解除劳动合同，且不需要说明理由。

2）用人单位可以单方解除劳动合同的情形

《中华人民共和国劳动合同法实施条例》第十九条规定，有下列情形之一的，依照劳动合同法规定的条件、程序，用人单位可以与劳动者解除劳动合同：①用人单位与劳动者协商一致的；②劳动者在试用期间被证明不符合录用条件的；③劳动者严重违反用人单位规章制度的；④劳动者严重失职，营私舞弊，给用人单位造成重大损害的；⑤劳动者同时与其他用人单位建立劳动关系，给完成本单位的工作任务造成严重影响，或者经用人单位提出，拒不改正的；⑥劳动者以欺诈、胁迫的手段或者乘人之危，使用人单位在违背真实意思的情况下订立或者变更劳动合同的；⑦劳动者被依法追究刑事责任的；⑧劳动者患病或者非因工负伤，在规定的医疗期满后不能从事原工作，也不能从事由用人单位另行安排的工作的；⑨劳动者不能胜任工作，经过培训或者调整工作岗位，仍不能胜任工作的；⑩劳动合同订立时所依据的客观情况发生重大变化，致使劳动合同无法履行，经用人单位与劳动者协商，未能就变更劳动合同内容达成协议的，以及用人单位依照企业破产法规定进行重整、用人单位生产经营发生严重困难、企业转产、重大技术革新或者经营方式调整，经变更劳动合同后，仍需裁减人员的。最后，其他因劳动合同订立时所依据的客观经济情况发生重大变化，致使劳动合同无法履行的。此外，用人单位在试用期内可以以劳动者不符合录用条件，不胜任工作为理由解除劳动合同。

3）用人单位不得解除劳动合同的情形

为了充分保障劳动者的合法权益，《中华人民共和国劳动合同法》第四十二条规定，劳动者有下列情形之一的，用人单位不得解除劳动合同。

（1）从事接触职业病危害作业的劳动者未进行离岗前职业健康检查，或者疑似职业病病人在诊断或者医学观察期间的。

（2）在本单位患职业病或者因工负伤并被确认丧失或者部分丧失劳动能力的。

(3) 患病或者非因工负伤,在规定的医疗期内的。

(4) 女职工在孕期、产期、哺乳期的。

(5) 在本单位连续工作满十五年,且距法定退休年龄不足五年的。

(6) 法律、行政法规规定的其他情形。

2. 劳动合同的终止

劳动合同的终止是指劳动合同期满或当事人双方约定的劳动合同终止条件出现,劳动合同不再履行或生效,即行终止。《中华人民共和国劳动合同法》第四十四条规定,有下列情形之一的,劳动合同终止。

(1) 劳动合同期满的。

(2) 劳动者开始依法享受基本养老保险待遇的。

(3) 劳动者死亡,或者被人民法院宣告死亡或者宣告失踪的。

(4) 用人单位被依法宣告破产的。

(5) 用人单位被吊销营业执照、责令关闭、撤销或者用人单位决定提前解散的。

(6) 法律、行政法规规定的其他情形。

3. 违反劳动合同的法律责任

用人单位和劳动者任何一方违反劳动合同约定,都必须依法承担相应的违约责任。违约责任的承担方式分为支付违约金和赔偿金。

(1) 劳动者的违约责任。根据相关劳动法律、法规,当劳动者违反竞业限制和服务期约定的,劳动者应当按照劳动合同的约定向用人单位支付违约金。

(2) 用人单位的违约责任。用人单位在违反法律规定的情况下,作为过错方,通常需要支付赔偿金。

① 自用工之日起一个月内未与劳动者订立书面劳动合同的,用人单位须向劳动者支付双倍工资作为赔偿金。

② 自用工之日起超过一年未与劳动者签订书面劳动合同的,视为双方已经形成无固定期限劳动合同,并且向劳动者支付双倍工资作为赔偿金。

③ 用人单位违法解除或者终止劳动合同的,需向劳动者支付赔偿金。

案例分析

试用期遭解除劳动合同怎么办

某公司与佘某签订劳动合同,期限为 2015 年 8 月 25 日至 2018 年 12 月 31 日,约定试用期为 6 个月,试用期的工资为每月 3000 元。试用期内,该公司向佘某送达了终止试用期通知书,称根据其工作表现及《员工试用期转正考核制度》,决定终止试用,并解除劳动合同,工资支付至 2015 年 12 月。佘某称从未见到过《员工试用期转正考核制度》,要求单位支付违法解除劳动合同的赔偿金。

思考:佘某能被解除劳动合同吗? 他应如何维护自己的权益?

上述案例中,如果劳动者要适用"试用期内解除劳动合同"条款,用人单位就须满足特定条件,即用人单位须对劳动者是否符合录用条件进行考核,并能提供证据证明。本案中公司末对余某进行考核,也未出具考核证明,故不能解除劳动合同。

产后被单位解约怎么办

小王在某单位工作1年后结婚生育,公司以其产假结束后仍不上班为由,与其解除劳动合同。小王不服,但也不愿在该单位继续工作,要求该单位支付赔偿金。

思考:小王能得到赔偿金吗?为什么?

上述案例中,女职工在哺乳期内,用人单位不得与其解除劳动关系,否则违法,应支付赔偿金。

离职竞业限制条款引争议

周某2005年6月入职某公司,任研发部技术总监,2014年12月31日,周某与某公司签订保密协议,双方约定,周某在离职后3年内不得在与某公司生产、经营同类产品或提供同类服务的其他企业、事业单位、社会团体内担任任何职务,也不得生产与某公司同类产品或经营同类业务。2016年6月1日经周某提出,双方协商一致,解除劳动关系。后周某诉至法院,主张保密协议第十九条规定违反法律规定,请求确认该条款无效。

思考:周某能实现自己的要求吗?为什么?

上述案例中,《中华人民共和国劳动合同法》第二十四条规定,用人单位可以对劳动者进行竞业限制的约定,但期限最多不得超过二年。

未签订书面劳动合同是好是坏

吴晓芳2017年大学毕业后,8月应聘入职无锡市某信息咨询公司,约定月薪6500元,合同期3年。但是由于公司的人力资源总监去总部培训,加上公司流程影响,吴晓芳一直到12月底仍没有签订正式书面劳动合同。2018年1月3日,吴晓芳向公司要求支付13000元作为赔偿金。

思考:吴晓芳能得到赔偿金吗?为什么?

上述案例中,吴晓芳可以获得赔偿金,因为公司未在用工之日起1个月内与吴晓芳订立书面劳动合同,须向吴晓芳支付双倍工资作为赔偿金。

四、劳动条件

微课:劳动条件

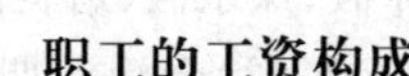

职工的工资构成

某国有企业所在地法定最低工资标准为每月880元,该企业职工冯某8月全勤,领得全部工资收入为1200元,其中冷饮费100元,合理化建议奖400元,独生子女补贴60元,交通补贴100元，午餐补贴158元。

冯某的工资构成是否合理？为什么？

用人单位雇佣劳动者工作，必须为劳动者提供必要的劳动条件。随着社会的发展，逐步提高劳动者的劳动条件是世界各地劳动立法的发展趋势。劳动条件立法主要涉及劳动报酬、工作时间、休息休假时间和延长工作时间的法律规定。

（一）劳动报酬

1. 劳动报酬的概念

劳动报酬即工资。广义的工资，泛指人们因从事各种劳动而获得的货币收入或有价物。狭义的工资（也称薪金、薪水、薪酬），专指劳动法中所调整的劳动者基于劳动关系取得的各种劳动收入，包括计时工资、计件工资、奖金、津贴和补贴、延长工作时间的工资报酬及特殊情况下支付的工资等。本书的工资指的是狭义的概念。

2. 不属于工资范畴收入

需要注意的是，劳动者有几类收入是不属于劳动报酬范围的。

（1）保险福利费用。用人单位按照国家法律、法规为员工缴纳的社会保险费及发放的住房公积金、住房补贴、上下班的交通补贴、计划生育补贴、冬季取暖补贴、防暑降温费等，都是用人单位在工资总额以外实际支付给职工个人的保险福利费用。

（2）劳动保护费用。用人单位为员工改善劳动条件，提供安全生产保护的费用，如解毒剂、清凉饮料及冷饮费等。

（3）按规定未纳入工资总额的各种劳动报酬。包括：各种奖励、稿费、翻译费、讲课费、课题费，第二职业收入、兼职收入，以及各单位利用业余时间组织职工进行生产、咨询服务、科研、设计和其他活动，从得到的收入中支付给职工的现金和实物，单位之间业务往来收取的手续费等收入中给职工个人的提成等。

（4）实物折款。实物折款是指职工个人从单位内外得到的，按规定未列入工资总额和保险福利费用的各种实物折款。

（5）财产性收入。财产性收入包括职工个人从银行和企业获得的存款利息、债券利息、股息和股金分红等。

（6）转移性收入。转移性收入包括职工从职工以外其他阶层人员中得到的赠送收入、亲友搭伙费、遗产收入，以及从各种意外事故中得到的补偿和由于各种灾害从非营利机构得到的捐赠收入等。

3. 最低工资制度

根据我国现有劳动法律的规定，最低工资是指劳动者在法定工作时间或依法签订的劳动合同约定的工作时间内提供了正常劳动的前提下，用人单位依法应支付的最低劳动报酬。其中，正常劳动是指劳动者按依法签订的劳动合同约定，在法定工作时间或劳动合同约定的工作时间内从事的劳动。劳动者依法享受带薪年休假、探亲假、婚丧假、生育（产）假、节育手术假等国家规定的假期间，以及法定工作时间内依法参加社会活动期间，视为提供了正常劳动。

1）不得作为最低工资组成部分的收入

（1）延长工作时间工资。

(2) 中班、夜班、高温、低温、井下、有毒有害等特殊工作环境和条件下的津贴。

(3) 法律、法规和国家规定的劳动者福利待遇等。

也就是说，在劳动者提供正常劳动的情况下，用人单位应支付给劳动者的工资在剔除上述各项以后，不得低于当地最低工资标准。

2) 最低工资标准

最低工资标准是单位劳动时间的最低工资数额。《中华人民共和国劳动法》第四十八条规定，最低工资的具体标准由省、自治区、直辖市人民政府规定，报国务院备案。因此，我国没有实行统一最低工资标准，而是由各地根据实际具体情况来确定。实际上，最低工资标准一般受到当地就业者及其赡养人口的最低生活费用、城镇居民消费价格指数、职工个人缴纳的社会保险费和住房公积金、职工平均工资、经济发展水平、就业状况等因素影响。

目前主要采取月最低工资标准和小时最低工资标准的形式。月最低工资标准适用于全日制就业劳动者，小时最低工资标准适用于非全日制就业劳动者。

上述案例中，社会保险和福利费用不属于最低工资范畴，合理化建议奖不纳入工资规定，所以冯某的实际收入低于最低 880 元的标准。

4. 工资支付保障

(1) 工资支付形式。《中华人民共和国劳动法》第五十条规定："工资应当以货币形式按月支付给劳动者本人。不得克扣或者无故拖欠劳动者的工资。"因此，工资必须以法定货币形式发放，不得以实物形式支付。

(2) 工资支付时间。工资应当按月支付，不论是实行小时工资、日工资、月工资等计时工资还是实行计件工资形式，用人单位都要按月向劳动者支付工资，对非全日制劳动者允许按两周一次的形式结算。

(3) 禁止克扣工资。用人单位必须按照法定或劳动合同约定的标准，无条件地向员工发放全部工资，不得以任何形式、任何借口加以克扣。

(二) 工作时间与休息休假时间

劳动者的工作权和休息权是宪法规定的基本权利，《中华人民共和国宪法》第四十三条规定：中华人民共和国劳动者有休息的权利。劳动者的工作权和休息权是通过工作时间和休息时间体现出来的。工作时间是指劳动者基于劳动关系，在用人单位应该从事劳动或工作的时间。休息时间是指劳动者在工作时间以外由个人支配，用于消除身心疲劳、安排自己生活的时间，包括工作时间的间歇时间、两个工作日之间的休息时间、每周的休息日和法定节假日的休息时间等。劳动法律对劳动者的工作时间和休息休假加以保证的主要目的，在于保障劳动者的身体健康，补偿劳动者因工作而导致的体力消耗，更重要的是能让劳动者利用闲暇时间学习业务和技术，提高工作能力和生产技术水平，以更好的状态保证生产、工作任务的完成。

1. 工作时间

工作时间一般以小时为计算单位，包括每日(工作日)工作的小时数和每周(工作周)工作的天数与小时数。依照我国现行的工时制度，它主要有以下类型。

(1) 标准工时。标准工时是指正常工作时间标准，即法律规定的职工在每个工作日相对固定的工作时间，是我国工时制度的主要形式。这是国家机关、社会团体、企业事业单位在正常情况下普遍实行的工作时间制度。我国的标准工作时间是根据1995年5月1日正式实行的《国务院关于修改〈国务院关于职工工作时间的规定〉的决定》(国务院令第174号)确定的，其核心内容是劳动者每天工作时间不超过8小时，每周不超过40小时，每周至少休息1天。

(2) 缩短工作时间。特殊条件下的缩短工作时间，是指在严重有害健康和劳动条件恶劣及对女工和未成年工实行特殊保护的条件下，少于标准工作日时数的工作时间。我国实行的缩短工作时间有以下几种。

① 特殊劳动岗位。每个工作日时间少于8小时的岗位，如从事矿山井下、高山、严重有害有毒、特别繁重和过度紧张的体力劳动等工作的职工。

② 夜班工作时间。夜班工作一般指实行三班制的企业、单位，工作时间从当日晚上10点至次日早晨6点。夜班工作改变了人们的正常生活规律，增加了神经系统的负荷，工作起来比较辛苦，为此规定从事夜班工作的时间比白班减少1小时，企业、单位应发放夜班津贴。国家还规定对于未成年工、怀孕满7个月和哺乳未满12个月婴儿的女工，禁止安排夜班工作。

③ 女职工哺乳时间。哺乳未满12个月婴儿的女职工，每日在工作时间内可以哺乳两次。一般规定，每次不得超过半小时，合计1小时算在工作时间之内。

此外，对未满18岁的未成年人也实行少于8小时工作制，以保障其健康成长。

(3) 特殊工时标准。特殊工时制度包括不定时工作制和综合计算工时工作制。

不定时工作制的适用工种(岗位)：企业中的高级管理人员、外勤人员、推销人员、部分值班人员和其他因工作无法按标准工作时间衡量的职工；企业中的长途运输人员、出租汽车司机和铁路、港口、仓库的部分装卸人员，以及因工作性质特殊，须机动作业的职工，其他因生产特点、工作性质需要或职责范围关系，适合实行不定时工作制的职工。

实行综合计算工时工作制的行业范围为交通、铁路、邮电、水运、航空、渔业等行业中因工作性质特殊，须连续作业的职工，地质及资源勘探、建筑、制盐、制糖、旅游等受季节和自然条件限制的行业的部分职工，其他适合实行综合计算工时工作制的职工。

2. 延长工作时间

延长工作时间是指劳动者在每个工作日的工作时间超过标准工作日时间长度的时间。《中华人民共和国劳动法》第四十一条规定了用人单位延长劳动时间的标准，即一般每天加班不得超过1小时。因特殊原因需要延长工作时间的，在保障劳动者身体健康的条件下延长工作时间每日不得超过3小时、每月不得超过36小时。同时，《中华人民共和国劳动法》第四十四条还规定了用人单位延长工作时间支付劳动者工资的标准。延长工作时间的工资报酬因延长工作时间的情况不同而分为三个档次：在工作日延长工作时间的，支付的工资报酬为工资的150%；休息日安排劳动者工作而又不能安排补休的，支付的工资报酬为工资的200%；法定年节假日安排劳动者工作的，支付的工资报酬为工资的300%。

3. 休息休假时间

休息休假时间的种类随着社会经济状况的发展而变化，并且因产业、行业的不同而不同。我国目前的休息休假种类有以下类型。

(1) 休息日。休息日又称公休假日，是劳动者满一个工作周后的休息时间。根据《国务院关于修改〈国务院关于职工工作时间的规定〉的决定》的规定，1995 年 5 月 1 日起我国职工的休息时间开始实行双休制，即工作 5 天、休息 2 天。该决定同时规定，国家机关、事业单位实行统一的工作时间，星期六和星期日为周休息日；企业和不能实行国家规定的统一工作时间的事业单位，可以根据实际情况灵活安排周休息日。

(2) 法定年节假日标准。法定年节假日是由国家法律、法规统一规定的用以开展纪念、庆祝活动的休息时间，也是劳动者休息时间的一种。我国现行法定年节假日标准为 13 天。具体如下。

① 全体公民放假的节日：元旦，休假 1 天(1 月 1 日)；春节，放假 4 天(除夕、正月初一、初二、初三)；清明节，放假 1 天(农历清明当日)；劳动节，放假 2 天(5 月 1 日、2 日)；端午节，放假 1 天(农历端午当日)；中秋节，放假 1 天(中秋节当日)；国庆节，放假 3 天(10 月 1 日至 3 日)。

② 部分公民放假的节日及纪念日：妇女节(3 月 8 日)，妇女放假半天；青年节(5 月 4 日)，14 岁以上的青年放假半天；儿童节(6 月 1 日)，不满 14 周岁的少年儿童放假 1 天；中国人民解放军建军纪念日(8 月 1 日)，现役军人放假半天。

(3) 年休假标准。带薪年休假是劳动者连续工作满 1 年后每年依法享有的保留职务和工资的一定期限连续休息的假期。2007 年国务院颁布的《职工带薪年休假条例》明确规定，机关、团体、企事业单位、民办非企业单位、有雇工的个体工商户等单位的职工连续工作满 1 年以上的，享受带薪年休假。职工累计工作已满 1 年不满 10 年的，年休假 5 天；已满 10 年不满 20 年的，年休假 10 天；已满 20 年的，年休假 15 天。国家法定休假日、休息日不计入年休假的假期。2008 年，《机关事业单位工作人员带薪年休假实施办法》和《企业职工带薪年休假实施办法》公布实施。至此，全面建立起了适用于各类用人单位的带薪年休假制度。带薪年休假制度的实行，有利于劳动者的身体健康，也有利于劳动者在经过充分的休息后以更充沛的精力投入生产和工作。

(4) 探亲假标准。根据规定，职工工作满 1 年，与配偶不住在一起，又不能在公休假日团聚的，可以享受探望配偶的假期待遇(每年 1 次，假期 30 天)，与父亲、母亲都不能住在一起，又不能在公休假日团聚的，可以享受探望父母的假期待遇(未婚职工每年 1 次，假期 20 天；已婚职工每 4 年 1 次，假期 20 天)。同时，单位应根据需要给予路程假。探亲假期包括公休假日和法定假日在内。

(5) 婚丧假标准。在我国，国有企业职工可以享受婚丧假。按照《国家劳动总局、财政部关于国营企业职工请婚丧假和路程假问题的通知》的规定，职工本人结婚或职工的直系亲属(父母、配偶和子女)死亡时，可以根据具体情况，由单位酌情给予 1～3 天的婚丧假。另外，可根据路程远近，给予路程假。

案例分析

工资支付形式可以多样吗

王某所在公司的薪酬以“底薪＋补助＋绩效”的形式发放，绩效是卖一吨货提成多少钱，公司要他们卖礼盒，卖不完自己买，王某辞职了。公司依然把王某当月卖货的绩效奖金扣了，抵扣分配给他的礼盒金额。

思考：公司这样做违法吗？为什么？

上述案例中，公司这样做是违法的。根据相关劳动法律、法规，劳动者的工资应当以货币形式按月支付给劳动者本人，不得克扣或者无故拖欠劳动者的工资。绩效奖金属于工资的一部分，公司不能随意克扣用于抵扣礼盒金额。在王某已经辞职的情况下，公司没有正当理由扣除其应得的绩效奖金，这种行为侵犯了王某获取劳动报酬的合法权益。

案例分析

隐性辞退

李艳是一家房地产公司的销售人员，其与公司的劳动合同中约定，其月工资为4000元，另加提成。2018年1月，随着国家房价调控政策进一步显现作用，公司的楼盘销售量出现了大幅滑坡。公司遂打算辞退李艳，但碍于高额经济补偿便采取了“隐性辞退”：让李艳回家待岗，每月只发600元生活费，使其陷入低收入而又不能到别的用人单位兼职的境地，最终她被迫辞职。

思考：房地产公司只发放生活费的方式符合法律要求吗？为什么？

上述案例中，房地产公司的这种做法不符合法律要求。非因劳动者原因造成单位停工、停产在一个工资支付周期内的，用人单位应按劳动合同规定的标准支付劳动者工资。超过一个工资支付周期的，若劳动者提供了正常劳动，则支付给劳动者的劳动报酬不得低于当地的最低工资标准；若劳动者没有提供正常劳动，应按国家有关规定办理。在这个案例中，公司让李艳回家待岗属于非劳动者原因导致的工作停滞。第一个工资支付周期（通常是一个月）内，公司应当按照劳动合同规定的4000元加上提成（如果有销售业绩的话）来支付工资，而不是只发600元生活费。公司这种“隐性辞退”的做法其实是在变相克扣工资，以达到迫使员工辞职而逃避支付经济补偿金的目的，这是对劳动者合法权益的侵害。

案例分析

节假日加班工资如何计算

某公司员工小张执行标准工时工作制，3月扣除加班工资后的工资为5000元，小张4月的加班工资计发基数为5000元。

思考：如公司安排小张4月4日清明节当天加班，则小张清明节当天的加班工资最低是多少？

上述案例中，法定节假日加班工资的计算公式：月加班工资的计发基数÷21.75×300%，因此，公司应当支付小张4月4日的加班工资为689.66元，即5000÷21.75（法定的工作天数）×300%＝689.66（元）。

第二节 劳动保障

劳动保障是指为保护劳动者的基本权益所采取的一切措施和行为的总和，其目的是保障劳动者的合法权益，这是区别于其他对劳动关系调整的法律制度的地方。随着社会的发

展，重视劳动保障已经是国家的一项基本方针，确保劳动者的保障能够使劳动者更认真积极地参加工作。《中华人民共和国劳动法》第四条规定："用人单位应当依法建立和完善规章制度，保障劳动者享有劳动权利和履行劳动义务。"现阶段我国劳动保障主要以覆盖职业劳动者的社会保险制度作为核心、主体部分。

一、社会保险概述

微课：社会保险概述

案例导入

约定免缴社保后工伤如何索赔

2015 年 3 月 8 日，某照明电器有限公司与李某签订了为期 3 年的劳动合同，同时要求李某书面约定："因本人原因，在合同期内不愿意公司为我参加社会保险，愿意接受公司每月发放现金 600 元作为社会保险费补偿。"另外，某照明电器有限公司为李某购买了商业意外保险，但没有为李某参加社会保险。2015 年 7 月 6 日，李某在工作期间受伤，被送院治疗，后被市人力资源和社会保障局认定为工伤，被市劳动能力鉴定委员会鉴定为九级伤残。李某向公司追讨工伤待遇未果，向仲裁委员会提出申诉。李某要求某照明电器有限公司支付相关工伤待遇，包括一次性伤残补助金、一次性伤残就业补助金、一次性工伤医疗补助金、停工留薪期工资，合计 189619 元。

参加社会保险义务能否约定免除？如发生意外，应该如何向用人单位索赔？

（一）社会保险的概念

社会保险是指国家通过法律强制实施，为工薪劳动者在年老、疾病、生育、失业及遭受职业伤害的情况下，提供必要的物质帮助的制度，它是社会保障制度的核心内容，也是法律赋予劳动者的基本权利。《中华人民共和国劳动法》第七十条明确规定："国家发展社会保险事业，建立社会保险制度，设立社会保险基金，使劳动者在年老、患病、工伤、失业、生育等情况下获得帮助和补偿。"

2018 年最新修订的《中华人民共和国社会保险法》再次确认立法初衷是"维护公民参加社会保险和享受社会保险待遇的合法权益，使公民共享发展成果，促进社会和谐稳定"，为更好地实现劳动保障提供法律依据。

（二）社会保险的内容和特点

1. 社会保险的内容

从社会保险的项目内容看，它是以经济保障为前提的，按照我国劳动法的规定，分为养老保险、医疗保险、失业保险、工伤保险和生育保险。

2. 社会保险的特点

社会保险具有强制性、社会性、互济性等特点。

（1）强制性。社会保险由国家立法加以确认，并强制实施，参保人不得自行确定是否参保，以及选择所参加的保险项目。

（2）社会性。社会保险覆盖范围广泛，包括不同行业、不同层次、不同所有制形式和不同身份的各种劳动者；并且社会保险保障内容广泛，确保参保人在年老、疾病、工伤、失业、生育和丧失劳动能力等情况下，能获得最基本的生活需要，这对于促进社会稳定和进步、协调社会经济关系、促进社会公平具有非常重要的意义。此外，社会保险的资金筹集、发放、调剂和管理都具有社会性。

（3）互济性。众人拾柴火焰高，社会保险遵从大数法则，聚集众多人的力量来分担一小部分劳动者遭遇的社会风险，具有明显的互济性。

（4）社会保险的客观基础，是劳动领域中存在的风险，保险的标的是劳动者的人身，因此，社会保险的主体是特定的，包括劳动者（含其亲属）与用人单位。

3. 社会保险基金

社会保险基金是国家为举办社会保险事业而筹集的，用于支付劳动者因暂时或永久丧失劳动能力或劳动机会时所享受的保险金和津贴的储备性专项资金。目前我国社会保险基金来源可以大致分为以下四个方面。

（1）由参保人按其工资收入的一定百分比缴纳的保险费。

（2）由参保人所在单位按本单位职工工资总额的一定百分比缴纳的保险费。

（3）政府对社会保险基金的财政补贴。

（4）社会保险基金的银行利息或投资回报及社会捐赠等。

社会保险基金具有专款专用的性质，即社会保险基金只能按照特定的范围、特定的标准用于劳动者的保险项目支付，不允许挪作他用，更不能用于弥补财政赤字。

二、社会保险的险种

微课：社会保险的险种

案例导入

医疗保险制度为劳动者筑牢生命安全线

相当一段时间内，因病致贫、因病返贫是困扰我国人民群众脱贫、分享社会发展成果的一大难题。而健康扶贫、医疗保险制度则为劳动者筑牢了生命安全线。“妻子做手术的费用总共10.6万多元，医保报销以后，我们自费只花了不到1.7万元，国家的政策真是太照顾我们了！”王权是贵州省贞丰县挽澜镇拥跃村马坝组建档立卡贫困户，讲起妻子张希琴心脏瓣膜疾病的医治过程，他说自己心情有些复杂。2002年张希琴确诊心脏病后，他们就常年奔走于各级医院就诊，加上3个儿子陆续长到读书年龄，一家人的经济压力很大。王权回忆说，那时候，给妻子治病主要靠吃药输液保证病情稳定，费用也不菲，他不得不外出打工，“但每年不到2万元的收入，让我们入不敷出，欠下了不少债务。”2006年，原新农合政策在贞丰县施行，村干部告诉王权，参保后到医院看病，国家将为参保人合理报销就医费用。“能省一笔是一笔！”王权和妻子没有多想，立马参保。2011年，黔西南州将原新农合和原城镇居民医保整合为城乡居民医疗保险，个人参保缴费和报销比例都有所调整。王权算了算发现，几年来已省下不少费用，于是继续参保。2014年，王权一家就被认定为建档立卡贫困户，从那时起，他们就享受基本医保、大病保险、医疗救助“三重保障”。2017年，王权一家通过易地扶贫搬迁政策，搬到县城住进楼房，贞丰县人民医院就在小区旁，看病就医就更方便了。受益于“三重保障”政策，加上王权积极参与乡村产业发展，他们一家在

2017年成功脱贫。2019年年底，张希琴病情加重，医生建议通过手术彻底解决其心脏问题。于是张希琴在王权的陪伴下来到贵阳，在贵州医科大学附属医院接受了心脏瓣膜换瓣手术，总共花费10.6万余元，通过"三重保障"报销，他们自己只付了不到1.7万元。"这要换到以前，是万万不敢想的。"王权告诉记者，妻子手术后需要常年服药预防并发症，贞丰县医保局还为妻子办了门诊慢性病待遇，平时复查、吃药也能报销。王权拿出2020年3月妻子口服药的账单向记者展示，原价约629元的口服药，医保报销后，他们只需要支付约188元。如今，王权很满意现在的生活，"日子过得一天比一天好了！"

资料来源：罗亮亮．贞丰：大病家庭战贫记[J]．当代贵州，2020(18)．

（一）养老保险

1. 养老保险的概念和法律特征

养老保险是指在劳动者达到法定老年年龄并从事某种劳动达到法定年限后，由国家和社会依法给予一定物质帮助，维持其老年生活的一种社会保险法律制度。养老保险具有以下特征。

（1）劳动者达到法定老年年龄，并从事某种劳动达到法定年限是享受养老保险的法定条件。对于"老年"的界定，各国因劳动力资源状况、社会经济发展状况和劳动者体制状况等多种因素的不同而有所不同。我国现行法律规定男子必须满60周岁，女子必须满55周岁，从事法定劳动必须满15年。

（2）劳动者被依法解除法定劳动义务，是享受养老保险的事实前提。仅符合年龄条件，但是没有被解除法定劳动义务，是不能享受养老保险的。

（3）国家和社会依法提供一定物质帮助给被解除劳动义务的劳动者，以维持其老年生活，是养老保险的宗旨。

2. 养老保险的内容

随着社会经济水平的发展和人民群众生活水平的提高，为了更好地满足劳动者的养老保障需求，目前，我国正在逐步建立和完善多层次养老保险体系，该体系包括基本养老保险、企业年金（职业年金）和个人储蓄性养老保险三个支柱。

（1）基本养老保险是法定养老保险。它由政府立法强制实施，保障对象是全体劳动者，资金主要来源是用人单位和劳动者个人的缴费，政府给予资助，具有强制性、互济性和普遍性特点，提供的是基本养老保障待遇。

（2）企业年金。企业年金是用人单位在参加了法定基本养老保险的基础上，根据单位实际情况自主为本单位提供的补充养老保险，作为养老保险体系的"第二支柱"，是对国家基本养老保险的重要补充。

（3）个人储蓄性养老保险。作为"第三支柱"，这是由职工自愿参加、自愿选择经办机构的一种补充保险形式，目的在于扩大养老保险的经费来源，多渠道筹集养老保险基金，减轻国家和企业的负担，更好地多层次保障劳动者养老权益。

3. 养老保险的保障范围

中国目前社会养老保险按照覆盖人群的不同类型，分为城镇企业职工基本养老保险、机关事业单位养老保险和城乡居民基本养老保险三大部分。

(1) 城镇企业职工基本养老保险。这类保险主要面向城镇各类性质企业职工,采取社会统筹结合个人账户的方式,由用人单位按照单位职工工资总额的8%和职工个人上一年度月平均工资的8%缴纳保费,筹集资金,按照基础养老金结合个人账户养老金的方式发放待遇。

(2) 机关事业单位养老保险。这类保险主要面向机关事业单位工作人员,目前主要以事业单位职工为主。同样采取社会统筹结合个人账户的方式,由用人单位按照单位职工工资总额的8%和职工个人上一年度月平均工资的8%缴纳保费,筹集资金,按照基础养老金结合个人账户养老金的方式发放待遇。

(3) 城乡居民基本养老保险。这类保险主要面向城乡非就业人口,包括广大农村人口都可选择此类保障项目。该制度采取个人缴费和政府补贴相结合的方式,通过多档缴费,多缴多得,按基础养老金结合个人账户养老金的方式发放待遇。

可以说,我国目前已经构筑了覆盖广大城乡劳动者的养老保险制度安全网,为城乡劳动者的养老提供了制度保障。当然,由于预期寿命的延长,以及人口老龄化对劳动力市场的影响,未来的养老保险制度体系尚须不断调整和完善。

(二) 医疗保险

1. 医疗保险的概念和法律特征

医疗保险,传统意义上是指由特定的组织或机构经办,通过带有强制执行的政策法规或自愿缔结的契约,在一定区域的一定参保人群中筹集的医疗保险基金。医疗保险具有社会保险的强制性、互济性、社会性等基本特征。因此,医疗保险制度通常由国家立法,强制实施,建立基金制度,费用由用人单位和个人共同缴纳,医疗保险金由医疗保险机构支付,解决劳动者因患病或受伤害带来的医疗风险。

2. 医疗保险的保障对象

世界各国医疗保险的被保险人范围受社会经济的发展、医疗保险制度的历史发展和类型的影响,有一个逐步扩大的过程,一般先在个别地区、个别行业、特定群体开始实施,然后扩展到全体劳动者。我国医疗保险的对象和覆盖范围也是遵循这个发展规律,先是在工薪劳动者中实施,然后扩大到非工薪劳动者和全体居民。

目前医疗保险制度针对不同的人口群体,主要包括城镇职工基本医疗保险和城乡居民基本医疗保险两大类。

(1) 城镇职工基本医疗保险。这类保险主要覆盖城镇机关事业单位和各类性质的企业单位职工,采取社会统筹和个人账户相结合的筹资模式,通过用人单位按职工工资总额的8%和职工个人上一年度月平均工资的2%为缴费基数强制缴纳保费,形成医保基金,分担劳动者看病就医的医疗风险,减轻医疗费用的压力,保障广大劳动者健康权的实现。

(2) 城乡居民基本医疗保险。这类保险主要覆盖城镇非从业居民和农村户籍劳动者。按照个人缴费和政府补贴自愿参保的方式,筹集医疗保险资金,多缴多得,长缴长得。

3. 医疗保险待遇

医疗保险待遇是指用人单位和职工按照一定的费率和费基缴纳医疗保险费,形成医疗保险基金,由基金对参保职工因疾病支付医疗费用所造成的经济损失给予一定的补偿。根据我国现行立法的规定,医疗保险待遇有以下主要内容。

(1) 医疗期待遇。职工享受医疗保险待遇，除完全丧失劳动能力者外，只限于规定的医疗期内。医疗期是指劳动者因患病或非因工负伤停止工作治病休息且不得辞退的期限，其长度根据职工本人连续工作时间和在本单位工作时间确定，最短不少于3个月，最长一般不超过24个月。难以治愈的疾病，经医疗机构提出，本人申请，劳动保障行政部门批准后，可适当延长医疗期，但最多延长6个月。

(2) 疾病津贴。疾病津贴俗称病假工资。职工患病或非因工负伤，停止工作满1个月以上的，停发工资，由用人单位按其工龄长短给付相当于本人工资一定比例的疾病津贴，不得低于当地最低工资标准的80%。

(3) 医疗待遇。医疗保险待遇的给付是指参加职工基本医疗保险的劳动者生病后，医疗保险经办机构按照事先规定的条件和待遇标准，向患病劳动者提供医疗服务，为其报销医疗费用。职工一般可选择在与社会保险经办机构签订医疗保险合同的定点医院就医。《中华人民共和国社会保险法》第二十八条规定，符合基本医疗保险药品目录、诊疗项目、医疗服务设施标准以及急诊、抢救的医疗费用，按照国家规定从基本医疗保险基金中支付。因此，职工享受到的医疗保险待遇是国家规定的治疗疾病所需的基本医疗服务，而非全部的医疗服务。此外，职工供养亲属患病治疗时，一般仅就某些项目(如药费、手术费等)的医疗费用给予一定比例(一般为50%)的医疗补助。

(三) 工伤保险

作为社会保险制度的一个组成部分，工伤保险又称职业伤害保险，是国家通过立法强制实施的，劳动者在工作中或在规定的特殊情况下，遭受意外伤害或患职业病导致暂时或永久丧失劳动能力以及死亡时，劳动者或其遗属从国家和社会获得物质帮助的一种社会保险制度。

工伤保险是国家对劳动者履行的社会责任，也是劳动者应该享受的基本权利，工伤保险的实施是人类文明与社会发展的标志和成果。工伤保险与生产单位改善劳动条件、防病防伤、安全教育、医疗康复、社会服务等工作紧密相连，对提高生产经营单位和劳动者的安全生产，防止或减少工伤、职业病，保护劳动者的身体健康，至关重要。

1. 工伤保险的特点

(1) 覆盖在生产劳动过程中的劳动者。由于职业危害无所不在、无时不在，任何人都不能完全避免职业伤害，因此，工伤保险作为抗御职业危害的保险制度适用于所有职工，任何职工发生工伤事故或遭受职业疾病，都应毫无例外地获得工伤保险待遇。

(2) 实行无过错责任原则。无论工伤事故的责任归于用人单位还是职工个人或第三者，用人单位均应承担保险责任。

(3) 基金来源单一。劳动者不缴纳保险费，全部费用由用人单位负担，即工伤保险的投保人为用人单位。

(4) 奉行经济赔偿与事故预防、职业病防治相结合原则。

2. 工伤保险的范围与认定

工伤保险覆盖生产劳动过程中发生的意外事件所造成的工作伤害和职业病。职业病就是指《中华人民共和国职业病防治法》中授权卫计委(现卫生健康委员会)会同劳动保障部(现人力资源和社会保障部)制定的职业病目录中的疾病，也就是企事业单位和个体经济组织的劳动者在职业活动中，因接触粉尘、放射性物质和其他有毒、有害物质等因素而引起的疾病。

根据我国2004年施行、2011年修订的《工伤保险条例》内容，工伤保险的适用范围包括中华人民共和国境内的企业单位、事业单位、社会团体、民办非企业单位、基金会、律师事务所、会计师事务所等组织和有雇工的个体工商户。

(1) 根据《工伤保险条例》第十四条规定，职工有下列情形之一的，应当认定为工伤。

第一，在工作时间和工作场所内，因工作原因受到事故伤害的。

第二，工作时间前后在工作场所内，从事与工作有关的预备性或者收尾性工作受到事故伤害的。

第三，在工作时间和工作场所内，因履行工作职责受到暴力等意外伤害的。

第四，患职业病的。

第五，因工外出期间，由于工作原因受到伤害或者发生事故下落不明的。

第六，在上下班途中，受到非本人主要责任的交通事故或者城市轨道交通、客运轮渡、火车事故伤害的。

第七，法律、行政法规规定应当认定为工伤的其他情形。

(2) 根据《工伤保险条例》第十五条规定，职工有下列情形之一的，视同工伤。

第一，在工作时间和工作岗位，突发疾病死亡或者在48小时之内经抢救无效死亡的。

第二，在抢险救灾等维护国家利益、公共利益活动中受到伤害的。

第三，职工原在军队服役，因战、因公负伤致残，已取得革命伤残军人证，到用人单位后旧伤复发的。

(3)《工伤保险条例》第十六条规定，职工符合本条例第十四条、第十五条的规定，但是有下列情形之一的，不得认定为工伤或者视同工伤。

第一，故意犯罪的。

第二，醉酒或者吸毒的。

第三，自残或者自杀的。

3. 工伤待遇

参加工伤保险的用人单位职工发生工伤，经劳动保障行政部门认定工伤或做出劳动能力鉴定，可享受以下待遇。

(1) 医疗康复待遇。医疗康复待遇包括工伤治疗及相关补助待遇、康复性治疗待遇，以及人工器官、矫形器等辅助器具的安装、配置待遇等。

(2) 停工留薪期待遇。在停工留薪期内，工伤职工原工资福利待遇不变，由所在单位按月支付。

(3) 伤残待遇。工伤职工根据不同的伤残等级，享受一次性伤残补助金、伤残津贴、伤残就业补助金及生活护理费等待遇。其中既有一次性待遇，也有长期待遇。

(4) 工亡待遇。职工因工死亡，其直系亲属可以领取丧葬补助金、供养亲属抚恤金和一次性工亡补助金。

从以上各类待遇的构成和支付渠道来看，工伤保险充分体现了救治、经济补偿和职业康复相结合，以及分散用人单位工伤风险的要求。

(四) 失业保险

失业是指具有劳动能力并具有劳动意愿的劳动者得不到劳动机会或者就业后又失去工

作的状态。在我国,失业一般仅指城镇非农业户口的劳动者,年龄限定在男子 16～50 周岁,女子 16～45 周岁,这个年龄上限比我国法定退休年龄要低。市场经济的波动性和周期性,决定了失业是不可避免的正常现象。为促进劳动力的合理配置,保障失业期间劳动者的基本生活,促进劳动者的再就业,失业保险成为世界各国的一项重要劳动保障制度。

1. 失业保险的概念

失业保险是指国家通过立法强制实行的,由用人单位、职工个人缴费及国家财政补贴等渠道筹集资金建立失业保险基金,为因失业而暂时中断生活来源的劳动者提供物质帮助以保障其基本生活,并通过专业训练、职业介绍等手段为其再就业创造条件的制度。

2. 失业保险的对象和范围

在我国,根据 1999 年实施的《失业保险条例》和 2010 年颁布的《中华人民共和国社会保险法》,国有企业、城镇集体企业、外商投资企业、城镇私营企业及其他城镇企业和各类失业单位都在参加失业保险的范围之内。同时,省、自治区、直辖市人民政府可以根据当地实际情况,决定本省、自治区、直辖市范围内的社会团体及其专职人员、民办非企业单位及其职工、有雇工的城镇个体工商户及其雇工是否要参加失业保险。

3. 失业保险的享受条件

失业者要获得失业保险的权利,必须满足一定的资格条件。在我国,《中华人民共和国社会保险法》规定,失业人员在满足以下三个条件后方可享受失业保险待遇:非因本人意愿中断就业;已办理失业登记,并有求职要求;按照规定参加失业保险,所在单位和本人已按照规定履行缴费义务满 1 年。

4. 失业保险基金

目前,我国失业保险基金的来源主要采用三方筹资的方式,即用人单位和劳动者的供款缴费及财政补贴。具体来说,失业保险基金由城镇企业事业单位、城镇企业事业单位职工缴纳的失业保险费、失业保险基金的利息、财政补贴和依法纳入失业保险基金的其他资金构成。

5. 失业保险待遇和给付标准

1) 待遇支出

(1) 按月领取的失业保险金,即失业保险经办机构按照规定支付给符合条件的失业人员的基本生活费用。

(2) 领取失业保险金期间的医疗补助金,即支付给失业人员领取失业保险金期间发生的医疗费用的补助。

(3) 失业人员在领取失业保险金期间死亡的丧葬补助金和供养其配偶直系亲属的抚恤金。

(4) 为失业人员在领取失业保险金期间开展职业培训、介绍的机构或接受职业培训、介绍的本人给予补偿,帮助其再就业。

2) 给付标准

为保证失业劳动者在失业状态下的基本生活,根据法律规定,失业保险金的给付标准,应当按照低于当地最低工资标准、高于城市居民最低生活保障标准的水平由省、自治区、直辖市人民政府确定。

与此同时,为了防止出现失业人员的依赖心理,待遇的给付具有一定的期限。《中华人民共和国社会保险法》第四十六条规定：失业人员失业前用人单位和本人累计缴费满一年不足五年的，领取失业保险金的期限最长为十二个月；累计缴费满五年不足十年的，领取失业保险金的期限最长为十八个月；累计缴费十年以上的，领取失业保险金的期限最长为二十四个月。重新就业后，再次失业的，缴费时间重新计算，领取失业保险金的期限与前次失业应当领取而尚未领取的失业保险金的期限合并计算，最长不超过二十四个月。

（五）生育保险

生育问题不仅是人类的自然属性，也是关系一个国家和民族人口再生产及国际竞争力的重要社会议题。因此，关注女性劳动者在生育期间的劳动保障，提供生育保险待遇，就成为各国政府重要的政策安排。我国在 20 世纪 50 年代初颁布了《中华人民共和国劳动保险条例》，初步建立了生育保险制度，1994 年颁布了《企业职工生育保险试行办法》，2010 年的《中华人民共和国社会保险法》完善了生育保险制度，进一步保障公民生育时依法从国家和社会获得物质帮助的权利。

1. 生育保险的概念和特征

生育保险是国家通过立法，在怀孕和分娩的妇女劳动者暂时中断劳动时，由国家和社会提供医疗服务、生育津贴和产假的一种社会保险制度。生育保险具有以下特征。

（1）生育保险是为女职工专门建立的一项保险制度。社会保险的养老、医疗、工伤和失业保险等险种并不区分性别，只有生育保险是明确针对女职工专门设立的。

（2）生育保险是对女职工生育子女全过程的保障。不仅对女职工生育过程中所花费的检查费、接生费、手术费、住院费和药费进行补偿，还包括女职工在规定的生育假期内因未从事劳动而不能获得工资收入的补偿。

（3）生育保险劳动者个人无须缴费，由用人单位单方承担，无论单位是否有以及有多少女职工，都必须强制参保缴费。

（4）无论女职工妊娠结果如何，均可以按照规定得到补偿。也就是说，无论胎儿存活与否，产妇均可享受有关待遇，包括流产、引产及胎儿和产妇发生意外等情况，女职工都能享受生育保险待遇。

2. 生育保险的对象

我国现有法律规定，女职工生育保险适用于中华人民共和国境内的一切企业，包括国有企业、集体企业、外商投资企业、农村联户企业、私营企业和城镇街道企业。与此同时，女职工生育保险也适用于中华人民共和国境内的一切国家机关和事业单位。

3. 生育保险待遇

我国生育保险待遇的内容主要由产假、生育津贴、生育医疗服务、生育期间的特殊劳动保护、生育女职工的职业保障等项目组成。

（1）产假。在《女职工劳动保护特别规定》中明确女性产假合计 98 天，分为产前和产后假两部分。一般产前假为 15 天，产后假为 83 天，难产的，增加产假 15 天。多胞胎生育的，每多生一个婴儿增加产假 15 天。女职工怀孕流产的，根据医务部门的证明，给予一定时间的产假。流产产假以 4 个月划界，其中不满 4 个月的，给予 15 天至 30 天的产假；4 个月以上流产的，产假为 42 天。根据我国 2016 年最新颁布的《中华人民共和国人口与计划生育法》，女职工生育，大多数省份如上海、江苏、浙江生育的产假调整为享受不少于 128 天，福建、江西、四川等省份可以长达158天。不仅如此，男性配偶也可以享受7～15天的陪护假。但根据具体情况和相关政策，产假、陪产假、育儿假各地政策不同。

(2) 生育津贴。女职工产假期间的生育津贴按照本企业上年度职工月平均工资由生育保险基金计发，计发办法为按照女职工本人生育当月的缴费基数除以30再乘以产假天数计算。尚未参加生育保险社会统筹的单位，女职工生育产假期间，由单位照发工资。同时根据《中华人民共和国人口与计划生育法》，男性配偶也可以享受陪护假期间的陪护津贴，计算办法与女职工的产假津贴计发方法相同。

(3) 生育医疗服务。生育医疗服务项目包括检查费、接生费、手术费、住院费和与生育直接相关的医疗费。女职工生育的检查费、接生费、手术费、住院费和药费由生育保险基金支付。超出规定的医疗服务费和药费(含自费药品和营养药品的药费)由职工个人负担。女职工生育出院后，因生育引起疾病的医疗费由生育保险基金支付，其他疾病的医疗费，按医疗保险待遇规定处理。女职工产假期满后，因病需要休息治疗的，享受有关病假待遇和医疗保险待遇。

(4) 生育期间的特殊劳动保护。女职工生育期间的特殊劳动保护，是指女职工孕期由于生理变化而在工作中可能遇到特殊困难，为保证女职工的基本收入和母子生命安全而制定的一项特殊政策，包括收入保护和健康保护两部分。收入保护的主要措施是国家立法保护女职工怀孕期间不降低其基本工资。健康保护的主要措施包括：不得安排怀孕女职工从事高强度劳动和孕期禁忌的劳动，也不得安排在正常工作日以外延长劳动时间；对不能胜任原工作岗位的孕期女职工，应当减轻其劳动量或安排其他工作；对怀孕7个月以上的女职工，不应延长劳动时间和安排夜班劳动，并应在工作时间内安排一定的休息时间；允许怀孕女职工在劳动时间进行产前检查，检查时间计作出勤时间。

(5) 生育女职工的职业保障。在生育女职工职业保障方面，国家制定了一系列保障女职工不因怀孕、分娩、哺乳而失业的规定。任何单位不得在女职工孕期、产期、哺乳期解除其劳动关系。对于劳动合同期满而哺乳期未满的女职工，其劳动关系顺延至哺乳期满。

案例分析

上班打卡途中受伤却不被认定为工伤

许某是某有限集团责任公司矿业分公司的职工，2018年11月8日上夜班(工作时间为20时至次日8时)，18时50分，许某乘坐班车到达公司停车场，在经由该公司厂区内部道路进入工作场所打卡时，因该公司内部道路正在施工，且无照明设施，许某摔落施工沟内受伤，被诊断为右大腿、右膝、右小腿、右踝挫伤，右膝内侧半月板损伤，右膝关节髌上囊及关节积液。后公司向河北省人力资源和社会保障厅提出工伤认定申请。河北省人力资源和社会保障厅受理工伤认定申请后，以许某上班途中因个人原因摔倒受伤，不符合上下班途中受到非本人主要责任交通事故认定工伤的情形为由，下达《不予认定工伤决定书》。许某不服，随后申请行政复议。

思考：许某能否享受工伤待遇？为什么？

上述案例中，职工在经由公司厂区内部道路进入工作场所打卡时，因公司内部道路正在施工，不慎摔落施工沟内受伤，符合工作时间前在工作场所内，从事与工作有关的预备性工作受到伤害认定工伤的情形，应认定为工伤。

失业保险赔偿的条件

张某大学毕业后应聘于甲公司，签订了3年的劳动合同，公司为其购买了失业保险，但工作至第10个月时，张某以公司工资太低为由，提出辞职。后张某到乙公司就职，并签订了2年的劳动合同，试用期1个月后，乙公司为其购买了失业保险，但张某在第4个月时因上班期间与人发生打架斗殴事件，被公司开除。张某到当地失业保险经办机构查询得知：甲公司为他参保缴费10个月，乙公司为他参保缴费3个月。

思考：张某能否享受失业保险待遇？为什么？

上述案例中，张某从甲公司离职是因为觉得工资太低而主动提出辞职，这种情况属于“因本人意愿中断就业”。而根据《失业保险条例》第十四条规定，享受失业保险待遇需满足“非因本人意愿中断就业”这一条件。所以张某从甲公司离职后不能基于此申请失业保险待遇。张某在乙公司上班期间因打架斗殴被公司开除，虽然这不是本人主动辞职，但打架斗殴属于严重违反公司规章制度的行为，并非《失业保险条例》中规定的用人单位正常的解除劳动合同情形。因此，这种情况下的离职也不符合领取失业保险待遇的要求。

生育保险待遇知多少

2020年，杨女士年满30岁，是江苏省某市一家公司的职员，其工作稳定，已经工作了5年时间。考虑到工作、家庭等各方面情况已经趋于稳定，杨女士和丈夫计划在2020年生育一个孩子。不久前，杨女士到医院检查时，发现自己已经怀孕，即将做妈妈的她，兴奋之余，多少有些手忙脚乱。一方面，因为怀孕，不管做什么事都变得格外紧张小心，生怕肚子里的宝宝出现什么问题；另一方面，由于公司按期为员工缴纳了社保，杨女士开始着手办理生育保险的相关手续，用于保证自己怀孕期间能够享受到社保的福利待遇。虽然一直缴纳社保，但是对于生育保险的各项规定，她并不熟悉，以前听别人提到过生育津贴和产假工资，但到底自己能享受到怎样的福利待遇，杨女士还是有些茫然。

思考：杨女士及其家庭到底能够享受哪些待遇呢？

上述案例中，杨女士可以依法享受128天的产假及产假津贴和医疗待遇，她的配偶可以享受10天的陪护假和陪护津贴。

第三节　劳动争议处理

劳动关系双方当事人利益的不完全一致性，决定了劳动争议与纠纷的不可避免性。采取有效手段，运用合理的法律规范解决矛盾、化解纠纷，可以有效避免矛盾的激烈化和扩大化，营造和谐的劳动关系。

一、劳动争议

微课：劳动争议

案例导入

如何区分劳动争议

某厂派人到百货公司购买劳动防护用品，并订立一份购买合同。百货公司交货后，厂方发现工作服不符合国家有关质量标准，遂向百货公司交涉。百货公司认为订立合同之前，厂方已经看过，并无异议，现在就算有问题，也应该找生产厂商。双方发生争议。

这个争议属于劳动争议吗？为什么？

1. 劳动争议的概念及特征

劳动争议，也称劳动纠纷，是指劳动关系的当事人之间因执行劳动法律、法规和履行劳动合同而发生的纠纷，即劳动者与所在单位之间因劳动关系中的权利义务关系而发生的纠纷。它具有以下特征。

（1）劳动纠纷是劳动关系当事人之间的争议。劳动关系当事人，一方为劳动者，另一方为用人单位。如果争议不是发生在劳动关系双方当事人之间，即使争议内容涉及劳动问题，也不构成劳动争议。

（2）劳动纠纷的内容涉及劳动权利和劳动义务，是为实现劳动关系而产生的争议。劳动关系是劳动权利义务关系，如果劳动者与用人单位之间不是为了实现劳动权利和劳动义务而发生的争议，就不属于劳动纠纷的范畴。

2. 劳动争议的内容

根据争议涉及的权利义务的具体内容，可将劳动争议分为以下几类。

（1）因确认劳动关系发生的争议。

（2）因订立、履行、变更、解除和终止劳动合同发生的争议。

（3）因除名、辞退和辞职、离职发生的争议。

（4）因工作时间、休息休假、社会保险、福利、培训及劳动保护发生的争议。

（5）因劳动报酬、工伤医疗费、经济补偿或者赔偿金等发生的争议。

（6）法律、法规规定的其他劳动争议。

二、劳动争议处理机制

案例导入

岗位调整引争议，外资公司解除合同遭拒

李某于2015年7月大学毕业后入职某外资公司，双方订立无固定期限劳动合同，约定李某的岗位为媒体公关，月薪7000元。2020年6月，公司告知李某，为精简组织架构，决定撤销李某所在的媒体公关岗位，另设媒体沟通及媒体关系拓展员，但上述两个岗位均已有合适人选，现特别为李某设立公司媒体形象顾问岗位，月薪降为5000元，希望能与其签署变更劳动合同协议书。李某不同意公司的要求，该公司即以“订立劳动合同时的客观情况发生重大变化，双方未能就变更劳动合同内容达成一致”为由，向李某发出《解除劳动合同通知书》，并向李某支付了经济补偿及代通知金等。李某认为公司的解除行为违法，故提出仲裁，要求撤销《解除劳动合同通知书》并继续履行劳动合同。劳动仲裁委经审理后认为，公司根据生产经营需要，调整李某的工作岗位，系为应对市场变化主动采取的经营策略调整，不属于“订立劳动合同时的客观情况发生重大变化”的情形，公司虽然支付了李某经济补偿及代通知金，但并不代表其解除行为合法，故于2020年8月3日做出裁决，对李某的仲裁请求予以支持。外资公司对仲裁结果不服，于2020年9月24日向人民法院提起诉讼，但遭到拒绝。

法院为什么不予受理外资公司的申请？公司可否直接向法院提起诉讼请求？

（一）劳动争议的处理原则

我国2007年颁布《中华人民共和国劳动争议调解仲裁法》，其中第一章第三条明确提出“解决劳动争议，应当根据事实，遵循合法、公正、及时、着重调解的原则，依法保护当事人的合法权益。”

（二）劳动争议的处理方式

根据劳动法律的规定，我国目前的劳动争议处理方式有调解、仲裁、诉讼三种主要途径。

1. 调解

当劳动者与用人单位发生劳动争议，当事人不愿协商、协商不成或者达成和解协议后不履行的，可以向调解组织申请调解，调解是处理劳动争议最基本的途径和方式。调解组织通常在用人单位内部设立劳动争议调解委员会，成员由用人单位代表和员工代表或工会组成。企业调解委员会在接受争议双方当事人调解申请后，首先要查清事实、明确责任，在此基础上，根据有关法律和集体合同或劳动合同的规定，通过自己的说服、诱导，最终促使双方当事人在相互让步的前提下自愿达成解决劳动争议的协议。

需要注意的是，调解必须在双方平等自愿的基础上达成协议，不能有任何的勉强或胁迫，否则调解无效，即使达成协议，也可以不履行。当然，调解由于是在企业内部进行的，所以不具有法律强制执行力，即调解协议的履行完全取决于双方自愿。

2. 仲裁

仲裁也称公断，是指劳动争议仲裁委员会依法对争议双方当事人的争议案件进行居中公断的执法行为。

《中华人民共和国劳动调解仲裁法》规定，劳动争议仲裁委员会按照统筹规划、合理布局和适应实际需要的原则设立，省、自治区人民政府可以决定在市、县设立，直辖市人民政府可以决定在区、县设立。直辖市、设区的市也可以设立一个或者若干个劳动争议仲裁委员会。劳动争议仲裁委员会由劳动行政部门代表、工会代表和企业方面代表组成。劳动争议仲裁委员会组成人员应当是单数。

劳动仲裁一般要经历案件受理、调查取证、调解、裁决和执行五个阶段。一般来说，仲裁调解书自送达当事人之日起生效，生效后的调解或裁决，双方当事人都应该自觉执行。当事人对裁决不服的，可在规定时间内向法院起诉。

3. 诉讼

劳动争议诉讼是人民法院按照民事诉讼法规的程序，以劳动法规为依据，按照劳动争议案件进行审理的活动。按照我国法律规定的“劳动仲裁前置”原则，劳动争议当事人对仲裁

裁决不服的，可以自收到仲裁裁决之日起 15 日内向人民法院提起诉讼。一方当事人在法定期限内不起诉又不履行仲裁裁决的，另一方当事人可以申请人民法院强制执行。劳动争议的诉讼是解决劳动争议的最终程序。

此外，人民法院并不处理所有的劳动争议，只受理以下范围内的劳动争议案件。

(1) 涉及劳动者与用人单位在履行劳动合同过程中发生的纠纷。

(2) 没订立劳动合同，但形成事实劳动关系的纠纷。

(3) 劳动者退休，因追要退休金、医疗费、工伤保险待遇等社会保险费和劳动保护而发生的纠纷。

上述案例中，当事人对仲裁结果不服的，须在仲裁通知下达起 15 日内向法院提起诉讼，逾期不予受理。仲裁是前置环节，不可以直接提起诉讼。

第四节 劳动安全卫生

天津港"8・12"特别重大火灾爆炸事故造成的重大人员伤亡和财产损失，说明我国安全生产领域存在突出问题，面临严峻形势。习近平总书记强调，人命关天，发展决不能以牺牲人的生命为代价，这必须作为一条不可逾越的红线。加强劳动安全与卫生保护，保障劳动者在生产中的安全和健康，是我国的一项基本国策，是社会主义企业管理的一项重要内容，也是发展社会主义国民经济的重要条件。

一、劳动安全卫生概述

微课：劳动安全卫生概述

案例导入

男子加班猝死责任在于谁

2015 年 3 月，深圳 36 岁的 IT 男张某，被发现猝死在酒店马桶上，凌晨 1 点，他还发了最后一封工作邮件。据其妻子说，张某经常加班到凌晨，有时甚至到早上五六点钟，第二天上午又接着照常上班。去世前一天，他跟妈妈说"太累了"。他妻子认为，张某猝死与长时间连续加班有关，"他为了这个项目把自己活活累死了"。

(一) 劳动安全卫生的概念

劳动安全卫生又称劳动保护、职业安全卫生等，是指对劳动者在劳动过程中的生命安全和身体健康进行保护，具体表现为在法律、技术、设备、组织制度和教育等方面所采取的相应措施。其主体是劳动者、劳动行政管理部门和用人单位，客体是劳动者的安全和健康，内容主要为用人单位对劳动过程中危险、有害因素转化为伤害和疾病的情形加以控制。具体体现为劳动安全和劳动卫生两个部分。

1. 劳动安全

劳动安全是指用人单位应保证劳动场所无危及劳动者生命安全的伤害事故发生。若劳动安全不能得到保证，则容易导致工伤事故的发生，劳动者的劳动能力将立刻受到影响。常见劳动安全事故有建筑工人高空坠落、机械外伤、烫伤灼伤等。

2. 劳动卫生

劳动卫生是指用人单位应保证劳动场所无危及劳动者身体健康的慢性职业危害发生。若劳动卫生不能得到保障，则劳动者在劳动过程中所面临的危险因素（如粉尘、放射性物质和有毒化学物质、噪声、病毒、强光、长期强迫体位操作等）会在其身体内经历长时间的积累作用，逐渐表现为尘肺、职业中毒、职业性皮肤病等职业疾病。

劳动安全与劳动卫生均存在于劳动生产活动中，相互联系又彼此独立，共同组成劳动者劳动保护的屏障。

（二）劳动安全卫生的风险因素

劳动者在劳动过程、劳动生产程序、劳动安全三方面时刻面临着不安全和不卫生的风险因素。

1. 劳动过程

劳动者在劳动过程中可能因为劳动时间过长、劳动强度过大、劳动姿势重复维持等造成身体机能的一定程度损伤。例如，互联网行业盛行的“996”工作制、建筑工地上的高强度负重、汽车生产线员工长时间保持某一姿势进行作业等。

2. 劳动生产程序

处于不同行业的劳动者在经历特定的生产程序时，都会面临具有该行业特点的风险因素。例如，危险品生产经营行业会面临爆炸、火灾而导致的人员伤亡等不安全因素和吸入爆炸释放出来的有毒有害气体等不卫生因素，煤矿行业会面临透水、坍塌、爆炸而导致的矿井人员伤亡事故及长期吸入粉尘所引发的尘肺等职业病，生化行业常常面临压力容器爆炸等不安全因素和病毒细菌、辐射等典型的生物不卫生风险。

3. 劳动安全

部分企业常常容易忽视安全、卫生劳动环境的创造。除不可控的自然环境因素（如高温、严寒等）之外，人为创造的劳动环境总是漏洞百出，安全与卫生事故的直接原因之一必然是劳动场所建筑存在安全隐患，缺乏必要的通风、照明、排水等安全卫生技术设施，消防、防尘、防毒设施不完善甚至关键设备无法使用等。

由此可见，诸多方面都容易存在较大的安全与卫生隐患，当期任何一处的不规范都可能会在远期爆发为一场严重的劳动安全事故，而一场劳动安全事故必定会使得劳动者的生命健康权益遭受威胁，甚至会对公共安全造成巨大危害，带来巨大的经济损失。

二、劳动者在劳动安全卫生方面的权利

微课：劳动者在劳动安全卫生方面的权利

案例导入

忽视防护与教育：贵州施秉、陕西山阳尘肺病之殇

2010年贵州省施秉县恒盛有限公司尘肺事件中，经检测，作业环境中二氧化硅含量较高，而公司为节省回收粉尘的经济成本，将购置的5套粉尘回收设备闲置，从未对员工进行污染环境作业的危害告知和进行职业卫生教育，防护工作仅限于每人每天发放两个纱布口罩。陕西商洛市山阳县尘肺病最严重的地区——石佛寺社区麻庄河村，尘肺病人达126人，而该村总人口仅900多人，高比例的尘肺病例源于该地区地处偏远、交

通落后、群众生活水平低下，因而从20世纪90年代后，部分乡亲自发前往矿区务工，“长期和粉尘打交道的乡亲很多都得了尘肺病”。

资料来源：http://cn.chinagate.cn/environment/2010-06/29/content_20377872_2.htm，https://news.hsw.cn/system/2016/0324/366688.shtml.

同用人单位在劳动安全卫生方面的义务相对立统一，劳动者作为劳动安全卫生范畴的权利主体，依法享有以下权利。

1. 安全卫生环境条件获得权

劳动者有权在一个符合安全卫生标准的环境中工作。这意味着工作场所的建筑结构要稳固，不存在坍塌等隐患。例如，工厂的厂房应按照建筑安全规范建设，其墙体、屋顶等结构能承受正常使用和可能遇到的自然灾害等压力。

工作场所的通风系统要良好，像在化学制品生产车间，及时有效的通风能防止有毒气体积聚。照明条件也要适宜，无论是办公室环境还是井下作业等特殊环境，充足且合适的照明能避免因光线问题导致的事故，如工人在昏暗环境中误操作机器。

对于温度和湿度，在一些对环境要求高的工作场所，如电子元件生产车间，要保持恒定的温湿度，确保产品质量和劳动者的舒适度，防止因过热或过湿引发中暑或其他健康问题。同时，工作场所的噪声、振动等也应控制在安全标准内，如纺织厂要对机器采取减振降噪措施，保护劳动者的听力和身体免受长期损害。

2. 取得劳动保护用品的权利

劳动保护用品是保护劳动者在劳动过程中安全与健康的重要防线。根据不同的工作类型和环境，劳动者应获得相应的劳动保护用品。

在建筑施工现场，安全帽是必不可少的，它能有效防止高空坠物对头部的伤害。安全带则保障了高处作业人员的生命安全，当发生意外时，可避免工人从高处坠落。

对于接触有毒有害物质的劳动者，如在喷漆车间工作的人员，应配备防毒面具，防止吸入有害气体损害呼吸系统。在粉尘较多的环境中，如煤矿开采，防尘口罩能过滤空气中的粉尘，减少尘肺病的发生风险。

还有像电工的绝缘手套、护目镜，防止触电和强光、异物对眼睛的伤害；高温作业环境下的隔热服、防护面罩，保护劳动者免受高温灼伤和热辐射的危害。

3. 接受安全卫生教育培训权

劳动者有接受安全卫生教育培训的权利，这是保障其自身安全和健康的关键环节。

新入职员工需要进行入职安全培训，了解工作场所的基本安全规则、紧急疏散通道的位置和使用方法等。例如，在商场工作的新员工要清楚火灾发生时如何引导顾客疏散。

针对特定岗位的劳动者，要进行专业的安全卫生培训。例如，叉车司机要学习叉车的操作规范、安全注意事项以及在特殊情况下的应急处理，像叉车出现故障时如何安全停车和疏散周边人员。

定期的安全再培训也很重要，随着工作环境和设备的变化，劳动者需要及时更新安全知识。例如，工厂更新了生产设备，员工就要接受新设备操作安全方面的培训，包括新设备可能存在的危险点和防护措施等。

同时，还包括对安全卫生法规和标准的培训，让劳动者明白自己的权利和义务，在工作中能够依法维护自身安全和健康，也知道违反安全规定可能带来的后果。

4. 定期健康检查权

劳动者有权定期进行健康检查,这是及时发现和预防职业病等健康问题的重要手段。

对于接触有毒有害物质的劳动者,如长期接触铅、汞等重金属的工人,要定期进行血液、尿液等检查,以便早期发现中毒迹象,及时调整工作或进行治疗。

从事粉尘作业的劳动者,像煤矿工人、水泥厂工人等,要定期进行肺部检查,通过胸片、肺功能测试等手段,监测肺部健康状况,以便早期发现尘肺病。

在有放射性物质的工作环境中,如医院放射科工作人员,要定期检查血液指标、染色体等,以便早期发现辐射对身体的损害。而且,定期健康检查的结果应告知劳动者本人,对于发现的健康问题要及时安排进一步检查和治疗,同时用人单位要根据检查结果调整劳动者的工作安排,保护劳动者的健康权益。

除此之外,这里对劳动者的拒绝权、批评检举控告权进行特别强调。《中华人民共和国劳动法》规定,一方面,劳动者在劳动过程中有严格遵守安全操作规程的义务;另一方面,劳动者对用人单位管理人员的违章指挥、强令冒险作业,有权拒绝执行,对危害生命安全和身体健康的行为,有权提出批评、检举和控告。《中华人民共和国劳动合同法》中更是对于劳动者的相关权益进行了强化,鼓励广大劳动者在面临单位提出的高风险作业面前勇敢说“不”。

三、用人单位在劳动安全卫生方面的义务

微课:用人单位在劳动安全卫生方面的义务

1. 建立健全各项劳动安全卫生制度

案例导入

东北某采石场寒冬停发防寒服:职工权益谁来保障

冬天到了,室外冰天雪地,东北某采石场职工仍然要到野外作业,他们觉得像是做苦工似的,便要求单位提供防寒服。但是场长说:“今年采石场没有盈利,场领导决定把防寒用品取消,大家将就一年,明年效益好了再补发。”

该采石场的行为是否合法?为什么?

《中华人民共和国劳动法》第五十二条明确规定:“用人单位必须建立、健全劳动安全卫生制度,严格执行国家劳动安全卫生规程和标准,对劳动者进行劳动安全卫生教育,防止劳动过程中的事故,减少职业危害。”具备严格的劳动安全卫生管理制度是一个企业具有强烈的安全生产观念和意识的重要体现,明确、完善、合法合规的制度前提使得劳动安全管理在生产实践中的具体应用存在可能。一套完整的企业劳动安全卫生管理体系应包括安全生产责任制度、劳动保护措施计划制度、劳动保护教育制度、劳动保护检查制度、伤亡事故和职业病的报告处理制度、工伤保险制度等。

2. 对劳动者进行劳动安全卫生教育

案例导入

李某电杆坠落身亡悲剧

李某原是某电力局查线工,2014 年 4 月办理停薪留职手续后开始经商,2018 年 3 月 17

日再度回厂上班。3月29日，该局所属一段线路出现故障，需要检修，检修班长直接派李某去检修。李某说自己已经快四年没有干这活了，怕干不了，可检修班长以人手紧张为由，坚持派李某前去检修。李某带工具爬上电杆操作，不到5分钟就从电杆上大叫一声摔了下来，经医院抢救无效死亡。

劳动者作为本岗位劳动过程中的主体，具备本岗位必备的劳动安全卫生素质是防止自己遭受劳动安全和卫生事故的关键。然而现实中，农民工或临时务工人员这类劳动者往往因文化水平不高而不具备与作业相关的职业病知识和信息匮乏、健康防护意识不强的特点，再加上缺乏健康教育培训的外界条件，极易成为群发职业损害的弱势群体。除此之外，大量劳动安全事故都因为危险发生后人员的盲目施救而导致伤亡人数的扩大。因此，用人单位必须重视向劳动者提供基本的劳动安全卫生知识普及教育和急救培训，督促劳动者熟悉掌握企业的劳动安全生产规章制度，并且对其岗位任职资格及安全操作技能进行定期考核。《中华人民共和国安全生产法》第二十八条规定，未经安全生产教育和培训合格的从业人员不得上岗。

3. 提供劳动安全卫生设施和劳动防护用品

案例导入

消防缺失与监管空白之痛

2014年1月14日14:40左右，位于台州温岭市城北街道的台州某鞋业有限公司发生火灾，过火面积约1080平方米，事故造成16死5伤。经现场勘查，该企业主厂房只在首层和二层室内楼梯处各设置了一个室内消火栓，但室内消火栓未接入市政消防管网，也未设屋顶水箱，故消火栓处于无水状态。经查，鞋厂自建立以来，当地消防、派出所、安监等相关职能部门均未对该企业进行过消防和安全生产检查。作为存放纸箱、成品鞋等大量可燃易燃物品的鞋业生产制造企业，其消防安全设施形同虚设，最终导致该厂因电气线路老化故障失火，又因该厂缺乏必要的防火保护措施，火灾大面积蔓延，最终造成巨大损失和人员伤亡。

资料来源：https://www.gov.cn/xinwen/2014-03/25/content_2645825.htm.

劳动安全卫生设施是指防止伤亡事故和职业病发生，消除职业危害因素的设备、装置等设防技术措施的总称，其种类既包括设置安全装置（如保险、防护、信号、危险牌示和识别标志等），进行预防性的机械强度试验、电器绝缘检验等安全设施，也包括防止或减少职业危害的各种卫生设施（如通风照明、防尘防毒、防噪防辐射等）。劳动防护用品是指劳动者在生产活动中，为保证安全健康，防止事故伤害或职业性毒害而佩戴使用的各种用具的总称。常用的劳动防护用品主要包括安全帽、安全带、安全绳、安全网、防护手套、防护服、安全鞋等。

《中华人民共和国劳动法》第五十三条规定，劳动安全卫生设施必须符合国家规定的标准。新建、改建、扩建工程的劳动安全卫生设施必须与主体工程同时设计、同时施工、同时投入生产和使用。第五十四条规定，用人单位必须为劳动者提供符合国家规定的劳动安全卫生条件和必要的劳动防护用品，对从事有职业危害作业的劳动者应当定期进行健康检查。然而，众多劳动安全卫生事故的发生都极大程度地存在着“用人单位未提供完备的劳动安全卫生设施以及符合国家规定的劳动防护用品”的间接原因。

4. 提供符合法律规定的劳动安全卫生条件

案例导入

盲目作业与救援不力的惨痛教训

2019 年 12 月 31 日，重庆某公司 15 名工人在江苏徐州天安化工有限公司进行设备检修作业。作业前，因盲目排放脱硫液造成液封失效，憋压在循环槽上空的煤气冲破液封进入塔内。作业人员在未进行检测和通风的情况下直接进入作业，4 人吸入一氧化碳晕倒。现场组织救援过程中，呼吸机损坏，无法使用，安全绳多次施救未果，从而错过最佳施救时间，致使 3 人死亡。

劳动安全卫生条件包括安全卫生的劳动场所、生产设备、电气设备及特殊作业的特殊劳动条件，具体体现为以下几个方面。

(1) 噪声、有毒有害气体和粉尘浓度不得超过国家规定的标准；物品的堆放不得妨碍通行；建筑施工、易燃易爆和有毒有害等危险作业场所应当设置相应的防护设施、报警装置、通信装置、安全标志，以及在紧急情况下进行抢救和安全疏散的设施。

(2) 机械设备传动件及易造成人身伤害的外传动部件须安装保护职工人身不受伤害的安全防护装置；生产设备须经过安全检验和安全认证，符合技术标准方可使用；电气设备的安装、运行、维修等都必须严格遵守操作规程；电气设备的金属外壳，必须根据技术条件，采取保护性接地或者接零的措施；在产生大量的蒸汽、气体、粉尘的作业场所，应当使用密闭式电气设备；在有爆炸危险的气体或粉尘的作业场所，必须使用防爆型电气设备。

(3) 特殊的作业场所，如在密闭设备内和狭小空间作业的，应当先进行检测，确认有害气体低于国家标准，在采取措施后方可进行作业；要保证良好通风，不能采取通风换气措施的，必须给工作人员配备空气呼吸器或氧气呼吸器。

用人单位应提供符合法律规范的劳动安全卫生条件，营造良好的劳动环境，使劳动者免受职业伤害，生命健康得到保障。知晓本企业工作的伤害性，并有意识地给予安全保障服务，定期组织员工体检，应成为我国所有用人单位尊重劳动者生命权和健康权，行使人道主义关怀的自觉表现。

5. 对从事特种作业的劳动者进行职业培训和从业资格认定

案例导入

案 例 一

2023 年 5 月 15 日，浦东新区应急局行政执法人员在对上海崴泓模塑科技有限公司执法检查时发现，该公司生产车间工作人员钱某某正在进行电焊作业，现场未能提供焊接与热切割特种作业操作证。通过应急部“特种作业操作证信息查询平台”查询确认，未能查见钱某某的焊接与热切割特种作业操作证。按照《工贸企业重大事故隐患判定标准》(应急部令第 10 号)第三条第二项，特种作业人员未按照规定经专门的安全作业培训并取得相应资格，上岗作业的，应当判定为重大事故隐患。

上述行为违反了《中华人民共和国安全生产法》第三十条第一款的规定，依据《中华人民共和国安全生产法》第九十七条第七项，6月29日浦东新区应急局对该公司作出人民币2万元罚款的行政处罚。

案　例　二

2023年5月19日，杨浦区应急局行政执法人员在对上海盥薇科技有限公司执法检查时，从台账资料中发现，工作人员陆某某曾派往文通国际广场从事高压电工作业，现场未查见其高压电工特种作业操作证。通过应急部“特种作业操作证信息查询平台”查询确认，未能查见陆某某的高压电工特种作业操作证信息。按照《工贸企业重大事故隐患判定标准》（应急管理部令第10号）第三条第二项，特种作业人员未按照规定经专门的安全作业培训并取得相应资格，上岗作业的，应当判定为重大事故隐患。

上述行为违反了《中华人民共和国安全生产法》第三十条第一款的规定，依据《中华人民共和国安全生产法》第九十七条第七项，6月6日杨浦区应急局对该公司作出人民币2万元罚款的行政处罚。

从事特种作业的劳动者必须经过专门培训并取得特种作业资格证，经过考核持证上岗，才能确保劳动者能够按照专业程序、方法、态度进行作业，避免因非专业性而引发劳动安全卫生事故。2010年施行的《特种作业人员安全技术培训考核管理规定》第三条强调，特种作业是指容易发生事故，对操作者本人、他人的安全健康及设备、设施的安全可能造成重大危害的作业。特种作业高危害性的特点决定了其作业人员专业素质和资格必须经过严格认定。

总之，企业作为劳动安全卫生的责任主体，要切实履行法律、法规规定的义务，认真贯彻落实《中华人民共和国安全生产法》有关规定，完善劳动安全管理制度，严格制定作业章程和工作方案，培养员工的安全生产观念和防护自救技能，配备充足合规的劳动防护应急用品。要认识到，劳动安全工作的不到位，总会随着一定时间内风险因素的积累作用，在某一瞬间彻底显现，不仅给自身带来损失，还极有可能演变成殃及他人的大规模灾害性事件，造成难以估量的巨大损失。认真做好常态化的安全生产管理，敏锐发现并及时消除安全隐患，应该成为上至企业管理者、下至员工个体都时刻绷紧的“一根弦”。

四、女职工和未成年工享受特殊保护

微课：女职工和未成年工享受特殊保护

（一）女职工特殊保护

案例导入

未签书面合同且孕期离职何以保障女职工权益

柳叶，女，1996年出生，于2017年2月1日入职广东某玩具公司，从事流水线工作，双方口头约定每月工资为人民币3200元，试用期1个月。2017年12月12日，柳叶因无法胜任经常性的夜间上班而提出离职，经公司同意，2018年1月12日双方办理了工资结算手续，并于同日解除了劳动关系。同月20日，柳叶以双方未签书面劳动合同为由，向当地劳动争议仲裁委申请仲裁，要求公司再支付工资32000元。经查，柳叶于2017年3月1日怀孕。

法律规定，不得安排女职工在怀孕期间从事国家规定的第三级体力劳动强度的劳动和孕期禁忌从事的活动。对怀孕7个月以上的女职工，不得安排其延长工作时间和夜班劳动。上述案例中，公司从2017年11月1日开始，不能安排柳叶上夜班。柳叶可以未签书面劳动合同为由，向当地劳动争议仲裁委申请仲裁，要求公司再支付工资32000元。用人单位自用工之日起超过1个月不满1年未与劳动者订立书面劳动合同的，应当向劳动者每月支付2倍的工资。从2017年3月1日至终止劳动合同这段时间，共10个月，柳叶可以要求公司支付2倍的工资。

相较于男性而言，女性由于身体机能的脆弱性，在面对安全和卫生风险时常常处于弱势地位，生命权更容易受到侵害。并且妇女在进行社会生产的同时，还承担着人类自身生产的重任，多重角色使得该群体在家庭和职场都承担着巨大压力，所以必须重视对妇女提供特殊劳动保护，给予其特殊关怀和照顾，确保其生命安全和身体健康，维护社会的和谐与稳定。

根据我国《劳动法》和《女职工劳动保护特别规定》等一些相关法律的规定，女性劳动者享受的有关劳动安全与卫生的特殊保护主要为工种保护、四期保护两方面。2012年颁布的《女职工劳动保护特别规定》，对此做了详细规定。

1. 工种保护

(1) 女职工禁忌从事的劳动范围：①矿山井下作业；②体力劳动强度分级标准中规定的第四级体力劳动强度的作业；③每小时负重6次以上、每次负重超过20千克的作业，或者间断负重、每次负重超过25千克的作业。

(2) 女职工在经期禁忌从事的劳动范围：①冷水作业分级标准中规定的第二级、第三级、第四级冷水作业；②低温作业分级标准中规定的第二级、第三级、第四级低温作业；③体力劳动强度分级标准中规定的第三级、第四级体力劳动强度的作业；④高处作业分级标准中规定的第三级、第四级高处作业。

(3) 女职工在孕期禁忌从事的劳动范围：①作业场所空气中铅及其化合物、汞及其化合物、苯、一氧化碳、甲醛等有毒物质浓度超过国家职业卫生标准的作业；②从事抗癌药物、己烯雌酚生产，接触麻醉剂气体等的作业；③非密封源放射性物质的操作，核事故与放射事故的应急处置；④在密闭空间、高压室作业或者潜水作业，伴有强烈振动的作业，或者需要频繁弯腰、攀高、下蹲的作业。

(4) 女职工在哺乳期禁忌从事的劳动范围：①孕期禁忌从事的劳动范围的第一项、第三项、第九项；②作业场所空气中有毒物质浓度超过国家职业卫生标准的作业。

2. 四期保护

(1) 用人单位不得因女职工怀孕、生育、哺乳而降低其工资、予以辞退、与其解除劳动或者聘用合同。

(2) 女职工在孕期不能适应原劳动的，用人单位应根据医疗机构的证明，予以减轻劳动量或者安排其他能够适应的劳动。对怀孕7个月以上的女职工，用人单位不得延长劳动时间或者安排夜班劳动，并应当在劳动时间内安排一定的休息时间。

(3) 女职工生育享受98天产假，其中产前可以休假15天；难产的，应增加产假15天；生育多胞胎的，每多生育1个婴儿，可增加产假15天。女职工怀孕未满4个月流产的，享受15天产假；怀孕满4个月流产的，享受42天产假。

总体来说，由于男女身体素质上的差异，女性劳动安全保护需要时刻考虑女性性别上的先天弱势，在一般劳动过程中提供更多关照，在特殊时期提供特别保护和优待。当代女性劳动者对自身劳动权益的维护意识逐渐提高的趋势是一个很好的现象，这将促使用人单位对女性劳动者的生命健康给予更多关怀与尊重，推动劳动领域性别平等更进一步，从而有利于女性劳动地位的提升。

（二）未成年工特殊保护

案例导入

违规录用！陈某16岁后在矿山务工的法律问题

2016年5月，陈某初中毕业，已满16岁，决定外出打工。陈某欲在矿山当矿工，却被告知年龄不够，不能够从事该工作，陈某只好回家休息一年。2017年5月，陈某再次来到该矿山，正好该矿山缺少井下工人，负责人便将陈某收下，直到2019年1月陈某才离开矿山。在此期间，陈某表现突出，丝毫看不出未成年人的迹象。因此，某矿山也就没有再履行其他任何手续。

年满16周岁未满18周岁的未成年工虽然是适龄的劳动者，是受法律保护的具备劳动行为能力的劳动者，但因身心发育尚未完全成熟，在从事劳动时面临极大的安全卫生隐患——过重过度紧张的劳动、高温等不良的工作环境、不合适的劳动工具等因素都可能影响未成年工的健康，甚至引起疾病。国家高度重视对未成年工的特别劳动安全保护。

我国劳动法规定，不得安排未成年工从事矿山井下、有毒有害、其他禁忌从事的劳动。用人单位应当对未成年工定期进行健康检查。安排工作岗位之前以及工作满1年时都需进行健康检查。根据《未成年工特殊保护规定》第九条的规定，用人单位招收使用未成年工，除符合一般用工要求外，还须向所在地的县级以上劳动行政部门办理登记；未成年工须持未成年工登记证上岗。但在现实生活中，未成年工劳动权益受到严重侵犯的现象并不少见。一方面，健康检查得不到保证，大多数企业对未成年工体格检查的间隔期限过长，还有的企业，特别是在中小城市和偏远地区，未成年工的健康定期检查制度难以得到有效实行；另一方面，安排未成年工从事矿山井下作业之事时有发生，在私人小煤矿尤为突出。

案例分析

如何看待延迟退休

老龄化程度的日趋加深，使得各国劳动力和养老金都面临巨大压力，“延迟退休”问题被多个国家提上议事日程。西南交通大学国际老龄科学研究院副院长杨一帆表示，考虑延迟退休的国家，通常都面临两个主要困境：一是在目前或可预见的未来，劳动力将严重短缺，即老年人口的增长与生育率的下降同时存在。以日本为例，其2019年人口出生率仅为0.69%，创下了120年来的新低。二是养老金收支不平衡或其潜在压力已经暴露出来。我国目前就面临上述情况。2000—2019年，60岁及以上老年人口从1.26亿增加到2.5亿，老年人口比重从10.2%上升至17.9%；而新增人口数量一直在下降，2019年我国人口出生率为1.048%，创2000年以来最低值。受此影响，我国老年人口的抚养比快速上涨，2019年，60周岁及以上的人口抚养比约为24%，即每100名15～59岁劳动年龄人口供养24名60周岁及以上老年人，而到2035年，这一抚养比预测将上升至约49%。

2024年9月10日，第十四届全国人民代表大会常务委员会第十一次会议审议了《国务院关于提请审议〈关于实施渐进式延迟法定退休年龄的决定（草案）〉的议案》；9月13日，全

国人民代表大会常务委员会决定实施渐进式延迟法定退休年龄：同步启动延迟男、女职工的法定退休年龄，用 15 年时间，逐步将男职工的法定退休年龄从原 60 周岁延迟至 63 周岁，将女职工的法定退休年龄从原 50 周岁、55 周岁分别延迟至 55 周岁、58 周岁。

思考：如何看待延迟退休？

一方面，老龄化加剧背景下，延迟退休可延长劳动力供给周期，缓解制造业、服务业等领域的用工缺口，保障经济持续运转。另一方面，部分专业领域（如医疗、科研、管理）从业者经验丰富，延长工作年限可延续其社会价值，避免人才浪费。但同时，年轻人就业压力较大，延迟退休可能挤压青年岗位，导致“就业代际矛盾”。总之，延迟退休是应对老龄化的必要举措，但政策落地需注重“渐进式过渡”“差异化设计”“配套保障”。

“996”真的是福报吗

关于“996 是福报”的话题曾引发社会热议。有人认为，能够“996”是修来的福报，很多公司、很多人想“996”都没有机会。如果年轻的时候不“996”，什么时候可以“996”？这个世界上，我们每一个人都希望成功，都希望美好生活，都希望被尊重，那你不付出超越别人的努力和时间，你怎么能够实现你想要的成功？

什么是“996. ICU”？“996. ICU”指工作“996”、生病 ICU（重症加强护理病房），也就是从早上 9 点上班到晚上 9 点下班，每周工作 6 天，生病了就住进 ICU。程序员们揭露“996. ICU”互联网公司，抵制互联网公司的“996”工作制度。一周之内，华为、阿里巴巴、蚂蚁金服、京东、58 同城、苏宁、拼多多、大疆……一个个互联网头部公司先后上榜。

思考：你支持时下流行的“996”工作时间吗？有没有相关的劳动法律可以约束和保护劳动者的休息权益？

“996”工作时间是一种违反劳动法律规定的工作制度，不应被支持，主要原因如下。

（1）违反法律规定：我国《劳动法》明确规定，劳动者每日工作时间不超过 8 小时，平均每周工作时间不超过 44 小时。而“996”工作制下，员工平均每周工作时间高达 72 小时，远远超出法定上限。

（2）损害员工身心健康：长期的高强度、长时间工作，会使员工身心疲惫，引发各种健康问题，如心血管疾病、精神焦虑、抑郁等，严重影响员工的生活质量和个人发展。

（3）影响工作效率：过度的工作时长会导致员工疲劳，注意力不集中，从而降低工作效率，增加工作失误率，长期来看，并不利于企业的发展。

（4）忽视员工生活需求：员工需要时间来照顾家庭、培养兴趣爱好、进行自我提升等，“996”工作制极大地压缩了员工的个人生活空间，不利于员工的全面发展和生活幸福感的提升。

我国有一系列劳动法律来约束和保护劳动者的休息权益，如《劳动法》规定了标准工时制，明确劳动者每日工作时间和平均每周工作时间的上限。同时规定，用人单位由于生产经营需要，经与工会和劳动者协商后可以延长工作时间，一般每日不得超过 1 小时；因特殊原因需要延长工作时间的，在保障劳动者身体健康的条件下延长工作时间每日不得超过 3 小时，但是每月不得超过 36 小时。这些法律条款为劳动者的休息权益提供了坚实的保障。

实践活动

《劳动法》知识竞赛主题活动

劳动法律是用来规范用人单位和劳动者在劳动过程中的劳动权利与劳动义务的法律规范，是实现劳动保护，维护劳动者合法权益，促进中国特色社会主义和谐劳动关系的重要制度安排。

为促进劳动法律知识的宣传和普及，增进大学生的法律认知，提高大学生的法律意识，鼓励大学生今后在工作中能够合理运用法律武器维护自身的合法权益，请以班级或专业为单位组织开展一次《劳动法》知识竞赛活动，更好地帮助大学生知法、懂法、守法、用法。

1. 过程记录

《劳动法》知识竞赛主题活动过程记录见表 4-1。

表 4-1　《劳动法》知识竞赛主题活动过程记录

活动计划
活动关键点
活动难点及解决方案
心得体会
大学生劳动教育积分评价汇总表（　年　　学期）

2. 结果评价

《劳动法》知识竞赛主题活动评价见表 4-2。

表 4-2　《劳动法》知识竞赛主题活动评价表

评价标准	分值	得分小计	教师评价
知识竞赛的前期策划	20		
题型和题量的涉及广度	20		
比赛规则的公平合理性	20		
同学们的参与程度	20		
活动的效果和氛围	20		

课后思考

1. 签署劳动合同时，要注意哪些必备款项？
2. 发生劳动争议时，应该如何理性地处理，保障自己的合法权益？
3. 劳动争议处理的主要原则包括什么？
4. 劳动者在劳动安全卫生方面有哪些权利？
5. 用人单位在劳动安全卫生方面有哪些义务？
6. 女职工怀孕，法律有何保护？公司没有与怀孕女职工签订书面劳动合同，其有何权益保障？

参考文献

[1] 杨雪琴,周春兰. 大学生劳动教育教程[M]. 上海:上海交通大学出版社,2024.

[2] 邹灏,侯守军,任训,等. 大学生劳动教育教程[M]. 北京:清华大学出版社,2024.

[3] 温斌,张双会. 新时代大学生劳动教育教程[M]. 上海:上海交通大学出版社,2024.

[4] 王玉娥. 大学生劳动教育理论教程[M]. 重庆:重庆出版社,2024.

[5] 刘强. 新时代大学生劳动教育与实践研究[M]. 延吉:延边大学出版社,2023.

[6] 刘升学,李理,曹毅. 新时代大学生劳动教育教程[M]. 长沙:湖南师范大学出版社,2023.

[7] 鲁明川,刘珊珊. 新时代大学生劳动教育教程[M]. 杭州:浙江大学出版社,2023.

[8] 林岩清,舒良荣. 大学生劳动教育理论与实践教程[M]. 上海:同济大学出版社,2024.

[9] 林玲玲,温君慧,徐楠,等. 劳动教育教程[M]. 北京:清华大学出版社,2023.

[10] 朱华炳,鲍宏. 大学劳动教育与实践教程[M]. 北京:机械工业出版社,2023.

[11] 成玉莲,董晓平. 大学生劳动教育理论教程[M]. 北京:北京理工大学出版社,2022.

[12] 刘社欣. 大学生劳动教育教程[M]. 北京:清华大学出版社,2022.

[13] 魏磊,李家恩,李贵邦. 大学生劳动教育教程[M]. 北京:电子工业出版社,2022.

[14] 郑耿忠,袁德辉,冯健文. 大学生劳动教育与实践[M]. 北京:清华大学出版社,2022.

[15] 吴德明,董妍玲,何春涛. 大学生劳动教育[M]. 武汉:华中科技大学出版社,2022.

[16] 李志峰. 大学生劳动教育概论[M]. 武汉:武汉大学出版社,2021.

[17] 王卫旗,王秋宏,刘建华. 大学生劳动教育教程[M]. 北京:北京理工大学出版社,2021.

[18] 杨小燕,肖珊. 职业院校劳动教育实践教程[M]. 北京:高等教育出版社,2023.

[19] 何卫华,林峰. 大学生劳动教育理论与实践教程[M]. 厦门:厦门大学出版社,2019.

[20] 任志芳,董然然. 新时代大学生劳动教育研究[J]. 科教导刊:电子版,2023(4):34-36.

[21] 武国锋. 新时代大学生劳动教育实践途径探究[J]. 科教导刊,2024(16):1-3.

[22] 董益帆. 新时代大学生劳动教育的价值意蕴与实践路径[J]. 公关世界,2024(9).

[23] 王东盈,麻耀华,李秋华. 大学生劳动教育实施的难点与对策[J]. 煤炭高等教育,2022,40(3).

[24] 兰海涛,王琼. 新时代大学生劳动教育的创新路径研究[J]. 中国高等教育,2021(Z2):72-74.

[25] 宋卉. 高校“大学生劳动教育”课程建设研究[J]. 周口师范学院学报,2024(2):90-44.

[26] 丁红燕,赖小萍. 大学生劳动教育教程[M]. 南京:南京大学出版社,2022.

[27] 李保堂,肖卓峰,贾秦. 新时代大学生劳动教育教程[M]. 北京:中国人民大学出版社,2024.

[28] 王玉娥,田野,孟庆男. 新时代大学生劳动教育[M]. 北京:北京理工大学出版社,2023.

[29] 丁晓昌,顾建军. 新时代大学生劳动教育[M]. 上海:上海交通大学出版社,2021.

[30] 曹丽萍. 新时代大学生劳动教育研究[M]. 北京:北京工业大学出版社,2021.

[31] 崔兴军,单玉梅,岳柏冰. 新时代大学生劳动教育与德育教育创新研究[M]. 北京:中国商务出版社,2023.